Gemma Dale

FLEXIBILIDADE NO TRABALHO

COMO MOTIVAR SUA EQUIPE E IMPULSIONAR SEU NEGÓCIO

TRADUÇÃO
UBK Publishing House

ubook ubk
Publishing House

Publicado mediante acordo com Kogan Page. Edição traduzida do livro *Flexible working: how to implement flexibility in the workplace to improve employee and business performance* publicado por Kogan Page.

COORDENAÇÃO Alessandra Brito
EDIÇÃO Juliana Oliveira
COPIDESQUE Christian Danniel
REVISÃO Luísa Peixoto e Fernanda Lutfi
CAPA Bookallbook
DIAGRAMAÇÃO Bruno Santos
IMAGEM DE CAPA Aliaksandr | adobestock.com

Dados Internacionais de Catalogação na Publicação (CIP)
(Câmara Brasileira do Livro, SP, Brasil)

Dale, Gemma
Flexibilidade no trabalho : como motivar sua equipe e impulsionar seu negócio / Gemma Dale ; tradução UBK Publishing House. -- 1. ed. -- Rio de Janeiro : Ubook Editora, 2021.

Título original: Flexible working: how to implement flexibility in the workplace to improve employee and business performance
ISBN 978-65-5875-127-4

1. Administração de empresas 2. Administração de pessoal 3. Empresas 4. Equipe de trabalho 5. Flexibilização do trabalho 6. Motivação no trabalho 7. Sucesso nos negócios I. Título.

21-60269 CDD-658.3

Ubook Editora S.A
Av. das Américas, 500, Bloco 12, Salas 303/304,
Barra da Tijuca, Rio de Janeiro/RJ.
Cep.: 22.640-100
Tel.: (21) 3570-8150

Sumário

Introdução

Por que trabalho flexível e por que agora?

Desde a Revolução Industrial, grande parte do nosso trabalho ainda é realizada com forma e estrutura muito semelhantes, ambas reconhecidas pela maioria dos funcionários hoje em dia. Para uma parte significativa dos trabalhadores atuais, as tarefas diárias envolvem viajar até um determinado local, onde encontram outras pessoas executando seu serviço para a mesma organização. O trabalho normalmente ocorre entre segunda e sexta-feira (embora no passado não muito distante, o sábado também fosse comum) e, em geral, com jornada de oito horas, com apenas algumas pequenas variações. Quando as atividades ou horários específicos são concluídos, os funcionários voltam para casa. Neste modelo, o trabalho é tanto uma atividade que realizamos quanto um lugar para onde vamos.

Embora essa descrição não seja necessariamente verdadeira para todas as organizações ou funções, é um modelo que conhecemos bem, e é o padrão de atividade de muitos funcionários. Há algumas razões óbvias pelas quais o trabalho evoluiu a partir desse modelo. Embora hoje muitas indústrias sejam impulsionadas pelos serviços e pela tecnologia, no passado recente os funcionários precisavam se locomover para um determinado lugar a fim de realizar fisicamente suas tarefas (como aquele na linha de produção de uma fábrica) ou para se comunicar com outros trabalhadores cara a cara. Durante muitos anos, esse modelo-padrão foi uma necessidade, simplesmente não havia alternativa viável. E ele não só continua a dominar, como provou ser particularmente resistente à mudança.

Em muitos aspectos, essa forma de trabalhar pertence a gerações e ideias anteriores. Era assim que nossos pais e avós faziam, porque a natureza e a organização de seu emprego exigiam. No entanto, esse modelo está sob crescente pressão nos últimos anos, pois a própria natureza das ocupações, do mesmo modo que onde e como o trabalho pode ser concluído, mudaram fundamentalmente. As ideias e abordagens de décadas anteriores, na verdade de séculos, já não se sustentam. O gestor tradicional, que supervisiona diretamente as pessoas, dizendo-lhes o que fazer e quando fazer, tem cada vez menos relevância no mercado atual. Na economia de hoje, o chamado "trabalho do conhecimento" é cada vez mais comum: as pessoas devem pensar e processar informações, aplicando suas experiências especializadas e aprendendo. Esses trabalhadores não estão em fábricas ou linhas de produção, então não há necessidade de que eles se comportem, ou liderem, como se estivessem.

Embora tanto as possibilidades quanto as tecnologias dentro do ambiente de trabalho tenham evoluído, as abordagens não acompanharam o ritmo. Muitas organizações continuam fazendo da maneira antiga, agindo como se aquelas mesmas barreiras ainda existissem. Talvez estejamos tão acostumados ao modelo-padrão de trabalho, que é difícil ver o potencial de um novo caminho. Entretanto, se escolhermos dar um passo atrás e olhar para o trabalho e o comportamento organizacional com novos olhos, muitas das formas de organização e realização perdem o sentido para muitos empregados, gestores e empresas.

Considere este exemplo. Embora as distâncias e momentos de partida variem, muitas pessoas deixam suas casas para ir trabalhar pela manhã, cada um fazendo isso em horários semelhantes, a chamada hora do rush. Entramos em nossos carros ou nos ônibus, bondes e trens, mais uma vez ao mesmo tempo. Pelo menos em termos de transporte público, ainda pagamos por isso. Para aqueles que dirigem até o trabalho, podemos nos encontrar no trânsito intenso ou enfrentando os custos elevados dos estacionamentos no centro da cidade. Esses deslocamentos criam uma pegada de carbono, demandam tempo e aumentam os níveis de estresse dos trabalhadores. Muitas pessoas usam esse tempo para trabalhar ainda mais, aumentando seu expediente, respondendo a e-mails no trem ou fazendo ligações do carro. Ao chegar, normalmente nos sentamos na mesma mesa, interagimos e nos reunimos com as mesmas pessoas e enviamos mais e-mails. Fazemos muito de nossas tarefas usando ferramentas e tecnologia que podem ser usadas em qualquer lugar. No fim do dia, voltamos para casa, fazendo nossas difíceis viagens reversas. A questão é: se inventássemos o trabalho amanhã, seria assim que escolheríamos organizá-lo? Essa será realmente a forma mais sensata de trabalhar e ganhar a vida no início do século XXI?

À medida que continuamos a mudar, cada vez mais, para uma economia voltada para os trabalhadores do conhecimento, muitas pessoas podem trabalhar de qualquer lugar ou a qualquer momento, desde que tenham uma conexão wi-fi confiável e um laptop. A maior parte de nossa comunicação e colaboração pode ser efetivamente realizada on-line, sem que haja prejuízo no processo. Não são apenas as formas de trabalho e a tecnologia que mudaram. Funções que não existiam há vinte anos emergiram até se tornarem comuns: por exemplo, até recentemente, as equipes de marketing não tinham necessidade de um gestor de mídia social ou de um especialista em SEO (*Search Engine Optimization* — Otimização para Mecanismos de Busca). Outras funções desapareceram por completo, assim como grandes organizações, algumas por não conseguirem mudar para atender às mudanças culturais e às exigências dos clientes.

Embora a capacidade de trabalhar de uma maneira radicalmente diferente não se aplique, naturalmente, a todos os tipos de empregados e funções, ela se aplica (ou certamente pode) a uma proporção significativa da população em idade ativa. Problematicamente, porém, quando os indivíduos tentam sair das normas aceitas e procuram fazer de forma diferente, isso muitas vezes resulta em um impacto negativo em sua carreira ou em seus ganhos, bem como em percepções mais negativas sobre eles enquanto trabalhadores.

É inteiramente possível para muitos profissionais e profissões trabalharem de maneira diferente do padrão e, em particular, muitas pessoas podem fazê-lo com muito mais flexibilidade do que hoje. E isso pode trazer uma ampla gama de benefícios para todas as partes na relação de trabalho.

Simplesmente, podemos ter uma *revolução do trabalho flexível.*

O Chartered Institute of Personnel and Development (CIPD) define trabalho flexível como: "um tipo de acordo que dá um grau de flexibilidade sobre quanto tempo, onde, quando e em que horários os empregados trabalham" (CIPD, 2019). Muitas empresas começaram, nos últimos anos, a reconhecer o potencial desses acordos e a perceber que adotar diferentes abordagens de como, onde e quando as tarefas são desempenhadas pode ter benefícios significativos para a própria organização e para as pessoas que trabalham nela. Essas mudanças não estão obviamente livres de desafios (alguns dos quais significativos), mas é inteiramente possível superá-los com comprometimento e ação. Algumas organizações que pensam no futuro já sentiram os benefícios da flexibilidade e compartilharam suas histórias para os propósitos deste livro.

Ocasionalmente, trabalho flexível tem sido chamado de o "novo normal" e dito que o horário regular é coisa do passado, mas, embora isso possa soar atraente, não se trata da realidade de muitos funcionários. O escritor de ficção científica William Gibson é conhecido por uma famosa citação, mesmo que potencialmente apócrifa: "O futuro já chegou, só não está uniformemente distribuído". Talvez isso também possa ser dito em relação ao trabalho flexível.

De modo geral, essa forma de trabalhar parece estar aumentando, mas não rapidamente. Uma pesquisa de 2018 realizada pela XpertHR constatou que mais da metade dos empregadores disse que o número de pedidos por trabalho flexível aumentou nos últimos dois anos, algo que os respondentes atribuíram a dois fatores: a mudança demográfica da força de trabalho e as culturas de trabalho mais favoráveis. Entretanto, dê uma olhada além das manchetes e das porcentagens de alto nível, e um quadro muito mais misto emerge. Embora uma série de censos e pesquisas realizadas por acadêmicos e por órgãos da indústria tenham identificado múltiplos benefícios nesse modelo, os estudos também sugerem que muitos funcionários e organizações estão insatisfeitos com suas experiências e resultados (Clarke e Holdsworth, 2017).

O direito de solicitar trabalho flexível foi introduzido na legislação britânica há vários anos, mas os problemas inerentes à elaboração da legislação, bem como uma série de outros fatores que abordaremos com mais profundidade ao longo deste livro, limitaram seu impacto. O que experimentamos no momento é um espectro da flexibilidade, tanto em geral quanto dentro das organizações e até mesmo em departamentos e equipes específicas. Desde o ambiente de trabalho que adere inteiramente à flexibilidade como padrão, até aquele que só permite uma adaptação ocasional mínima ao horário (e todas as possibilidades entre uma coisa e outra), o trabalho flexível no Reino Unido é altamente variável.

Embora a tendência de maior flexibilidade esteja, em geral, caminhando na direção certa, o progresso em muitas organizações é lento. O modelo-padrão parece ser teimosamente resistente à mudança. Muitas empresas continuam a ignorar o trabalho flexível, tratando os pedidos individuais por esse formato como um incômodo e os acordos como algo a ser tolerado. Levando em conta esse contexto, o trabalho flexível é algo apenas para o funcionário; os benefícios mais amplos não são reconhecidos ou entendidos, e essa adesão com limitações pode resultar em tensões dentro das equipes.

De forma um tanto perversa, parece que muitas organizações reconhecem a importância da equipe e das operações *serem* flexíveis. O termo pode significar agilidade, adaptabilidade e capacidade de resposta às mudanças de exigências ou necessidades. É um tipo de flexibilidade considerado muito bom do ponto de vista organizacional. No entanto, quando o mesmo conceito é aplicado aos funcionários, muitas vezes parece um pouco menos desejável. Embora muitas empresas queiram que as pessoas *sejam* flexíveis e apresentem essa competência, elas não parecem tão felizes em oferecer flexibilidade para a realização do trabalho.

Não é raro ver organizações, em seus sites ou materiais da marca, reforçando o apoio a pais trabalhadores ou sua flexibilidade como empregadores. Infelizmente, a experiência dos funcionários é frequentemente muito diferente da retórica de marketing e Relações Públicas. Pode haver uma lacuna significativa entre o que é dito e o que realmente acontece na prática. Isso tem sido referido como *flex-washing* (ou "lavagem da flexibilidade", em tradução literal), uma flexibilidade publicizada, mas sem substância para grande parte da força de trabalho (Timewise, 2019).

Quaisquer que sejam as crenças de uma empresa sobre trabalho flexível, o governo do Reino Unido aceita amplamente essa lógica, e sua importância foi reconhecida no Taylor Review de 2017 sobre práticas trabalhistas modernas. Esse relatório considerou os passos necessários para assegurar um emprego justo e decente para todos os funcionários e reconheceu a importância e os benefícios do trabalho flexível para indivíduos e organizações. O documento recomendava ainda especificamente que o governo precisava promover uma verdadeira flexibilidade, abordar algumas das questões culturais e práticas que cercam essa ideia e encorajar mais empregos a serem anunciados como adequados para o trabalho flexível. Essas orientações foram amplamente aceitas, mas o progresso aqui também tem sido lento.

O trabalho flexível enquanto conceito abrange muitas coisas. Em sua definição mais básica, trata-se de funcionários fazendo pedidos de mudanças em seus horários de trabalho — geralmente para sair do modelo-padrão de trabalho de alguma forma. Trata-se de apoiar os pais trabalhadores utilizando diferentes padrões e procurando novas formas de trabalho. Mas também é muito mais do que isso. O trabalho flexível consiste em repensar a forma como trabalhamos em um nível elementar. Trata-se de capacitar os funcionários a definir como, onde e quando eles trabalham melhor, confiando neles e dando-lhes autonomia para criar isso para si mesmos; de abandonar a gestão de comando e controle antiquada, e substituí-la por colaboração e comunicação. É também sobre reconhecer que cada indivíduo possui valores, desejos, necessidades e obrigações pessoais próprias, e que a busca deles não faz com que os funcionários sejam menos produtivos e comprometidos; de mudar uma relação de trabalho paternalista para uma que seja verdadeiramente de adulto para adulto. O trabalho flexível consiste em ver a pessoa em sua totalidade e reconhecer que o que realmente importa é que o necessário seja feito e bem-feito. E, se isso ocorrer em torno das necessidades de cuidado, responsabilidades, ou mesmo da aula de ioga do funcionário, tudo bem. O trabalho flexível é sobre ambientes de trabalho verdadeiramente inclusivos.

A flexibilidade está no cerne do futuro do trabalho. Todas as organizações precisam repensar urgentemente suas abordagens tradicionais e horários e adotar os inúmeros benefícios de uma maior flexibilidade. Falhar não é apenas uma oportunidade perdida, mas um risco comercial potencialmente significativo.

Talvez haja mais uma razão para introduzir formas flexíveis de trabalho, e ela tem menos a ver com resultados comerciais, custos e benefícios, e mais com algo até certo ponto menos tangível e mensurável. Simplesmente, é a coisa certa a fazer. Muitos locais de trabalho carecem de diversidade, igualdade e inclusão. Vários trabalhadores em potencial são totalmente excluídos do modelo-padrão, ou são incapazes de desenvolver seu potencial em espaços que se agarram a formas tradicionais e atitudes antiquadas. Alguns ambientes são inerentemente insalubres, seja isso resultado de uma cultura organizacional deficiente, de excesso de atribuições ou de uma concepção de trabalho ruim. Essa ideia de trabalho flexível como o certo a se fazer, talvez, possa ser chamada de *justiça social*. Nos últimos anos, nós nos acostumamos a essa terminologia em relação às discussões sobre responsabilidade social corporativa e inclusão. Uma revolução no trabalho flexível poderia levar a uma real mudança para os indivíduos e para a sociedade, ao enfrentar estereótipos, abrir oportunidades, melhorar o bem-estar no ambiente ocupacional e proporcionar autonomia e empoderamento. Apesar de tal argumento não ter grande influência na sala de diretoria, essas são considerações importantes a favor do trabalho flexível.

Eu tenho delineado muitas razões pelas quais é hora de as empresas levarem a flexibilidade a sério, mas talvez haja um condutor principal que se sobrepõe ao resto: cada vez mais, é assim que as pessoas querem trabalhar. A flexibilidade é um movimento impulsionado pelos funcionários. Eles querem um novo acordo. O contrato psicológico está mudando.

Isso não quer dizer que o trabalho flexível não esteja isento de desafios, muitos dos quais discutiremos mais adiante neste livro. Nas organizações de hoje, há pouquíssimas respostas fáceis para problemas complexos. Esse formato tem muitos benefícios, mas também pode ter impactos negativos quando não é gerenciado ou implementado adequadamente. Pode ser a chave para alavancar uma maior igualdade de gênero, mas também pode perpetuar normas de gênero problemáticas. Pode beneficiar o bem-estar dos funcionários em algumas circunstâncias, mas em outras pode ter consequências não intencionais e potencialmente negativas. Alguns desses desafios surgem diretamente de problemas como progresso insatisfatório, implementação desigual e mistura de modelos novos e antigos. Com uma verdadeira revolução de trabalho flexível, esses desafios podem ser superados.

O trabalho flexível ainda é "outro modo", um diferente e fora do padrão. Este livro trará o argumento de que agora é hora de mudar. É hora do que Fagan et al (2006) descrevem como "uma visão futurista do ambiente ocupacional (...) onde os trabalhadores podem não ter apenas um equilíbrio entre trabalho e vida pessoal, mas algum controle sobre sua vida profissional e onde os empregadores podem ganhar uma vantagem competitiva". Inerente a essa explicação está a ideia de que com flexibilidade todos se beneficiam.

Nós temos a tecnologia. Os funcionários, sem dúvida, têm o desejo. Todas as partes da relação podem se beneficiar com essa adoção. A hora para uma revolução flexível do trabalho é agora.

Objetivos do livro

Este livro tem dois grandes objetivos. Em primeiro lugar, procura fazer com que todas as empresas levem a sério o trabalho flexível e que agora é o momento de colocá-lo em prática. A obra visa fornecer evidências para apoiar essa visão a partir de diversas fontes, desde pesquisas acadêmicas até estudos de casos reais detalhando a prática de diferentes tipos de organização. O livro também explora os desafios e as questões apresentadas pelo trabalho flexível, e como podem ser superados.

A demanda por trabalho flexível é uma tendência por si só, mas, para compreendê-la plenamente, devemos também percebê-la no contexto de mudanças mais amplas e globais relacionadas ao mundo e ao futuro do trabalho. Ele tem mudado significativamente nas últimas décadas, transformação parcialmente alimentada pela crescente capacidade e disponibilidade de tecnologia. Contudo, em muitos aspectos, a forma *como* o fazemos talvez não tenha mudado tanto quanto poderia, e nos agarramos aos velhos modos. Continuamos a nos dedicar à hora do rush, a ter reuniões presenciais e a aprender em sala de aula, quando outras formas (potencialmente melhores ou mais eficazes) estão disponíveis para muitos de nós. É indiscutível que a resistência real ao trabalho flexível seja apenas mais um exemplo dessa falha mais ampla de adaptação — embora isso não seja verdade para todas as empresas. A primeira parte do livro explorará essas questões em profundidade, considerando as muitas lentes através das quais o trabalho flexível pode ser visto, assim como os vários benefícios relacionados às empresas.

O segundo objetivo do livro é fornecer uma abordagem altamente prática para a concepção, implementação, comunicação e avaliação de estratégias de trabalho flexível que possam ser utilizadas por todos os tipos de organização. Esta obra permitirá que empresas, gestores, líderes e funções de recursos humanos se preparem para um futuro mais flexível por meio do fornecimento de um embasamento constituído por evidências, bem como estudos de casos completos, orientação, ferramentas e documentos. Ela foi escrita para atender às necessidades tanto do profissional de RH quanto do líder empresarial que desejam realizar essa introdução na própria organização.

Estrutura do livro

O livro está dividido em duas partes. A primeira se concentra nas razões e argumentos comerciais para um trabalho flexível, considerando uma variedade de perspectivas, pesquisas e benefícios potenciais. Ela o considerará no contexto não apenas do apoio familiar para os funcionários, mas também de sua sustentabilidade, bem-estar e engajamento, da inclusão e da atração e retenção de talentos. Também descreverá as muitas formas de trabalho flexível, a estrutura estatutária em que opera (incluindo suas limitações), bem como seu posicionamento mais amplo dentro do futuro em mudança. Finalmente, também considerará as barreiras e mitos associados a esse modelo e como eles podem ser superados. A Parte Um também inclui estudos de caso de organizações de diferentes tamanhos e complexidade que já estão adotando oportunidades de trabalho flexível.

A Parte Dois se concentra na preparação das empresas para um movimento em direção a um futuro mais flexível e nas questões práticas de implementação. Ela estabelecerá como uma organização pode passar de um local de *compliance* (com as normas legais) para um local de cultura; uma organização na qual esse formato não é simplesmente tolerado, mas sim adotado, e seus benefícios plenamente realizados. A segunda parte também estabelece as bases das culturas flexíveis. Além de fornecer uma gama de ferramentas e modelos que o leitor pode adaptar para suas próprias circunstâncias, essa parte também considerará boas práticas em relação ao desenvolvimento e elaboração de políticas, comunicação e conscientização para estratégias de trabalho flexível, treinamento e desenvolvimento de gestores, e uma gama de opções práticas para possibilitar e apoiar essa nova configuração e, no devido tempo, a medição do sucesso e do progresso. Cada capítulo inclui uma breve seção de Próximos Passos, expondo as ações que podem ser tomadas para apoiar a implementação.

Ao concluir o livro, o leitor que deseja adotar o trabalho flexível terá tudo o que precisa para fazê-lo.

Referências

CIPD (2019) *Flexible working practices.* Disponível em: < https://perma.cc/G5MS-LFGJ>.

CLARKE, S. e HOLDSWORTH, L. (2017) *Flexibility in the workplace: implications offlexible working arrangements for individuals, teams and organizations.* Acas.

FAGAN, C.; HEGEWISCH, A.; e PILLINGEr, J. (2006) *Out of time: why Britain needs a new approach to working-time flexibility*. Trades Union Congress. Disponível em: <perma.cc/B87P-XQRV>.

TAYLOR, M. (2017*) Good work: the Taylor review of modern working practices*. Disponível em: <perma.cc/W4HQ-N7QQ>.

TIMEWISE (2019*) Should employers be required to consider flexible recruitment?* Yes, *but…* Disponível em: <perma.cc/TY78-HZAV>.

XpertHR (2018) *Flexible working policies and practice survey 2018*. XpertHR.

PARTE UM

O caso da flexibilidade

A primeira parte deste livro começará considerando exatamente o significado do termo "trabalho flexível", suas várias formas e a estrutura estatutária britânica na qual ele opera. Em seguida, considerará seus benefícios mais amplos, questões de demanda e disponibilidade e, finalmente, explorará as barreiras comuns ao trabalho flexível e os mitos associados a ele e àqueles que o realizam.

Esta seção também revisará uma série de evidências sobre o assunto, baseando-se particularmente em pesquisas acadêmicas e dados da indústria para fornecer aos leitores informações que lhes permitam ter evidências para defender o trabalho flexível em sua própria organização.

01

Trabalho flexível

Uma visão geral

O que é trabalho flexível?

O que queremos dizer exatamente quando usamos o termo "trabalho flexível"? Sem dúvida a expressão é ampla e significa coisas diferentes para pessoas diferentes. Muitas vezes, invoca ideias de trabalho em tempo parcial ou horário reduzido, o que não ajuda muito, mas há muito mais do que simplesmente uma redução do horário contratual. Ele realmente se refere ao tempo parcial, mas também pode tratar de uma série de outras mudanças na organização tradicional, bem como de um maior controle do trabalhador sobre quando e onde suas atividades são realizadas. O trabalho flexível ainda pode ser visto como uma transformação, uma mudança que parte do controle total dos horários e padrões pelo empregador para um estado em que o funcionário atingiu um grau de controle para si mesmo.

Em seu sentido mais amplo, trabalho flexível é qualquer padrão que esteja fora da norma da organização em questão. Para muitas empresas e seus funcionários, essa regra é de segunda a sexta-feira, oito horas de trabalho — ou algo muito semelhante. É a isso que o livro se refere como o modelo-padrão de trabalho. Há muitas formas de flexibilidade, algumas das quais são mais bem compreendidas e comumente usadas do que outras. Alguns modelos estão em uso há muito tempo, enquanto outros se desenvolveram nos últimos anos, tornando-se possíveis apenas pelo advento de uma tecnologia aprimorada. O modo como definimos trabalho flexível também evoluiu; ele pode se dar em várias dimensões, incluindo quando, onde e como determinadas tarefas são realizadas.

"Quando" (às vezes chamado de flexibilidade de tempo) se refere às horas de trabalho, tanto em termos de carga horária total, quanto em termos de momento. Há vários graus de autonomia dos funcionários nesse aspecto, desde o controle completo de quando as tarefas são realizadas até sistemas com restrições detalhadas, como o horário flexível combinado ao principal. O "onde" o trabalho é executado (ou flexibilidade de localização) tem sido influenciado em particular pelos avanços tecnológicos dos últimos anos; muitos trabalhadores agora são capazes de cumprir suas atividades em qualquer lugar com conexão wi-fi. Elas podem ser realizadas no escritório, em casa, num espaço de trabalho conjunto, nas instalações do cliente, num trem ou numa cafeteria. Os trabalhadores têm o potencial de ficarem cada vez mais desvinculados de um espaço físico — onde naturalmente a cultura organizacional permite. Finalmente, há o "como" o trabalho é realizado. Isso pode ser categorizado novamente em métodos para execução, e ainda no "quanto" é realizado.

Em um nível prático, os acordos de trabalho flexível podem ser tanto formais (por meio de contrato, muitas vezes a partir da política interna de uma organização ou processo legal) ou informais (decididos localmente entre um funcionário e seu gestor imediato, em uma base regular ou ad hoc). A abordagem adotada em cada caso está muito relacionada à cultura da organização e à medida que as abordagens flexíveis de trabalho são habilitadas e incentivadas.

Há muitas razões pelas quais as pessoas trabalham com flexibilidade, e os fatores por trás disso podem variar dependendo da natureza do acordo em particular. A pesquisa *Working Lives*, da CIPD de 2019, analisou as razões pelas quais as pessoas trabalham nesses modelos. Surpreendentemente, talvez, e ao contrário do estereótipo existente, cuidar de crianças ou outros parentes somou pouco menos de um quarto das razões entre os pesquisados. Outras razões incluíram mais tempo de lazer (mais associado a horas de trabalho comprimidas), educação ou treinamento, doença ou deficiência, e a redução no tempo de deslocamento (com 12 por cento dos trabalhadores declarando ser essa sua principal motivação). Os dados relativos ao cuidado de crianças talvez sejam menores do que se poderia esperar, pelo menos de acordo com os mitos sobre o trabalho flexível, mas esses dados eram altamente vinculados ao gênero. Dos que indicaram essa como principal razão, apenas 13 por cento eram homens, em comparação com um quarto das mulheres.

Formas de trabalho flexível

Há muitas formas de os funcionários executarem e as organizações oferecerem trabalho flexível. Esta seção resume as formas típicas em uso.

Tempo parcial/redução de horas de trabalho

O trabalho em tempo parcial é geralmente definido como qualquer horário contratual acordado que seja menor do que a semana típica da organização. De acordo com os dados da OCDE, em 2018, o emprego em tempo parcial representava pouco mais de 23 por cento do total no Reino Unido. As horas podem ser trabalhadas em qualquer padrão, incluindo menos dias totais ou menos dias úteis em uma semana normal (geralmente cinco dias). O trabalho em tempo parcial continua sendo a forma mais comum desse modelo, particularmente entre as funcionárias. Isso é geralmente considerado como reflexo das relações de gênero na sociedade, em que as mulheres ainda realizam a maior parte do trabalho doméstico.

Trabalho compartilhado

Um típico trabalho compartilhado ocorre quando dois indivíduos compartilham uma função em tempo integral com igual responsabilidade de funções. Algumas organizações têm exigências ou políticas específicas em torno desse tipo de acordo, tais como as partes cobrirem os períodos de férias uma da outra. Outras permitem que os indivíduos gerenciem seus próprios acordos. O cargo compartilhado pode ou não ser uma divisão igual em termos de horas ou dias de trabalho. Os funcionários podem dividir completamente as responsabilidades da função (talvez com base nas habilidades ou experiência específicas dos participantes), ou assumir responsabilidade conjunta por tudo que é realizado. Alguns ajustes têm um período de transição ou de entrega em que ambos os lados têm um tempo definido, como algumas horas ou metade da jornada, quando ambos estão no local; isso pode, portanto, aumentar ligeiramente os custos do empregador quando comparado a um empregado em tempo integral. Os desafios da divisão podem incluir uma comunicação eficaz entre as partes e a necessidade de assegurar que os participantes estejam assumindo responsabilidades e cargas de trabalho iguais.

A divisão do trabalho como uma forma de trabalho flexível pode ser subutilizada. Os gestores podem sentir que um acordo de trabalho compartilhado significa que eles terão pessoalmente o dobro do trabalho com dois funcionários para gerenciar, revisar e desenvolver. O sucesso de um trabalho compartilhado depende, em grande parte, das pessoas que estão compartilhando a função. Elas precisarão de modelos claramente acordados, bem como de métodos eficazes de comunicação. Podem surgir questões práticas se uma das partes deixar a organização em termos de garantir um substituto. Por outro lado, quando as ações funcionam bem, o empregador pode se beneficiar de dois funcionários engajados e produtivos. Da mesma forma que o tempo parcial, o trabalho compartilhado é frequentemente realizado por trabalhadoras.

Horas comprimidas

Os funcionários que trabalham em horário comprimido normalmente têm a semana em tempo integral adotada por sua organização, mas o fazem durante um período diferente dos cinco dias padrão, por exemplo, em quatro ou quatro dias e meio. Isso pode ser benéfico por reduzir os custos de deslocamento (para um padrão de quatro dias) e os potenciais gastos com creches e cuidadores para as crianças. No entanto, leva a horários mais longos no escritório em dias úteis e significa que os empregados não estão disponíveis em um dia por semana, o que pode indicar o motivo de não ser uma forma de trabalho flexível amplamente utilizada atualmente.

Nove dias por quinzena

Semelhante ao horário comprimido, nesse modelo, o tempo integral é realizado durante nove dias em vez dos mais tradicionais dez, com funcionários trabalhando por mais tempo para permitir um dia livre. Na prática, muitas vezes uma sexta-feira, embora não tenha que ser. Algumas organizações adotam a quinzena de nove dias como modelo operacional padrão. A empresa normalmente não fecha, com a folga variando entre cada funcionário. Esse padrão tem o benefício de reduzir as viagens de ida e volta, sem a implicação de dias longos das horas comprimidas, pois o tempo adicional é distribuído em nove e não quatro dias. Este pode ser feito tanto em uma base individual quanto organizacional. De uma perspectiva de atração e retenção de talentos, é um acordo extremamente valioso a oportunidade de ter um dia de folga a cada duas semanas sem qualquer impacto na remuneração é um benefício atraente que pode não ser facilmente replicado em outra organização.

Horas anualizadas

As horas anualizadas são semelhantes às horas comprimidas. O funcionário é contratado a um número fixo de horas e pago em incrementos iguais, embora o tempo efetivamente trabalhado possa variar semana a semana ou mês a mês. Isso pode ser ligado à demanda sazonal. Por exemplo, uma organização com alta demanda perto do Natal pode exigir que os funcionários trabalhem mais em novembro e dezembro, mas menos durante os meses mais calmos do verão. Esse acordo às vezes inclui algumas "horas centrais" mínimas a cada semana ou dia.

Tempo parcial escolar

Os funcionários nesse regime não trabalham durante as férias escolares. Dependendo da natureza do acordo entre funcionário e empregador, pode ser apenas durante o recesso longo do verão ou em todas as férias e feriados escolares ao longo do ano. O salário é reduzido proporcionalmente, mas ainda pago em parcelas iguais durante o ano todo. Esse acordo pode funcionar bem para organizações que têm períodos mais calmos durante os meses de verão e é popular em instituições educacionais. Os funcionários podem se beneficiar significativamente com a redução dos custos de creche.

Horário flexível

O horário flexível geralmente se refere a acordos pelos quais um funcionário pode trabalhar em tempo integral ou parcial, e atendendo a um horário principal diário (geralmente das dez da manhã às quatro da tarde), mas com início e término a seu critério, podendo até mesmo variar de um dia para o outro. Algumas organizações acompanham esse modelo com acordos de "tempo livre em substituição", nos quais funcionários podem trabalhar mais em um dia do que sua obrigação contratual e, em seguida, tomar esse tempo em substituição por meio de um processo acordado. A maioria das organizações desenvolve suas próprias políticas e processos em torno dessa operação, alguns com maior grau de autonomia para os empregados do que outros.

Trabalho remoto/home office

Isso significa simplesmente trabalhar de um local que não seja o ambiente tradicional, geralmente de casa. Às vezes, também é chamado de teletrabalho. Ele possibilita o que Cooper e Hesketh (2019) chamam de "dia de trabalho distribuído" — uma jornada que os funcionários podem realizar de acordo com sua orientação pessoal em vez do horário padrão — assumindo que a empresa o permita. As tarefas podem ser realizadas durante toda a semana, na qual o funcionário raramente frequenta o ambiente de trabalho pessoalmente e é, portanto, gerenciado remotamente, ou apenas parcialmente. Os padrões podem ser fixos (mesmo número de dias por semana ou mês) ou variáveis/ad hoc. Mais uma vez, muitas organizações têm políticas e processos em torno de como o trabalho remoto funciona na prática. Esse modelo particular é bom para a sustentabilidade e o bem-estar (reduzindo a pegada de carbono do movimento pendular, bem como os custos e os fatores de estresse) e pode dar aos empregados maior controle e autonomia. O home office também pode proporcionar uma pausa bem-vinda ao tão criticado escritório em plano aberto. No entanto, ele apresenta uma série de implicações práticas que as empresas precisam avaliar, incluindo questões como seguro, reembolso de despesas, saúde e segurança e proteção de dados. O home office está aumentando. Uma pesquisa do TUC em maio de 2019 constatou que na última década houve um aumento de mais de 27 por cento do número de trabalhadores domésticos, e uma série de estudos o associa a níveis mais elevados de satisfação no trabalho (TUC, 2019a).

Horas escalonadas

Nesse caso, os funcionários trabalham em horários de início, fim ou intervalo diferentes do que é típico para a organização. Por exemplo, em vez de trabalhar oito horas por dia, um funcionário pode trabalhar de sete da manhã às três da tarde para evitar horários de pico, ou fazer um intervalo mais curto para o almoço a fim de sair mais cedo. Isso pode ser operado em uma base fixa ou rotativa.

Autoescalação

Modelo tipicamente usado em ambientes onde os funcionários trabalham por turnos. Eles trabalham em tempo integral ou parcial e têm a responsabilidade delegada dentro de sua equipe para determinar quais turnos cada um trabalha. Algumas organizações chamam simplesmente de "troca de turno". A maioria das empresas que operam nesse sistema tem uma política ou processo e parâmetros acordados que devem ser cumpridos. Essa forma de trabalho flexível pode proporcionar controle a funcionários que, de outra forma, poderiam ter oportunidades mais limitadas do que outros trabalhadores, por exemplo, um operador de armazém ou um segurança seriam incapazes de trabalhar de casa.

Contratos de zero hora

Esse modelo é uma forma de flexibilidade, embora polêmico. Os funcionários contratados nesse tipo de sistema têm um contrato formal de emprego, mas sem garantia de um determinado (ou mesmo qualquer) número de horas a cada semana ou mês. Nos últimos anos, contratos de zero hora têm sido criticados por proporcionarem empregos precários e explorar os trabalhadores. Essa forma particular exige flexibilidade em vez de oferecê-la aos empregados — e muitas vezes parece que é o empregador quem mais se beneficia. Entretanto, pesquisas sugerem que alguns trabalhadores valorizam esse modelo (CIPD, 2013). Mesmo assim, a incerteza que causa aos funcionários pode muito bem anular os benefícios mais comumente associados a outras formas de trabalho flexível. Uma boa prática, quando uma organização decide oferecer contratos de zero hora, é garantir um tempo mínimo a ser oferecido e estabelecer parâmetros sobre como os acordos funcionarão, a fim de proporcionar alguma certeza e segurança aos empregados.

Pausas/períodos sabáticos

Mais comuns em algumas profissões e indústrias do que em outras, pausas na carreira e períodos sabáticos são temporadas fora do trabalho (variando de alguns meses a alguns anos) durante as quais o contrato normalmente continua, mas o funcionário não recebe nenhum salário ou benefícios. Ao final do intervalo, ele retorna ao posto anterior. Esse intervalo pode ser realizado por qualquer motivo e as organizações têm regras e abordagens quanto às pausas na carreira. Por exemplo, algumas políticas impedirão que o indivíduo assuma outros empregos remunerados durante esse hiato. Outras também oferecem as pausas de carreira como recompensa por serviços longos e a incluem como parte de um pacote de benefícios. Pode haver muitas vantagens em um período sabático. Ele pode permitir que os empregados tirem um tempo de folga por uma série de motivos pessoais, tais como ter um período de aprendizado, prestar cuidados ou viajar. A organização pode reter um indivíduo que, de outra forma, poderia ter deixado a empresa para perseguir esses objetivos não relacionados ao trabalho. Em um mundo onde os funcionários trabalharão até muito mais tarde na vida, as pausas na carreira podem se tornar mais populares no futuro.

Aposentadoria faseada

Tipicamente, esse modelo envolve a redução de horas em uma base de redução gradual, à medida que o indivíduo se aproxima da aposentadoria. A duração das fases varia dependendo do acordo firmado entre o trabalhador e sua organização e pode incluir a redução de horas ao longo de meses ou mesmo anos.

Formas alternativas de trabalho flexível

Como podemos ver, o trabalho flexível vem de muitas formas. Muitas das detalhadas até agora são modelos fixos com um único empregador, uma configuração negociada ou acordada que normalmente foge ao modelo-padrão. No entanto, essas não são as únicas tendências que se observam atualmente em relação à flexibilidade. Maneiras de trabalhar fora do padrão são às vezes vistas na natureza da relação empregatícia, na provisão de benefícios ao funcionário e até mesmo nas formas de trabalho. Mesmo fora do escopo deste livro, alguns modelos ainda são formas de flexibilidade da força de trabalho. Algumas vezes, os trabalhadores escolhem (ou podem se sentir forçados a escolher) essas formas não padronizadas porque não conseguem ter acesso a acordos alternativos com seus empregadores.

Uma dessas tendências é o aumento do autoemprego. Mais pessoas estão realizando trabalho autônomo (mais de 4,8 milhões de trabalhadores no Reino Unido em 2017, de acordo com o Office for National Statistics) ou uma carreira de portfólio (às vezes chamada de *slashie* por causa da barra que divide diferentes funções — por exemplo, "Eu sou motorista de Uber/barista") na qual as pessoas têm mais de um emprego que podem não estar relacionados entre si e que podem ou não ser permanentes (Hot Spots Movement, 2019). *Gig economy* ("economia dos bicos") é outro termo que tem sido cada vez mais utilizado e que tipicamente se refere a trabalhadores que fazem múltiplas tarefas de curto prazo ("bicos"). Um modelo comum desse tipo é também conhecido como "trabalho de plataforma", em que há um mediador digital para conectar os trabalhadores aos serviços. Exemplos incluem aplicativos de transporte como o Uber ou de entrega de alimentos como o Deliveroo. O relatório Taylor (2017), antes mencionado, pediu maior clareza na lei em relação aos direitos desses trabalhadores atípicos.

Benefícios para os empregados

A flexibilidade também pode ser vista na provisão de benefícios aos funcionários. Nos últimos anos tem se tornado cada vez mais popular dar aos empregados a opção de comprar (e às vezes vender) férias anuais adicionais.

Algumas organizações também permitem os chamados *duvet days* ("dias de edredom"), um subsídio de dias (geralmente apenas um ou dois por ano), muitas vezes adicionado às férias, nos quais os trabalhadores podem simplesmente optar por tirar uma folga se não quiserem comparecer ao trabalho por qualquer motivo. Não há nenhuma exigência de aviso prévio e os funcionários podem simplesmente permanecer embaixo do edredom — daí o nome.

Essas não são formas típicas de trabalho flexível e certamente estão fora da estrutura estatutária, mas representam outros exemplos de empregadores que oferecem a seus funcionários mais flexibilidade e escolha sobre a frequência com que trabalham, assim como o equilíbrio com a vida familiar.

Hot-desking

Outra tendência popularizada nos últimos anos é o *hot-desking*. Nesse conceito, os funcionários não têm um espaço de trabalho permanente. Em vez disso, o empregador fornece uma gama de espaços (geralmente) em plano aberto para as pessoas usarem como acharem conveniente. A ideia é que os funcionários possam simplesmente usar qualquer mesa livre pelo tempo que precisarem. O *hot-desking* também pode ser combinado com o trabalho remoto. Uma motivação principal para a introdução do *hot-desking* é a capacidade das organizações de reduzir o espaço de escritório e, consequentemente, os custos, embora a abordagem nem sempre seja popular entre os empregados.

Padrões de trabalho formal vs padrões de trabalho informal

Na prática, muitas organizações operam uma gama completa de padrões de trabalho por diversas razões, que muitas vezes podem evoluir durante o emprego. Algumas pessoas querem ou precisam de flexibilidade permanente; outras precisam dela apenas por um período específico ou curto. Muito do trabalho flexível é informal, o que pode trazer tanto benefícios quanto desafios. Em uma empresa madura com altos níveis de confiança e na qual as relações entre gestores e membros da equipe são fortes, a flexibilidade informal pode funcionar bem. Os funcionários podem ser capacitados a trabalhar da melhor maneira para eles. No entanto, isso pode ser problemático de duas maneiras. Em primeiro lugar, é invisível para a organização e não pode ser medido ou monitorado, o que pode levar à injustiça ou à inconsistência de abordagem. Em segundo lugar, os funcionários com acordos informais podem ficar vulneráveis no caso de uma mudança de gestor.

Os pedidos formais de trabalho flexível geralmente equivalerão a uma mudança permanente nos termos e condições de emprego. Esse processo pode ser demorado e levar a uma rigidez de abordagem, além de ter a consequência não intencional de reduzir a flexibilidade ad hoc. No entanto, ele proporciona aos funcionários certeza e segurança.

Não há um tipo "melhor" de acordo de trabalho flexível e não há uma única maneira de abordar sua implementação. Nem todas as formas serão adequadas a todas as organizações e algumas podem ser mais apropriadas a determinados tipos de trabalho e profissões do que outras. Um acordo de trabalho flexível bem-sucedido é aquele que é mutuamente benéfico e se encaixa no contexto da organização e da função, assunto ao qual voltaremos nos capítulos seguintes.

A flexibilidade de trabalho e a lei

No Reino Unido, os funcionários têm o direito, nos termos da Lei de Direitos Trabalhistas de 1996 (conforme emendada pela Lei de Emprego de 2002), de fazer um pedido de trabalho flexível, sujeito ao cumprimento de certos critérios. A legislação foi introduzida pela primeira vez em 2003 pelo então governo trabalhista. Inicialmente, ela se aplicava apenas aos pais de crianças menores de seis anos ou crianças deficientes até a idade de 18 anos. Na época de sua introdução, o objetivo principal era o de apoiar os pais trabalhadores e incentivar as mulheres a retornarem ao mercado de trabalho depois de terem filhos. Esse direito foi posteriormente alterado em 2007 para incluir os cuidadores de "parentes próximos", mas, após discussões, ainda não atendia aos pais de crianças mais velhas. Em 2010, o Partido Conservador se comprometeu em seu manifesto a estendê-lo a todos com filhos menores de 18 anos, o que introduziu após chegar ao poder. Finalmente, em 2014, o direito foi concedido a todos os funcionários, independentemente do status, por meio da Lei das Crianças e das Famílias. Ao mesmo tempo, essa legislação também substituiu um procedimento formalmente complexo e estatutário por uma exigência mais simples de considerar os pedidos "razoavelmente".

Essa configuração precoce do trabalho flexível como sendo um benefício para pais trabalhadores (inicialmente de crianças pequenas) e aqueles com responsabilidades de cuidado teve repercussões a longo prazo para a aceitação da flexibilidade, como exploraremos mais adiante.

Caso um indivíduo deseje fazer um pedido de trabalho flexível, os critérios de elegibilidade devem ser primeiramente satisfeitos. Deve tratar-se de um funcionário da organização no sentido legal da palavra; esse direito e seus processos associados não se aplicam a trabalhadores atípicos, como empreiteiros, terceirizados ou trabalhadores autônomos. O funcionário também deve ter 26 semanas de serviço contínuo com seu empregador antes que possa dar entrada na solicitação, e apenas um pedido pode ser feito a cada 12 meses contínuos. Entretanto, o empregador pode optar por aplicar sua própria política que exceda esses requisitos legais mínimos e muitos agora optam por fazê-lo. Em sua solicitação, o trabalhador pode pedir a mudança da carga horária, dos horários exigidos e do local de trabalho.

A legislação estabelece uma estrutura tanto para a elaboração quanto para a consideração dos pedidos. Os funcionários devem apresentar um pedido por escrito ao empregador, descrevendo o padrão de trabalho que estão buscando e a data a partir da qual desejam que ele seja efetivado. Eles devem considerar quaisquer impactos potenciais de seu pedido sobre a organização e incluir detalhes sobre como acreditam que esses impactos podem ser superados, bem como fazer uma declaração formal de que não fizeram um pedido nos 12 meses anteriores.

A legislação exige, então, que a empresa (ou normalmente, na prática, o gestor do funcionário) considere o pedido de maneira razoável e dentro de um prazo coerente.

O empregador, ao receber o pedido, pode simplesmente concordar, nesse caso, deve comunicar ao funcionário e detalhar os novos termos e condições de emprego junto com a data de início efetivo. Quando um pedido é aceito, ele equivale a uma mudança permanente no contrato entre as partes e nenhuma delas pode alterar unilateralmente esses termos no futuro sem passar pelo devido processo formal. O funcionário não tem o direito de retornar ao seu padrão de trabalho anterior (sem um novo acordo formal), e o empregador não pode exigir que ele o faça. Quando a legislação previa trabalho flexível apenas para pais de filhos menores de seis anos, não era raro encontrar empregadores que acreditassem que os acordos terminariam em um determinado momento, mas não é o caso, nem anteriormente nem hoje.

Se o pedido não puder ser acordado imediatamente, uma reunião deve ser realizada com o funcionário para discutir o pedido. Na prática isso normalmente será feito pelo gestor de linha do funcionário. Então, a decisão deve ser tomada.

Quando não estiver claro inicialmente se o acordo de trabalho proposto será bem-sucedido ou adequado, o empregador pode oferecer ao funcionário um período de experiência das novas disposições. A duração não está especificada em lei e pode ser acordada pelas partes, pelo tempo que for necessário para avaliar genuinamente o impacto do padrão de trabalho proposto. Durante o período de experiência não há mudança nos termos e condições do emprego e, caso o período não seja bem-sucedido após sua conclusão, o funcionário voltará ao seu antigo padrão. Isso equivalerá a uma rejeição do pedido e, portanto, se a organização oferecer a possibilidade de recurso no âmbito de seus processos internos, ela também se aplicará nesse caso.

Se, após a devida consideração (ou período de experiência sem êxito), o empregador decidir recusar o pedido de trabalho flexível, poderá fazê-lo apenas por uma ou mais razões da lista a seguir:

- ônus dos custos adicionais;
- efeito prejudicial na capacidade de atender à demanda do cliente;
- incapacidade de reorganizar o trabalho entre a equipe existente ou de recrutar pessoal adicional;
- impacto prejudicial sobre a qualidade ou o desempenho;
- insuficiência de trabalho durante os períodos em que o funcionário se propõe a desempenhar suas tarefas;
- mudanças estruturais planejadas; e
- outros fundamentos que possam ser especificados nos regulamentos feitos pelo Secretário de Estado.

O motivo da recusa deve ser declarado por escrito ao funcionário.

Embora o empregador tenha discrição na consideração de pedidos de trabalho flexível, foi estabelecido pela jurisprudência que a falta de um acordo razoável pode equivaler a discriminação nos termos da Lei de Igualdade de 2010 e, portanto, o funcionário pode apresentar uma reclamação por discriminação contra seu empregador. Ele pode fazer isso enquanto continua no emprego, e não há custos incorridos pelo empregador. Não há limite para os pedidos de indenização por discriminação no Tribunal de Trabalho, e a indenização também pode ser feita por danos aos sentimentos.

Não há direito legal de recurso contra uma recusa de um pedido de trabalho flexível, embora esteja incluído nas políticas internas de muitas organizações. Todo o processo deve ser concluído dentro de três meses, incluindo o direito de recurso quando oferecido.

Um Código de Prática de Acas (Acas, 2013) de apoio sobre trabalho flexível oferece uma orientação adicional aos empregadores. Ele estabelece uma série de recomendações, incluindo:

- falar com o funcionário o mais rápido possível após o recebimento do pedido por escrito (a menos que ele simplesmente concorde, caso no qual uma reunião não é necessária);
- discutir o pedido do funcionário em particular;
- permitir que o funcionário seja acompanhado em qualquer reunião por um colega de trabalho ou representante sindical (esse também não é um direito estatutário nos termos da legislação, mas normalmente está incluído em muitas políticas de ambiente de trabalho);
- considerar cuidadosamente os pedidos, incluindo a reflexão sobre os benefícios potenciais das mudanças solicitadas e pesá-las cuidadosamente contra quaisquer possíveis impactos comerciais;
- informar ao funcionário da decisão por escrito o mais rápido possível — e certamente dentro do prazo prescrito de três meses; e
- permitir que o funcionário recorra da decisão a outro gestor se o pedido for rejeitado.

Além do direito de solicitar trabalho flexível, os funcionários não podem, ainda, ser submetidos a qualquer prejuízo por terem feito isso. O funcionário tem o direito de apresentar uma queixa no Tribunal de Trabalho (além do potencial motivo de queixa por discriminação, discutido acima) contra seu empregador pelo não cumprimento com as obrigações legais (tal como tratar do pedido dentro de três meses ou de forma razoável), ou pela recusa ter sido baseada em fatos incorretos. Caso o Tribunal considere a reclamação bem fundamentada, poderá fazer uma declaração e exigir que o empregador considere o pedido novamente ou pague uma indenização ao funcionário. A remuneração máxima a ser concedida é de oito semanas de pagamento, limitada ao máximo legal estabelecido anualmente pelo governo. Se um funcionário mover um processo no Tribunal de Trabalho contra seu empregador em relação a um pedido de trabalho flexível, o Tribunal pode levar em consideração qualquer falha do empregador em seguir as recomendações do Código Acas.

Outras possíveis mudanças na legislação de trabalho flexível estão sendo consideradas. Em 2019, o governo começou a prestar consultoria sobre uma série de potenciais mudanças relacionadas à legislação sobre o trabalho familiar, incluindo o trabalho flexível. Uma delas é exigir que os empregadores considerem se um cargo poderia ou não ser realizado em uma base flexível antes de divulgá-lo, e que as organizações publiquem suas políticas de trabalho flexível. A consulta foi concluída, mas o governo ainda não publicou suas intenções.

Este capítulo estabelece os requisitos mínimos legais aos quais uma empresa deve aderir. Na prática, muitos optam por ir além do mínimo legal e melhorar sua oferta por meio de sua abordagem política. A legislação trabalhista tem um impacto limitado por si só; os funcionários também precisam sentir que podem fazer uso de seus direitos e que não haverá consequências em sua carreira. Sem isso, os direitos legais não têm sentido.

A estrutura estatutária aqui exposta tem uma série de limitações que resultaram involuntariamente em barreiras à implementação efetiva do trabalho flexível. Os capítulos seguintes explorarão como as organizações podem melhorar as exigências legais e superar seus desafios inerentes.

Embora este capítulo tenha se concentrado nos requisitos legais (dentro do Reino Unido especificamente) para o trabalho flexível, essa não é a única forma de os funcionários terem acesso a acordos de trabalho flexível. Muitos sequer fazem pedidos; eles simplesmente fazem acordos informais com seu gestor de linha. Isso pode ser ad hoc (como um pedido ocasional de passar um dia trabalhando em casa) ou algo mais estruturado. Acordos informais podem não exigir mudanças nos termos e condições contratuais do emprego e, portanto, não requerem necessariamente o nível de formalidade (ou processos de RH) dos pedidos oficiais. Como muitas vezes não é registrado, é difícil estimar quão difundido esse tipo de flexibilidade está em toda a força de trabalho, ou mesmo dentro de uma organização específica. Curiosamente, um estudo indicou que acordos informais de trabalho levam a um melhor desempenho quando comparados com colegas que formalizaram e contratualizaram acordos de trabalho flexíveis por meio de políticas internas. Embora as razões para isso não sejam totalmente claras, é possível que o próprio processo influencie esse resultado (De Menezes e Kelliher, 2016). É plausível argumentar que o trabalho flexível informal reflete uma relação de trabalho mais adulta em que funcionários e gestores possam trabalhar para si mesmos de maneira eficaz e mutuamente benéfica. Entretanto, isso requer um tipo particular de cultura organizacional (e competência gerencial) que pode não existir em todos os locais de trabalho.

Como podemos ver, o trabalho flexível é de fato um termo amplo e variado. Ele engloba muitas formas, todas elas com algo em comum: um modelo que difere de alguma forma do padrão de trabalho atualmente comum, com dias e cargas horárias definidas. Como exploraremos mais à frente, essas diferenças trazem consigo tanto desafios quanto benefícios para indivíduos, gestores e organizações.

Demanda e disponibilidade

Nos últimos anos, foram realizados diversos censos e pesquisas — por meio de órgãos da indústria, acadêmicos e organizações de campanha — sobre a demanda e a disponibilidade de trabalho flexível. Em geral, essas pesquisas apontam que a demanda atual está superando a oferta desse tipo de emprego. Isso pode indicar que a atual legislação não está funcionando ou não se aprofunda suficientemente bem para oferecer flexibilidade para aqueles que querem ou precisam.

Estudos concluem que a flexibilidade é um benefício que os funcionários e futuros funcionários valorizam muito, talvez ainda mais do que as recompensas monetárias. Por exemplo, uma pesquisa da Investors in People pediu que os funcionários escolhessem entre um aumento de salário de três por cento, outros benefícios e mais flexibilidade; mais de um terço preferiu uma abordagem mais flexível do horário de trabalho (*HR Magazine*, 2013).

Essa não é apenas uma tendência do Reino Unido; 35 por cento dos funcionários dos Estados Unidos mudariam de emprego para ter acesso a modalidades de trabalho mais flexíveis (Cooper e Hesketh, 2019), embora a adoção e o uso dessas práticas trabalhistas também sejam descritos como lentos e irregulares (Munsch, 2016).

Atualmente parece haver uma lacuna significativa entre aqueles funcionários que querem trabalhar com flexibilidade e aqueles que de fato têm acesso, ou certamente uma lacuna entre a política e a prática. O Escritório de Igualdade do Governo sugere que muitas organizações estão ostensivamente comprometidas com o trabalho flexível, mas não o oferecem na prática (Nicks et al, 2019; Jones, 2019).

Em janeiro de 2019, o CIPD publicou seu relatório Megatrends, focando o Reino Unido e o quadro global de trabalho flexível. Suas conclusões sugerem uma situação mista de disponibilidade e um ritmo geral de mudança lento. A forma mais popular desse tipo de modelo no Reino Unido é o trabalho em tempo parcial; agora cerca de um quarto dos funcionários trabalham menos do que em tempo integral, sendo a maioria (três quartos) mulheres. Elas também são mais propensas a trabalhar de forma flexível em geral, frequentemente porque combinam trabalho com cuidados ou trabalho doméstico (CIPD, 2019a).

O home office é um formato que está em crescimento (provavelmente como resultado de melhorias na tecnologia que permite acesso remoto aos locais de trabalho). Globalmente estima-se que mais de dois terços das pessoas em todo o mundo trabalham longe do escritório pelo menos uma vez por semana, de acordo com o International Workplace Group (IWG, 2019).

No entanto, outros modelos como o horário comprimido e as quinzenas de nove dias são bem menos comuns, com apenas cerca de dois por cento dos funcionários britânicos utilizando esse último padrão de trabalho (Wheatley, 2017). Os trabalhadores do setor público são mais propensos a utilizar esquemas de trabalho flexível do que os do setor privado, e os funcionários de organizações maiores têm mais probabilidade de ter uma gama mais ampla de esquemas à sua disposição do que os de empresas menores. Em geral, o uso de quase todas as formas de acordo não aumentou significativamente entre 2007 e 2013 (CIPD, 2019a).

Mesmo quando uma organização oferece oportunidades de trabalho flexível, nem todos os funcionários podem obter o modelo que realmente querem ou precisam; 36 por cento dos trabalhadores disseram que o modelo desejado não estava disponível para eles em sua função atual (Working Families, 2018). Em geral, estima-se que cerca de 87 por cento dos funcionários gostariam de trabalhar de forma flexível em algum nível (Timewise, 2019). De acordo com o CIPD, 32 por cento deles mudariam suas atuais disposições de trabalho, a maioria dos quais trocaria seu horário de início ou término, o número de dias que trabalha por semana ou diminuiria o número total de horas de trabalho (CIPD, 2019a). Por exemplo, o TUC estima que cerca de mais quatro milhões de trabalhadores gostariam de trabalhar em casa mesmo ocasionalmente, mas não têm a oportunidade de fazê-lo.

A disponibilidade de trabalho flexível também é influenciada pelo tipo de cargo nas organizações. A pesquisa CIPD (2016) descobriu que os funcionários sem responsabilidade gerencial são mais propensos a trabalhar em meio período, mas têm menos probabilidade de desempenhar outros modelos do que aqueles que assumem funções gerenciais. Em comparação, os gestores seniores e intermediários têm mais tendência a relatar que podem trabalhar em casa regularmente (31 por cento e 24 por cento, respectivamente) assim como a usar horários flexíveis quando comparados a colegas juniores. É menos provável que os gestores juniores trabalhem de forma flexível.

Nos locais em que o trabalho flexível está disponível, podem haver diferenças significativas sobre o que exatamente pode ser acessado. Pouco menos de três quartos dos funcionários disseram que seu ambiente de trabalho oferecia pelo menos um formato desse tipo. No entanto, alguns deles são muito mais comuns do que outros — e sua utilização é bastante marcada pelo gênero, com homens e mulheres lidando com diferentes formas de flexibilidade e adquirindo resultados diferentes (Wheatley, 2017). Assim, quando ouvimos que o trabalho flexível está aumentando, há um quadro complicado por baixo das manchetes que não necessariamente segue o que todas as organizações estão disponibilizando.

A maioria das empresas britânicas oferece agora algumas formas de trabalho flexível, com apenas cerca de dez por cento dos funcionários dizendo que seu empregador não oferece nenhuma. Dos que não têm acesso, 78 por cento gostariam de ter. Mais da metade dos trabalhadores gostaria de trabalhar de forma flexível em pelo menos um modelo que não está disponível em seu ambiente de trabalho atual (CIPD, 2019c).

Com relação às solicitações, uma pesquisa on-line realizada pelo TUC em agosto de 2019 constatou que um em cada três pedidos para trabalho flexível são recusados; a mesma pesquisa mostrou que três em cada dez funcionários dizem que seu desejo de maior flexibilidade seria um dos principais fatores na decisão de procurar ou não uma nova oportunidade de trabalho (TUC, 2019b).

Sobre essa questão para quem procura emprego, todos os anos a consultoria de trabalho flexível Timewise produz o *Flexible Working Jobs Index*, um grande estudo sobre anúncios de emprego do Reino Unido, avaliando seis milhões de vagas em mais de trezentos quadros de emprego on-line. Em 2019, essa pesquisa concluiu que pouco mais de 15 por cento dos empregos são anunciados como potencialmente adequados para o trabalho flexível — um aumento de 9,5 por cento em relação ao primeiro índice em 2015. Quase metade dessas oportunidades era para empregos de meio período ou de trabalho compartilhado (que é outra forma de trabalho em meio período). Embora os dados indiquem um crescimento consistente na disponibilidade de flexibilidade, isso equivale a apenas alguns pontos percentuais a cada ano. Os dados também variam consideravelmente quando o salário é levado em conta: o trabalho flexível é oferecido em 23 por cento dos anúncios onde o salário é inferior a 20 mil libras esterlinas por ano, mas entre 20 e 34 mil libras esterlinas essa disponibilidade cai para 14 por cento. Quando se trata de cargos mais bem pagos, é a faixa dos que pagam mais de 60 mil libras esterlinas por ano que corresponde à taxa de crescimento mais rápida entre os cargos flexíveis anunciados, triplicando ao longo da vida útil do índice. Ele também destaca diferenças significativas entre setores e tipos de cargos (Timewise, 2019). A partir disso, podemos concluir que não apenas oferecer trabalho flexível, mas promovê-lo e encorajá-lo ativamente no momento da contratação, pode ser uma oportunidade significativa de aquisição de talentos para todas as organizações.

Essas múltiplas fontes de dados indicam que existe uma lacuna significativa entre a demanda por trabalho flexível e sua disponibilidade para muitos trabalhadores. A existência de flexibilidade equivale, às vezes, a apenas algumas formas limitadas, como o trabalho em tempo parcial, e não à gama mais ampla de modelos potenciais que poderiam ser empregados.

Portanto, talvez seja necessário pensar no trabalho flexível como algo que existe dentro de um espectro. Em uma extremidade, a flexibilidade é ativamente desencorajada, trazendo consequências negativas para aqueles que trabalham (ou procuram trabalhar) de forma flexível. No meio do espectro está a tolerância; esse tipo de arranjo é permitido, mas não necessariamente totalmente aceito ou normalizado. Ele pode existir sob o radar ou nas sombras. No outro extremo, a flexibilidade é celebrada, encorajada ativamente e totalmente aberta. O leitor deste livro pode desejar refletir sobre onde pensa que sua própria organização se encontra atualmente nessa escala de flexibilidade.

PRINCIPAIS APRENDIZADOS

- Há muitas formas de trabalho flexível, embora seu grau varie significativamente. Ele pode ocorrer por meio de acordos formais e informais.
- O trabalho flexível pode se referir à quando as pessoas trabalham (flexibilidade de tempo), onde elas trabalham (flexibilidade de localização) e como o trabalho é feito.
- Embora o trabalho flexível esteja aumentando em geral, esse aumento é lento, e a demanda atualmente supera a oferta. Isso pode representar uma oportunidade para os empregadores o adotarem.
- As evidências sobre demanda e disponibilidade apoiam a ideia de que é hora de uma revolução do trabalho flexível.
- A estrutura legal no Reino Unido evoluiu ao longo de vários anos, e é apoiada por um Código de Prática de Acas que estabelece como uma organização pode razoavelmente considerar os pedidos.
- A estrutura estatutária é um padrão mínimo; as organizações podem e muitas vezes vão além desse padrão, proporcionando oportunidades de trabalho flexíveis para seus funcionários.

Referências

ACAS (2013) *Code of practice: handling in a reasonable manner requests to work flexibly*. Disponível em: <perma.cc/E9VX-R967>.

CIPD (2013) *Zero-hours contracts: myth and reality*. Relatório de pesquisa, CIPD, Londres.

CIPD (2016) *Employee outlook, employee views on working life, focus on commuting and flexible working*. CIPD, Londres.

CIPD (2019a) *Megatrends: flexible working*. CIPD, Londres.

CIPD (2019b) *Working lives survey*. Wheatley, D. e Gifford, J., CIPD, Londres.

CIPD (2019c) *Cross sector insights on enabling flexible working*. CIPD, Londres. Disponível em: <perma.cc/676A-DYPS>.

COOPER, C. e HESKETH, I. (2019) *Wellbeing at work: how to design, implement and evaluate an effective strategy*. Kogan Page.

DE MENEZES, LM.; e KELLIHER, C. (2016) Flexible working, individual performance and employee attitudes: Comparing formal and informal arrangements, *Human Resource Management*, Wiley.

HR MAGAZINE (2013) A third of employees would prefer flexible working over a pay rise. Disponível em:<perma.cc/YEB8-GD5L>.

HOT SPOTS MOVEMENT (2019) *What are slashie careers?* Disponível em: <perma.cc/93W4-WB83>.

International Workplace Group (2019) Global Workplace Survey (2019) *Welcome to Generation Flex: The employee power shift.*

JONES, L. (2019) *Women's progression in the workplace*. Government Equalities Office.

MUNSCH, C. (2016) *Flexible work, flexible penalties: the effect of gender, childcare and type of request on flexibility bias*, Oxford University Press.

NICKS, L;, BURD, H.; e BARNES, J. (2019) *Flexible working qualitative analysis: organizations' experiences of flexible working arrangements.* Government Equalities Office

OFFICE FOR NATIONAL STATISTICS (2017) *Trends in self-employment in the UK*. Disponível em: perma.cc/F9AH-S55U>.

OECD (2019) *Part-time employment rate (indicator)*. Disponível: <perma.cc/CDP5-NEU8>.

TAYLOR, M (2017) *Good work: the taylor review of modern working practices.*

TIMEWISE (2019) *Flexible jobs index 2019*. Disponível em: <perma.cc/4UX7-SZD3>.

TUC (2019a) *Homeworking up more than a quarter in last decade, TUC analysis shows.* Disponível em: <perma.cc/EJ6X-27PD>.

TUC (2019b) *One in three flexible working requests turned down.* Disponível em: <perma.cc/7RFH-7J4X>.

WHEATLEY, D. (2017) Employee satisfaction and use of flexible working arrangements, *Work, Employment and Society.* Universidade de Birmingham.

WORKING FAMILIES (2018) *The Modern Families Index 2018*, Londres.

02

Os benefícios e desafios do trabalho flexível

O trabalho flexível tem o potencial de trazer muitos benefícios tanto para organizações quanto para indivíduos, que podem ser aplicados a toda uma gama de funcionários muito além dos pais trabalhadores com os quais ele é frequentemente associado. Da perspectiva do empregado, é fácil entender o apelo desse tipo de modelo. A flexibilidade pode permitir que os funcionários tenham maior controle sobre sua vida profissional (reduzindo o risco de estresse e conflito com a vida pessoal), balanceiem melhor trabalho e vida pessoal, equilibrem o trabalho com responsabilidades adicionais, como a prestação de cuidados, e reduzam o tempo e os custos financeiros associados ao deslocamento. Esses fatores estão no cerne do aumento da demanda dos trabalhadores.

De uma perspectiva organizacional, o trabalho flexível pode ajudar a recrutar, engajar e reter funcionários. Pode levar à redução de custos, apoiar a sustentabilidade, melhorar a diversidade e a inclusão, atrair e reter talentos, aumentar a produtividade e melhorar o bem-estar dos funcionários, assuntos de interesse para muitos empregadores.

Este capítulo considerará alguns dos principais benefícios da flexibilidade para cada uma das partes na relação de trabalho, além de destacar alguns dos desafios para os funcionários e organizações. Os capítulos na sequência voltarão a tratar sobre inclusão e bem-estar e explorarão os benefícios para cada uma dessas áreas com mais profundidade.

Muitos dos benefícios discutidos neste e em capítulos posteriores estão interligados: as organizações que realizam um trabalho flexível em maior escala geralmente relatam mais de um deles ocorrendo juntos. Uma dessas organizações é a BT que tem liderado o mercado nesse sentido por muitos anos, introduzindo suas primeiras iniciativas nos anos 1980. Eles estimam, a partir de suas próprias pesquisas internas, que a produtividade entre seus trabalhadores em home office está aumentando entre 15 e 31 por cento quando comparada a profissionais alocados no escritório. Eles também descobriram que seus funcionários nesse modelo estão menos cansados dos deslocamentos e reduziram seus custos gerais e de propriedade em quinhentos milhões de libras esterlinas (Dwelly e Lake, 2008).

Destaques da pesquisa sobre trabalho flexível

Nos últimos anos, uma ampla gama de pesquisas sobre o trabalho flexível foi realizada, incluindo pesquisas acadêmicas, relatórios da indústria e dados sobre os trabalhadores flexíveis. Confira a seguir uma lista dos destaques desses resultados, alguns dos quais serão explorados em mais detalhes mais adiante neste e nos próximos capítulos:

- a pesquisa CIPD (2016) descobriu que os três principais benefícios do trabalho flexível mais frequentemente citados por trabalhadores são: auxílio na redução do estresse e da pressão que sentem (29 por cento); melhor equilíbrio entre trabalho e vida pessoal (54 por cento); e fator de decisão para permanência no emprego atual (28 por cento). Um estudo conjunto realizado pela Working

Families e pela Cranfield University, em 2009, encontrou uma relação positiva entre trabalho flexível e desempenho individual na produtividade e na boa influência no trabalho em equipe;

- pesquisas sugerem que os funcionários que têm acesso a acordos de trabalho flexível relatam maiores níveis de satisfação no trabalho do que os de tempo integral, independentemente de terem feito uso efetivamente (CIPD, 2019). Um quarto dos entrevistados da pesquisa disse que a possibilidade de trabalhar de forma flexível lhes permite ser mais produtivos no trabalho e buscar hobbies ou outros interesses pessoais (CIPD, 2016);
- o modelo-padrão não é muito popular entre muitos empregados. De acordo com uma pesquisa do YouGov, apenas 16 por cento dos trabalhadores disseram que esse seria seu formato preferido para um emprego em tempo integral; 58 por cento prefeririam mudar seu horário de trabalho para mais cedo, favorecendo um padrão de sete às três ou de oito às quatro (*Personnel Today*, 2018);
- os trabalhadores flexíveis têm muito menos probabilidade de relatar estar sob pressão excessiva do que os que não trabalham dessa forma (29 e 42 por cento respectivamente, CIPD, 2016);
- acordos de trabalho flexíveis podem reduzir faltas ao trabalho (Smeaton et al, 2014);
- uma pesquisa XpertHR de 2018 perguntou aos empregadores quais eram, em sua opinião, as principais vantagens de oferecer a oportunidade de trabalho flexível. As respostas citavam diversos benefícios, sendo que os mais bem avaliados foram a melhor retenção e o maior engajamento dos funcionários. Outras vantagens relatadas incluíram redução das faltas, aumento da produtividade, grupo de recrutamento mais extenso e melhor qualidade dos candidatos e promoção da igualdade de oportunidades;
- os funcionários que trabalham com flexibilidade dizem que têm melhores níveis de equilíbrio entre trabalho e vida pessoal e se

sentem mais produtivos tanto em termos de qualidade como de quantidade de seu trabalho (CIPD, 2016; 2019);

- a análise do Centro de Ação e Pesquisa da RSA (2013) encontrou uma relação direta e estatisticamente significativa entre a adoção flexível do trabalho e o desempenho organizacional, sendo a atitude e a satisfação dos funcionários os fatores-chave;
- uma pesquisa com 111 empregadores realizada pela Industrial Relations Services (IRS, 2009) identificou a retenção como o benefício mais difundido do trabalho flexível, tendo sido citada por 74 por cento dos entrevistados como um dos melhores resultados dessa prática; e
- 85 por cento dos entrevistados de uma pesquisa de 2019 com 15 mil empresários em todo o mundo disseram que seus negócios são mais produtivos como resultado do trabalho flexível (IWG, 2019).

Todos esses são destaques positivos. Deve-se notar, entretanto, que o trabalho flexível pode ser um tema difícil de ser pesquisado, em parte devido à amplitude do termo e às muitas formas que a flexibilidade pode assumir. As razões pelas quais alguém quer realizar esse modelo também podem ser relevantes para seus resultados, assim como as próprias razões da implementação por parte da empresa. Por exemplo, trabalhar em casa para reduzir deslocamentos (mas mantendo horários em tempo integral) pode levar a resultados diferentes para empregados, gestores e organizações do que aqueles encontrados quando um funcionário reduz suas horas por suas responsabilidades de cuidado com crianças. Também surgem perspectivas diferentes quando levamos em conta questões como idade e sexo.

Talento

Nos anos 1990, uma consultoria de gestão famosa cunhou a frase "guerra por talentos" para descrever a ideia de que as organizações precisariam competir agressivamente para contratar quem precisassem no futuro. Essa afirmação há muito se tornou um clichê, mas a verdade é que é uma questão crítica para toda organização; todas as empresas precisam recrutar bons profissionais com habilidades, experiência, competências e conhecimentos necessários para realizar um bom trabalho.

Há vários aspectos nesse sentido. Em primeiro lugar, a capacidade de adquirir o talento que uma organização precisa: indivíduos com as habilidades e a experiência certas nos momentos certos que também podem demonstrar o comportamento correto. Esse é o papel do recrutamento e seleção, que inclui o desenvolvimento de uma marca patronal atraente.

Uma vez contratados indivíduos talentosos, eles precisam ser motivados, desenvolvidos, engajados, recompensados e efetivamente gerenciados. Tarefas que cabem tanto ao gestor de linha quanto à organização por meio de sua estratégia e ofertas. Finalmente, mas também inextricavelmente conectada, está a necessidade de reter talentos. O trabalho flexível pode influenciar em todas as áreas, e por isso agora vamos considerar cada uma delas individualmente.

Recrutamento

Evidências de múltiplos estudos mostram que a provisão de flexibilidade é uma estratégia-chave para organizações que desejam atrair indivíduos talentosos. Aqui está apenas uma seleção de vários estudos e pesquisas:

- uma pesquisa de 2010 concluiu que 88 por cento das mulheres e 81 por cento dos homens no Reino Unido disseram que a possibilidade de combinar trabalho e família é um fator muito importante na escolha de seu próximo emprego (Chung, 2018);
- em uma pesquisa global realizada em 2019 pelo International Workplace Group, quatro a cada cinco entrevistados disseram que, dadas duas ofertas de trabalho semelhantes, recusariam a que não oferecesse trabalho flexível;

- outra pesquisa global da Randstad (2016) com quase duzentos mil funcionários constatou que o trabalho flexível era um dos cinco fatores mais significativos na busca por um novo emprego; e
- em geral, 87 por cento das pessoas disseram que gostariam de trabalhar com flexibilidade; porém, apenas 15 por cento dos empregos anunciados são abertos a acordos de trabalho flexível (Timewise, 2019).

Como vimos na discussão no Capítulo 1, a demanda por trabalho flexível é alta, mas a disponibilidade não é. Portanto, oferecer essa possibilidade pode abrir grupos de talentos inteiramente novos para serem recrutados. Neste momento, apesar do potencial desse tipo de modelo, disponibilizá-lo continua sendo um fator diferenciador no mercado de trabalho, oferecendo às organizações mais razões para fazê-lo. Do ponto de vista empresarial, a flexibilidade tem outro benefício talvez ignorado: as modalidades podem custar muito pouco (se alguma coisa) em termos financeiros, especialmente quando comparadas a outras iniciativas que as organizações às vezes realizam a fim de engajar sua força de trabalho.

A Working Families é uma instituição de caridade com sede no Reino Unido que incentiva o uso de sua diretriz "feliz em falar de trabalho flexível" em seus anúncios de emprego. As organizações de recrutamento podem escolher entre fazer uma simples declaração nesse sentido, ou detalhar sobre as formas específicas de flexibilidade que podem considerar para cada função. Qualquer que seja a opção escolhida, esse tipo de publicidade pode incentivar pessoas a se candidatarem a funções que, de outra forma, poderiam não ter sido consideradas. A inclusão de uma referência ao trabalho flexível em sites de carreiras ou anúncios de emprego pode dar aos candidatos a permissão para iniciar uma conversa com o gestor de recrutamento.

Naturalmente, a retórica também deve corresponder à realidade. Não é raro os funcionários relatarem que as informações disponíveis durante o recrutamento indicavam que o ambiente de trabalho era flexível e dava suporte a uma gama de padrões de trabalho, mas que essas promessas não foram cumpridas na prática quando o indivíduo começou no emprego.

Não são apenas os talentos externos que precisam de informações ou oportunidades de flexibilidade; ao contratar, há candidatos internos a considerar também. Os funcionários com esquemas de trabalho flexível existentes frequentemente relatam que as oportunidades de movimentação ou progressão parecem ser limitadas, pois os esquemas acordados muitas vezes não são considerados portáteis quando se candidatam a funções internas, a menos que a organização opte por fazer essa parte de sua política de trabalho flexível. Os candidatos internos são uma rica fonte de experiência e conhecimento organizacional, mas se as empresas continuarem anunciando suas novas oportunidades como sendo rígidas e em tempo integral, os trabalhadores flexíveis existentes continuarão a ser um grupo de talentos inexplorado.

Como já vimos com o recrutamento externo, a maioria das funções no Reino Unido são anunciadas como tempo integral, em horas-padrão, e as opções flexíveis raramente são incluídas (apenas 15 por cento dos empregos foram anunciados como potencialmente adequados para o trabalho flexível em 2018). Isso pode levar funcionários qualificados a ficarem "presos" em funções, às vezes trabalhando em níveis inferiores de habilidades, experiência ou conhecimento que, de outra forma, poderiam exigir. Essa é uma questão particular para as mulheres que, como resultado de um complexo conjunto de fatores, muitas vezes são quem reduz as horas de trabalho após o nascimento dos filhos.

Há maneiras simples de enfrentar essa barreira. As organizações podem, além de adotar "prazer em falar de trabalho flexível" ou frases de impacto equivalentes, declarar expressamente a possibilidade de os funcionários se candidatarem a qualquer modelo de trabalho flexível existente ao pleitearem vagas internas, o que será levado em consideração, incluindo um período de experiência, se eles forem as opções mais adequadas. Qualquer abordagem desse tipo precisará ser acompanhada de informação e orientação para os gestores; eles precisarão compreender quais benefícios terão ao anunciar as vagas como adequadas para o trabalho flexível e abordar suas preocupações sobre o assunto.

Retenção

A falha em oferecer oportunidades de trabalho flexível, além de impactar a aquisição de talentos, também é um risco para sua retenção. A demanda por esse modelo, combinada com as questões de disponibilidade discutidas no Capítulo 1, sugere que o oferecer promoverá a permanência dos funcionários e a manutenção de seus conhecimentos e habilidades na empresa. Sabemos que a demanda por flexibilidade não está relacionada a um trabalhador específico; ela é desejada por todos os sexos, idades e cargos. Portanto, não se trata apenas de reter mulheres trabalhadoras ou mães que retornam da licença-maternidade.

Uma pesquisa realizada em 2019 pela empresa de consultoria Deloitte destaca essa questão. Eles analisaram especificamente a experiência de trabalhar com pais millennials. Dos entrevistados, um terço tinha mudado de emprego para conseguir mais flexibilidade, e outro terço estava considerando fazê-lo. O trabalho flexível pode ser uma poderosa ferramenta de atração de talentos quando incluído no mix de marca do empregador. É cada vez mais claro que os funcionários que não conseguem atingir o nível desejado de flexibilidade, ou o equilíbrio no ambiente de trabalho, buscam oportunidades em outros lugares.

Embora não se trate apenas de manter mães e pais, o trabalho flexível pode, sem dúvida, contribuir para a permanência de mulheres que retornam ao trabalho após a licença-maternidade. Uma pesquisa com duas mil mulheres constatou que quase uma em cada cinco (18 por cento) mães trabalhadoras do Reino Unido foi forçada a deixar seu emprego porque o pedido de trabalho flexível foi recusado, e muitas delas disseram que sentiam que suas solicitações não haviam sido sequer consideradas de forma genuína (Workplace Insight, 2019). Uma organização que utiliza o trabalho flexível para apoiar as mulheres que regressam é a BT. Eles têm uma taxa de retorno de 97 por cento, que atribuem à disponibilidade do home office (Dwelly e Lake, 2008).

A retenção da equipe garante que a organização também mantenha seus conhecimentos e habilidades e evita os custos potencialmente altos associados ao recrutamento e à rotatividade de pessoal. Simplificando, se você não oferece trabalho flexível a seus funcionários, eles podem encontrar um empregador que o faça. Talvez igualmente importante, como o próximo parágrafo demonstrará, aqueles funcionários que forem contratados também estarão mais engajados e satisfeitos.

Engajamento dos funcionários

Engajamento dos funcionários é um termo que foi usado pela primeira vez nos anos 1990 e que agora é muito familiar aos profissionais de recursos humanos e líderes empresariais. A ideia de engajar funcionários rapidamente se tornou (apesar de ter sido objeto de algumas críticas acadêmicas) uma parte padrão das estratégias de RH nas organizações. Em diversos aspectos, ela se baseia em concepções muito anteriores sobre motivação dos funcionários e satisfação no trabalho, ambos também tópicos sobre os quais não faltam teorias, muitas das quais se estendem por várias décadas.

É um aspecto que trata essencialmente da relação entre funcionário e empregador, algo ocasionalmente chamado de "contrato psicológico". Não há uma definição unânime para essa ideia, mas um funcionário engajado é geralmente considerado aquele que tem uma atitude positiva em relação à sua organização e sente-se entusiasmado com seu trabalho. Embora como conceito ela seja criticada, permanece, sem dúvidas, popular entre as empresas. A suposição é que um funcionário engajado (ou satisfeito) tem mais probabilidade de ser produtivo e um defensor de sua organização. Também se presume frequentemente (embora as evidências que sustentam esse ponto de vista estejam sujeitas a debate) que empresas com níveis mais altos de engajamento dos funcionários terão um desempenho financeiro e operacional superior ao daquelas que não os têm. A dra. Amy Armstrong de Ashridge sugere esta definição para esse tipo de ambiente de trabalho: "Um clima organizacional onde as pessoas escolhem dar o melhor de si" (Armstrong et al, 2018).

Nos últimos anos, tornou-se uma prática comum as organizações pesquisarem regularmente se seu pessoal está engajado. Há muitos fatores complexos que influenciam isso; trata-se, afinal, de uma questão subjetiva. Porém, parece haver amplo consenso sobre o papel significativo dos gestores de linha e líderes. Em 2009, o relatório MacLeod sobre o assunto identificou o gestor como um dos quatro facilitadores críticos para o engajamento dos funcionários, descrevendo que ele é eficaz quando facilita e capacita as pessoas em vez de controlá-las ou restringi-las, quando as trata com apreço e respeito e mostra compromisso em desenvolvê-las e premiá-las (MacLeod e Clarke, 2009). Não é difícil ver onde a flexibilidade se encaixa nessa narrativa. Ela é, em última análise, empoderamento; o oposto de controle. De fato, o trabalho flexível exige confiança e que os funcionários sejam tratados como indivíduos com suas próprias necessidades, desejos e obrigações.

Onde a teoria de engajamento dos funcionários tende a olhar para a relação funcionário/empregador, as teorias da motivação consideram fatores intrínsecos e extrínsecos que levam o trabalhador a dar o melhor de si. As teorias sobre motivação têm sido abundantes há décadas, algumas datando do início dos anos 1900, e visam explicar os motivos pelos quais as pessoas fazem algo, tanto em geral quanto no ambiente de trabalho. Não existe uma teoria unificadora da motivação, e as ideias sobre as causas evoluíram ao longo do tempo. As primeiras teorias, como a administração científica, muitas vezes se concentravam na ideia de que o dinheiro era um motivador-chave, embora agora haja o entendimento de que a motivação individual é significativamente mais complexa. Uma jornada através das muitas teorias voltadas para o trabalho inclui ideias que vão desde necessidades sociais e fisiológicas passando pelo papel de realização, reconhecimento e crescimento, e até mesmo poder e status. Algumas se concentram nas necessidades e expectativas dos indivíduos, outras no que motiva as pessoas ou quais são os resultados da motivação. Estudos também têm chamado a atenção para desmotivação e insatisfação dos funcionários. Falta de justiça, ameaças de punição, insegurança, relações interpessoais ruins ou níveis salariais inadequados são apenas alguns dos fatores que podem reduzir a motivação e a satisfação.

Apesar das muitas ideias diferentes, há algumas áreas de concordância. Muitas pessoas são motivadas não por dinheiro ou outros fatores extrínsecos similares, mas por elementos como responsabilidade, realização, trabalho interessante e significativo, desafio e a oportunidade de crescimento pessoal. Um livro mais recente e influente sobre o assunto, de Daniel Pink, *Motivação 3.0*, identificou três fatores que impulsionam a motivação no ambiente de trabalho, com particular referência aos trabalhadores do conhecimento. Pink diz que não se trata de recompensas financeiras, como muitas vezes é acreditado ou defendido por algumas das teorias anteriores, mas, em vez disso, dar oportunidade para os indivíduos desenvolverem autonomia, domínio e propósito (Pink, 2018). A autonomia é, naturalmente, uma questão de escolha, a capacidade de ter controle sobre quando, onde e como trabalhamos melhor. Isso pode ser contrastado com a falta de controle sendo uma causa identificada de estresse relacionado ao trabalho, um assunto ao qual voltaremos no Capítulo 5 sobre bem-estar.

Aqui podemos ver como os acordos de trabalho flexíveis podem contribuir positivamente não apenas para os aspectos práticos da vida dos funcionários, mas para seu eu profissional mais amplo e, como consequência, para os resultados organizacionais. Como discutimos na Introdução, o trabalho flexível em sua definição mais ampla oferece às pessoas opções sobre sua função e a forma de realizá-la. A independência está em seu cerne. Outros acadêmicos concordam: a pesquisa de 2017 da Universidade de Manchester descobriu que o trabalho flexível atua como um fator motivador, sendo que os funcionários que têm esse tipo de padrão no emprego estão mais dispostos a retribuir a sua organização (Clarke e Holdsworth, 2017). Não há uma maneira de motivar toda uma força de trabalho; cada indivíduo responde a diferentes incentivos. O que estimula uma pessoa não necessariamente estimulará (ou mesmo satisfará) outra. No entanto, parece que oferecer trabalho flexível pode ser um fator que contribui para isso. Esse fato se alinha estreitamente às ideias sobre enriquecimento profissional, variedade, autonomia e responsabilidade e pode ajudar os funcionários a desenvolver a vida profissional de acordo com suas circunstâncias individuais.

As teorias de motivação também têm algumas semelhanças com ideias sobre aumento da satisfação dos funcionários. A satisfação no trabalho é tipicamente (e simplesmente) definida como a medida em que um empregado está satisfeito com seu trabalho. Pesquisas descobriram que trabalhadores flexíveis são mais propensos a se descreverem como "muito satisfeitos" com seu trabalho do que os não flexíveis. Curiosamente, essa maior satisfação também se estende a funcionários que não estão usando esquemas de trabalho flexíveis, mas que trabalham para uma organização onde eles são conhecidos por estarem disponíveis. Portanto, mesmo a percepção de que a empresa é favorável à flexibilidade pode ter um efeito positivo na satisfação no trabalho e no compromisso organizacional (De Menezes e Kelliher, 2011).

Quer utilizemos a motivação, o compromisso ou a satisfação como medida principal, o trabalho flexível parece gerar benefícios positivos. Como podemos ver nos destaques sobre pesquisas, existe agora um conjunto de evidências que sugere que esse tipo de oferta levará a um aumento nos níveis de engajamento e satisfação dos funcionários, o que, por sua vez, será bom para os negócios. Entretanto, como em muitas outras áreas desses estudos, na medida em que os acordos de trabalho flexível levam a uma maior satisfação geral, esta parece ser influenciada pelo tipo específico de flexibilidade empregado, com algumas formas levando a melhores resultados do que outras. Outros fatores também são relevantes para a satisfação: alguns modelos têm efeitos significativos e positivos sobre a satisfação geral na vida, mas esses padrões são altamente influenciados pelo gênero. De acordo com Wheatley (2017), os acordos de horário flexível estão associados a níveis mais baixos de satisfação de vida entre as mulheres, porém mais altos entre os homens. Elas são mais propensas a combinar o horário flexível com cuidados ou outras responsabilidades, tais como a ida à escola de seus filhos. Em contraste, eles não necessariamente o fazem, o que pode ser o fator diferenciador desses impactos variáveis na satisfação.

Uma organização que tem investido significativamente no trabalho flexível nos últimos anos é o National Health Service (NHS). Para o NHS, a flexibilidade é vista como uma questão crítica de negócios, e sua própria pesquisa interna descobriu que 92 por cento do pessoal disse que o trabalho flexível era importante (NHS Inspiring Leaders Network, 2019). Um estudo de 2011 analisou o impacto dessa modalidade nos níveis de felicidade dos funcionários dentro das empresas. Embora com uma amostra pequena, a pesquisa descobriu que o trabalho flexível era visto pelos empregados como algo para fazê-los se sentir satisfeitos, alegres e calmos, com alguns entrevistados conectando-o claramente à própria felicidade. E essa satisfação geral deu origem a um comportamento discricionário adicional e a resultados de desempenho desejáveis (Atkinson e Hall, 2011).

Seja o engajamento definido ou medido, há um consenso de que a maioria das organizações têm um problema com ele. Embora setores, profissões e países tenham seus próprios padrões (assim como seus próprios desafios), muitos funcionários simplesmente não estão engajados, um fato que tem sido encontrado em muitas pesquisas. A Gallup (2017), um dos principais fornecedores mundiais de estudos sobre o assunto, estima que apenas 15 por cento dos funcionários no mundo estão altamente engajados e entusiasmados com seu trabalho ou ambiente de trabalho, um fato que eles atribuem em parte à resistência organizacional, à mudança e à incapacidade de adaptação às possibilidades das novas tecnologias, bem como à inaptidão de atender às expectativas dos trabalhadores mais jovens. Isso fornece mais evidências para o argumento de que existe uma necessidade urgente de que todas as organizações se concentrem no engajamento dos funcionários em geral — incluindo a necessidade de adaptar as práticas tradicionais, encontrar novas formas de trabalho e atender às necessidades e desejos de mudança dos funcionários. Por meio dessas ações, podemos começar a fechar a lacuna do engajamento.

Em resumo, existem fortes argumentos para apoiar o trabalho flexível como uma parte importante da abordagem de uma organização à gestão de talentos, incluindo a atração, engajamento, motivação e retenção de indivíduos talentosos. Ele pode apoiar o enriquecimento do trabalho e os níveis de satisfação individual. Como veremos a seguir, também pode apoiar esses funcionários a serem produtivos e a terem um bom desempenho.

Desempenho

Os argumentos comerciais para um trabalho flexível em relação ao desempenho e à produtividade estão agora sendo desenvolvidos em contraste com a preocupação do impacto negativo que ele pode ter. Aqui está apenas uma amostra de pesquisas recentes sobre o assunto:

- Pesquisas da RSA (2013) sugerem que o trabalho flexível pode ser um poderoso impulsionador do desempenho organizacional, identificando benefícios como inovação, utilização de habilidades, motivação e produtividade. Olhando para a inovação em particular, parece que a confiança no valor da flexibilidade aumenta quanto mais ela é experimentada. Quando entrevistados sobre o assunto, alguns funcionários destacaram como eles se sentem fora do ambiente de trabalho tradicional e como é mais fácil se concentrarem, pensarem e serem mais criativos. Muitos também relataram que simplesmente conseguem fazer mais em menos tempo, como resultado de acordos de trabalho flexível;
- Uma pesquisa global realizada pelo International Workplace Group (2019) constatou que 85 por cento dos empresários entrevistados em oitenta nações disseram que o trabalho flexível havia tornado seus negócios mais produtivos. Isso é na verdade uma estatística persuasiva, e há muitas outras evidências de outros países que demonstram que esses benefícios não se limitam a algumas sociedades ou economias.
- Uma análise de evidências publicada pelo Government Equalities Office em 2019 destacou vários estudos de toda a UE, Canadá e Estados Unidos que consistentemente mostraram resultados positivos relacionados ao desempenho, absenteísmo, produtividade, rotatividade e economia de custos (Lyonette e Baldauf, 2019).
- Um estudo detalhado de dois anos realizado pela Working Families (2009) em várias grandes organizações examinou o impacto do trabalho flexível no desempenho. Essa pesquisa levou em conta uma série de medidas, incluindo opiniões dos próprios trabalhadores flexíveis e de seus gestores e colegas e descobriu que em geral havia uma relação positiva entre o trabalho flexível e o desempenho individual, particularmente ao

compará-los com aqueles que realizam padrões mais tradicionais. O estudo também analisou o desempenho a partir de variadas perspectivas; o impacto direto sobre a quantidade e a qualidade do trabalho realizado pelos trabalhadores flexíveis e o impacto sobre o trabalho em equipe. Em seguida, passou a considerar impactos indiretos adicionais no desempenho, incluindo satisfação, comprometimento e carreiras. Os resultados foram positivos em todas as áreas do estudo, com exceção de uma. Considerando especificamente a qualidade do trabalho, a grande maioria dos entrevistados constatou que não houve nenhum impacto sobre a produtividade do desempenho, ou uma melhoria. Apenas uma minoria muito pequena (menos de cinco por cento em todas as categorias consideradas) acreditava que havia um impacto negativo. O estudo também encontrou altos níveis de comprometimento organizacional, maior satisfação e um impacto positivo no equilíbrio entre trabalho e vida pessoal, fatores que podem influenciar indiretamente o desempenho individual. Havia apenas uma área com impacto negativo identificada pelo estudo, e que era uma crença dos gestores e funcionários de que trabalho flexibilidade era prejudicial para as carreiras, assunto ao qual voltaremos mais tarde e que, infelizmente, parece estar alicerçado na realidade.

- O relatório de 2018 da Working Families sobre os principais empregadores flexíveis descobriu que funcionários flexíveis ou em tempo parcial superaram seus colegas de tempo integral; a porcentagem de índices de desempenho superior para trabalhadores em tempo parcial e em horário reduzido é maior do que a porcentagem de índices de desempenho superior em todo o pessoal, de 34 por cento em comparação com 14 por cento. É claro que nem todas as organizações aplicam classificações formais ao desempenho, mas dada a preocupação frequentemente citada sobre se os trabalhadores flexíveis são tão produtivos quanto seus colegas que atuam sob padrões de trabalho mais tradicionais, essa é uma estatística persuasiva que sugere que esse medo é infundado.

O conjunto de evidências acumuladas em relação ao desempenho e à produtividade, algumas das quais são discutidas aqui, pode tranquilizar os líderes seniores que estão preocupados com os impactos potenciais do trabalho flexível sobre o desempenho geral de sua organização. De fato, é provável que o apoio ao trabalho flexível tenha um impacto geral positivo e que, quando combinado com outros benefícios discutidos neste capítulo, seja um acréscimo convincente ao caso comercial.

Economia de custos

Há uma série de maneiras por meio das quais o trabalho flexível pode ajudar as organizações a cortar custos, incluindo economias feitas pela redução de ausências por doença ou estresse relacionado ao trabalho e responsabilidades domésticas; assim como recrutamento e custos associados à substituição de pessoas que saem e ao treinamento de novo pessoal.

O trabalho flexível também pode ajudar a reduzir os custos em relação ao espaço do escritório. Permitir uma gama de padrões, incluindo o home office em particular, pode reduzir a quantidade de espaço necessário na empresa e criar formas de trabalho dentro das organizações. Na pesquisa do International Workplace Group de 2019, 65 por cento das empresas afirmaram que o trabalho flexível as ajuda a reduzir os gastos de capital ou operacionais.

Além da potencial economia que pode ser gerada pela adoção de alguma forma de flexibilidade, há outras considerações financeiras a serem levadas em conta. Muitas das iniciativas ou atividades que os empregadores realizam para atrair, reter, engajar, motivar e recompensar a equipe custam dinheiro. Considere o fornecimento de pacotes de benefícios aos funcionários, a entrega de aprendizagem e desenvolvimento, esquemas de recompensa e reconhecimento, programas de bem-estar e atividades de comunicação — cada um deles com custos potencialmente consideráveis. Muitas vezes, o trabalho flexível não custa nada, ou muito pouco. Esse fator é frequentemente negligenciado: pode ser uma forma crítica de engajar os funcionários que requer pouco investimento financeiro. Alguns acordos, como horários compactados ou anualizados, horário flexível ou trabalho remoto podem não ter custo para a organização e alguns padrões podem até mesmo economizar dinheiro. Quando consideramos a medida em que os acordos de trabalho flexível são valorizados por aqueles que os realizam, essa pode ser uma das soluções de talento mais econômicas disponíveis. Uma pesquisa global de 2019 ilustrou esse ponto quando perguntou aos funcionários quais eram as vantagens mais importantes para eles no ambiente de trabalho. Cerca de 41 por cento responderam "trabalho flexível", em comparação com apenas seis por cento que apreciavam uma academia no ambiente de trabalho, seis por cento que valorizavam a alimentação gratuita e dois por cento que favoreciam o reembolso de mensalidades (WorkHuman, 2019). Todos esses benefícios proporcionados pelo empregador provavelmente custarão significativamente mais do que o fornecimento de (às vezes pequenas) quantidades de flexibilidade.

Sustentabilidade

A maioria das organizações hoje se preocupa com questões de responsabilidade social corporativa e sustentabilidade em certa medida, seja por razões éticas ou simplesmente por sua marca e imagem. Para algumas empresas, essa é uma parte central da estratégia corporativa geral e de sua abordagem para a realização de negócios. Agora está sendo dada cada vez mais atenção ao potencial do trabalho flexível no apoio à sustentabilidade, particularmente em relação ao impacto da mobilidade pendular sobre o meio ambiente, bem como à redução da necessidade de bens imobiliários. Geralmente, a forma mais relevante de trabalho flexível em termos de meio ambiente é o trabalho em casa.

Uma ideia emergente que poderia ter um impacto significativo sobre o meio ambiente por meio da redução da pegada de carbono do deslocamento pendular é a semana de trabalho de quatro dias. Essa não é apenas uma forma de trabalho flexível, mas uma ideia sobre o futuro fundamental do trabalho. Da mesma forma que no início do século XX os ativistas defendiam fortemente uma semana de trabalho reduzida de seis dias para cinco, argumentos semelhantes existem agora para que todos os funcionários passem de cinco dias por semana para quatro. Embora isso possa ganhar o favor dos funcionários, ainda não se sabe se a ideia continua a ganhar tração ou o apoio das empresas em particular. Estudos iniciais demonstraram que existe aqui um potencial real para impactos ambientais positivos. Em uma pesquisa, mais da metade dos entrevistados disseram que dirigiriam menos seu carro, reduzindo a quilometragem semanal entre 16 e 30 quilômetros. Se os resultados fossem ampliados para se aplicar a todo o Reino Unido, uma semana nacional de quatro dias poderia diminuir o número de milhas percorridas pelos funcionários que viajam para o trabalho em 558 milhões a cada semana e uma redução da quilometragem do carro em até nove por cento — levando a uma diminuição significativa no consumo de combustível (Nanda, 2019). Naturalmente, essa medida pode levar a outros benefícios, tais como melhorias para os indivíduos no que diz respeito ao bem-estar e equilíbrio entre trabalho e vida pessoal, bem como a redução dos custos de cuidados infantis e de deslocamentos.

Fora desse futuro possível de uma semana de trabalho mais curta, existem outras formas de trabalho flexível que podem apoiar a sustentabilidade e ajudar o meio ambiente. O trabalho em casa pode ajudar a diminuir as emissões de carbono, não apenas pela redução dos deslocamentos (principalmente dos carros), mas também pela menor necessidade de uso da eletricidade. No entanto, existe a possibilidade de que isso apenas desloque este último para casa. Outra questão no cálculo da economia potencial é o que tem sido chamado de "efeito rebote". O carbono que pode ser reduzido a partir de menos viagens de trabalho pode resultar na disponibilidade dos carros para outros usos e viagens, ou os funcionários podem escolher morar em um local diferente (potencialmente mais remoto) se não tiverem que estar tão perto de seu ambiente de trabalho habitual, resultando em viagens adicionais ou não relacionadas ao trabalho (Dwelly e Lake, 2008). As pessoas também podem usar o tempo economizado do deslocamento para fazer viagens de carro sem relação com o deslocamento pendular.

Algumas organizações fizeram suas próprias análises sobre o assunto. Como observado anteriormente neste capítulo, a BT teve muitos benefícios ao introduzir o trabalho flexível, e particularmente o trabalho em casa, que também se estendem ao meio ambiente. Eles estimam que, como resultado da redução das deslocações, economizaram um equivalente a 12 milhões de litros de combustível e tiveram uma redução nas emissões de CO_2 de cerca de 97 mil toneladas (Dwelly e Lake, 2008).

Nem todos concordam que o trabalho flexível (e o home office, em particular) fará uma verdadeira diferença nessa área. Stephen Glaister, diretor da Fundação Royal Automobile Club (RAC), escrevendo para o Instituto Smith, argumenta que a relação entre o trabalho em casa e as viagens é complexa. Mesmo quando os benefícios são percebidos, o RAC está prevendo o aumento contínuo da propriedade de automóveis e das viagens rodoviárias, o que compensaria esses benefícios (Dwelly e Lake, 2008). Isso talvez dê mais apoio ao argumento de que precisamos de uma verdadeira revolução do trabalho flexível; um pequeno número de funcionários trabalhando ocasionalmente a partir de casa não produzirá as mudanças ambientais necessárias, mas um número significativo em home office regularmente poderá.

A questão da sustentabilidade está intimamente ligada à tecnologia. Se o principal benefício para o meio ambiente vem da redução dos deslocamentos (e, portanto, do aumento dos níveis de trabalho doméstico e remoto), sem a tecnologia apropriada que permita esse modelo, os benefícios não podem ser plenamente realizados. Um home office eficaz precisa ser combinado com tecnologia relevante, incluindo videoconferência e telefone, compartilhamento on-line e ferramentas de colaboração. Somente reduzindo a dependência de reuniões presenciais e comunicação é que os benefícios ambientais potenciais do trabalho em casa podem ser alcançados.

É provável que os benefícios da sustentabilidade sejam uma questão de longo prazo. Atualmente, aqueles edifícios aos quais os funcionários se deslocam ainda existem e continuarão a precisar de aquecimento e iluminação e outras utilidades, todos eles com uma pegada de carbono própria, mesmo que menos pessoas os ocupem como resultado do trabalho em casa. Somente com o tempo (e com mudanças significativas nas formas de trabalho) é que os acordos de trabalho flexíveis podem influenciar o tamanho ou a construção de novos edifícios. Para fazer uma diferença real no meio ambiente, seria necessária uma mudança completa na economia em direção ao home office.

Este capítulo demonstra que muitos benefícios do trabalho flexível para todas as partes na relação de emprego estão claramente estabelecidos — e a base de evidências continua a ser construída. Como a demanda e o interesse pelo trabalho flexível continuam a aumentar, essa é uma área que atrairá mais pesquisas no futuro.

Se há tantos benefícios evidentes, por que ainda há tanta resistência em adotar essas novas formas de trabalho em algumas empresas e por parte de alguns gestores? O trabalho flexível, infelizmente, continua a ser assolado por atitudes negativas, gestores resistentes e modelos organizacionais ultrapassados, alguns dos quais exploraremos mais adiante neste capítulo. Há também uma série de mitos associados a esse modelo, alguns dos quais veremos no Capítulo 6. Apesar desses problemas, há muitas organizações que estão encontrando benefícios tangíveis como resultado dessa abordagem, como demonstra o estudo de caso a seguir.

ESTUDO DE CASO

Atkins Group

Para o Atkins Group não há apenas uma razão para eles estarem apaixonados pelo trabalho flexível; eles reconhecem que isso pode trazer-lhes múltiplos benefícios comerciais, da redução dos custos imobiliários, passando pela atração e retenção de talentos até a melhora no engajamento dos funcionários. Sua agenda de trabalho flexível é também uma parte central da estratégia de inclusão. Além desses benefícios tangíveis, Atkins também encara esse modelo simplesmente como a coisa certa a fazer por sua equipe. O feedback dos funcionários sugere que eles têm esse direito; por meio de pesquisas de engajamento, os empregados têm consistentemente classificado a possibilidade de trabalhar de forma flexível como uma das três principais razões pelas quais eles gostam de trabalhar para a organização.

O grupo não é prescritivo nas formas de flexibilidade que suporta. Eles oferecem quase todos os formatos disponíveis, incluindo trabalho em tempo parcial escolar, a termo, compartilhado, horário comprimido, quinzena de nove dias e horários de início e fim variáveis. O objetivo deles é estar abertos a qualquer forma de solicitação, mesmo quando não há nenhum precedente organizacional; sua filosofia é encontrar uma maneira de dizer sim aos pedidos sempre que possível.

A empresa percebeu muitos benefícios de sua jornada de trabalho flexível. O incentivo ao trabalho remoto permitiu-lhes reduzir o tamanho de seus escritórios, mesmo mantendo um centro eficaz para a colaboração. O trabalho flexível também levou a uma melhor retenção, particularmente entre as mulheres que retornam da licença-maternidade. A perda de mulheres que retornam diminuiu de 19 por cento em 2013 para um mínimo de 8 por cento, e elas também viram um aumento a cada ano de trabalho em tempo parcial — incluindo os trabalhadores masculinos nesse modelo — em quase 10 por cento.

A fim de permitir e incentivar o trabalho flexível, a Atkins toma uma série de medidas. Eles anunciam todas as funções como abertas a esses modelos e estão felizes em ter conversas na fase de recrutamento sobre o potencial para esse tipo de abordagem. Eles assinaram o acordo do Working Forward para afirmar seu compromisso com o trabalho flexível e com as famílias trabalhadoras. (O Working Forward é uma rede nacional, apoiada por algumas das principais empresas do Reino Unido, para tornar os locais de trabalho tão inclusivos quanto possível). Mesmo quando a legislação só disponibilizava pedidos estatutários de trabalho flexível aos cuidadores e pais, a Atkins sempre os disponibilizou a todos os seus funcionários.

Eles trabalham proativamente para assegurar que todos os funcionários estejam cientes das oportunidades disponíveis, bem como com os gestores para ajudá-los a compreender a amplitude dos benefícios comerciais que o trabalho flexível pode proporcionar. Também mantêm conversas regulares com os gestores que, além de promover esses benefícios, têm como objetivo abordar quaisquer preocupações que possam existir sobre as implicações do trabalho flexível e ajudá-los a desenvolver as habilidades para gerenciar os trabalhadores nesse formato. O trabalho flexível é defendido pela rede interna de pais, apenas uma das várias redes de diversidade que operam em toda a organização. Atkins reconhece que esse não é apenas um problema para os pais; o trabalho flexível pode beneficiar a todos. A modelagem do papel de liderança sênior também desempenha uma função fundamental na aceitação e a empresa tem visto uma resposta positiva ao fato de os líderes serem abertos sobre sua própria flexibilidade e equilíbrio entre trabalho e vida familiar.

Na Atkins, a tecnologia é um capacitador-chave para trabalhar com flexibilidade. Por meio das ferramentas de TI fornecidas, os funcionários são tão eficientes em qualquer local quanto em um escritório, o que significa que podem trabalhar remotamente, ajudando a reduzir viagens e a melhorar a sustentabilidade.

A Atkins visa capacitar todo o seu pessoal para trabalhar de forma flexível e ser um empregador verdadeiramente flexível e de primeira classe.

Se uma organização pode maximizar os benefícios do trabalho flexível sobre quaisquer desafios e custos potenciais dependerá, em grande medida, de sua atitude em relação a isso. O trabalho flexível pode fracassar ao ser meramente tolerado ou operado em um contexto cultural negativo de desconfiança ou suspeita. Quando adotado e celebrado, o sucesso é mais provável. Na Parte dois, vamos explorar quais são os elementos da cultura e abordagem organizacional que podem permitir que a flexibilidade em todas as suas formas floresça.

Desafios

Até o momento, este capítulo explorou um quadro amplamente positivo de trabalho flexível. Os capítulos futuros continuarão a analisar com mais profundidade esse potencial para beneficiar a inclusão e o bem-estar dos funcionários. Embora os benefícios sejam muitos, isso não implica que o trabalho flexível operacional esteja inteiramente isento de desafios e problemas, alguns dos quais são significativos e persistentes. Esse formato desafia o padrão e nem todos aprovarão ou estarão prontos para suas implicações. Como exploraremos mais adiante neste livro, o trabalho flexível também traz consigo desafios para gestores, organizações e para os próprios trabalhadores. Aqui estão apenas algumas das principais dificuldades enfrentadas.

Progressão na carreira

Algumas pessoas acreditam que o trabalho flexível pode ser prejudicial para as carreiras e as evidências sugerem que esse medo é alicerçado na realidade. Uma pesquisa de Chung (2018) descobriu que um em cada cinco trabalhadores que utilizam ou utilizaram um modelo desse tipo tiveram, nos 12 meses anteriores, alguma forma de consequência negativa na carreira por conta dele. De acordo com a pesquisa realizada pela empresa de trabalho flexível Timewise (2018), 68 por cento dos funcionários nesse formato aceitam comprometer a própria carreira porque se sentem muito gratos por terem seu pedido aceito. O trabalho em tempo parcial, em particular, parece ser negativo tanto para os avanços na carreira quanto para a progressão salarial, oferecendo oportunidades restritas de promoção, sendo que mais trabalhadores juniores em tempo parcial provavelmente não terão nenhuma chance de ascensão (Jones, 2019).

Outras pesquisas realizadas pela Working Families (2017) perguntaram aos pais por que eles não buscavam acordos de trabalho flexível. Cerca de 12 por cento deles disseram que era porque temiam ser vistos como menos comprometidos e 10 por cento acreditavam que isso prejudicaria sua carreira. Outra pesquisa de 2017 descobriu que 7 por cento das mães sentiam que sua carreira estava sofrendo como resultado do trabalho flexível (Workingmums, 2017).

Curiosamente, porém, o tipo de flexibilidade oferecido influencia as atitudes sobre o impacto do trabalho flexível. Quando ele envolve trabalhar alguma forma de horário reduzido (trabalho em tempo parcial), os trabalhadores tinham 14 vezes mais chances de sofrer consequências negativas na carreira do que aqueles que trabalham de forma flexível, mas ainda estão executando o equivalente ao tempo integral (como o trabalho em horário flexível ou parte do trabalho remoto). O home office talvez não esteja associado a tais percepções negativas, pois ainda se alinha à ideia do trabalhador ideal que manterá o "esquema de devoção ao trabalho" (Chung, 2018). Em outras palavras, continuamos a valorizar as pessoas que trabalham longas horas e que estão (ou parecem estar) totalmente comprometidas com seu emprego ou organização em comparação a pessoas que procuram equilibrar sua função profissional com outras responsabilidades ou desejos.

Quando nos lembramos de que são predominantemente as mulheres que realizam trabalhos em tempo parcial, principalmente como resultado das normas sociais de gênero e do fato de que ainda são responsáveis pela maior parte do cuidado infantil e das tarefas domésticas, podemos ver aqui que, mais uma vez, temos uma questão crítica de inclusão. Elas são mais propensas a trabalhar em tempo parcial, a sofrer consequências negativas na carreira, ter menos possibilidade de cumprir o papel do "trabalhador ideal" e ter mais tendência a enfrentar o estigma da flexibilidade por parte de gestores e colegas. Essas questões também estão vinculadas à cultura organizacional. Quanto mais uma determinada organização valoriza e recompensa o modelo-padrão de trabalho, em tempo integral, e quanto mais ela conflita com presença e desempenho, maiores esses problemas se tornam para os indivíduos que trabalham dentro dela.

Ao todo, isso forma um quadro sombrio.

Intensificação do trabalho

Vários estudos sobre trabalhadores flexíveis têm levantado preocupações de que esses acordos podem, em algumas circunstâncias, levar à intensificação do trabalho, particularmente no caso daqueles que trabalham horas reduzidas (flexibilidade de tempo) ou remotamente (flexibilidade de localização). É fácil supor que o trabalho flexível melhorará o equilíbrio entre a vida profissional e a familiar dos funcionários, e para algumas pessoas (como veremos no Capítulo 5 sobre trabalho flexível e bem-estar) isso é verdade — mas não é necessariamente verdade para todas as situações ou para todos os funcionários. Um dos muitos desafios de pesquisar esse assunto, ou mesmo procurar encontrar uma visão consistente de seus impactos, benefícios e questões, são as muitas formas diferentes de flexibilidade que existem. Esses diferentes modelos podem levar a resultados variados, e identificar declarações gerais é quase impossível; a intensificação do trabalho é apenas um exemplo disso. Ela ocorre quando os funcionários aumentam o esforço que colocam em seus empregos, seja trabalhando mais ou por mais tempo (este último é às vezes referido como "extensificação"). Há muitos fatores que influenciam o quanto os funcionários trabalham duro ou por quanto tempo, alguns dos quais são culturais da própria organização. De acordo com pesquisas feitas por Kelliher e Anderson (2010) da Universidade de Cranfield, o trabalho flexível pode levar à intensificação; os funcionários podem sentir que têm que trabalhar mais duro para justificar de alguma forma seu arranjo ou "devolver" à organização em troca da flexibilidade oferecida, possivelmente por meio de algum senso de obrigação. As cargas podem não ser suficientemente ajustadas quando os empregados reduzem suas horas, e estar longe do ambiente de trabalho (como no home office) pode facilitar que o funcionário trabalhe mais ou por mais horas. Finalmente, aqueles que fazem menos horas podem simplesmente ter mais energia para trazer do que aqueles que normalmente trabalham tempo integral, pois estão menos cansados.

Estigma de trabalho flexível

O trabalho flexível está associado a uma gama de estigma que pode causar sérias consequências negativas para os trabalhadores flexíveis. Esse estigma está interligado a questões semelhantes, incluindo o ponto de estagnação da carreira discutido antes.

A pesquisa conduzida por Chung (2018) examinou em detalhes o estigma da flexibilidade, explorando percepções de que funcionários flexíveis eram menos comprometidos ou menos produtivos do que as pessoas no padrão tradicional. Em resposta às perguntas, 35 por cento de todos os trabalhadores concordaram com a afirmação de que aqueles que operam com flexibilidade criam mais trabalho para os outros e 32 por cento acreditavam que aqueles que estão nesse modelo têm menos chances de promoção. Essas constatações eram altamente sexistas: mais homens provavelmente discriminariam os trabalhadores flexíveis, e mais mulheres (particularmente mães) provavelmente experimentariam isso.

Estudos adicionais dos Estados Unidos encontraram questões semelhantes em torno do estigma, mas também descobriram que ele variava de acordo com o tipo. Essa pesquisa descobriu que no geral os funcionários que solicitaram trabalho flexível foram percebidos mais negativamente em relação àqueles que não o requisitaram, e que os que pediram flexibilidade de localização (por exemplo, a capacidade de poder trabalhar remotamente ou de casa) foram julgados mais negativamente do que quem solicitou flexibilidade de tempo — talvez porque os trabalhadores flexíveis de tempo ainda sejam mais visíveis ou presentes na empresa (Munsch, 2016). Mais interessante ainda é o fato de que a mesma pesquisa constatou que os funcionários que solicitaram flexibilidade por razões de cuidado infantil foram julgados menos negativamente do que os que a requisitaram por outras razões (como o equilíbrio entre trabalho e vida pessoal), sugerindo talvez que algumas motivações para o trabalho flexível sejam percebidas como de alguma forma mais legítimas ou apropriadas do que outras. O estudo também encontrou resultados preocupantes em relação ao gênero do solicitante. Os homens que pediram por trabalho flexível foram percebidos como mais simpáticos, respeitados e comprometidos do que as mulheres que fizeram o mesmo pedido. Isso foi atribuído a estereótipos de gênero nos quais os homens têm a possibilidade de ajudar no cuidado de crianças e no trabalho doméstico de uma forma que as mulheres não têm, já que o último é uma expectativa da mesma forma que o primeiro não é. A partir dessa pesquisa, podemos ver o quão prevalente é o estigma dentro de muitas organizações. O trabalho flexível pode dar origem a preocupações (geralmente infundadas) de que os trabalhadores flexíveis são de alguma forma menos comprometidos ou motivados do que seus pares não flexíveis. Contudo, — como veremos no Capítulo 6, em que discutimos mitos — não há evidências que apoiem essas opiniões e, em alguns casos, existem indicativos para demonstrar a posição exatamente oposta. Apesar disso, o estigma é uma questão muito real para os trabalhadores flexíveis.

Como podemos ver pelas questões aqui descritas, assim como outras que exploraremos nos capítulos seguintes, o trabalho flexível não é isento de desafios. A complexidade das conclusões aqui discutidas mostra de alguma forma as dificuldades sobre pesquisas de trabalho flexível, uma vez que os diferentes acordos, quem os solicita e por que, são todas variáveis que levam a resultados diferentes. Algumas delas estão relacionadas a questões culturais e sociais profundamente arraigadas, assim como a preconceitos internos. Entretanto, cada um desses desafios pode ser superado, embora isso não seja rápido nem simples.

PRINCIPAIS APRENDIZADOS

Há muitos benefícios que podem resultar do trabalho flexível para organizações, gestores e funcionários. Alguns pontos de destaque são:

- As vantagens em relação à atração e retenção de talentos, desempenho organizacional, engajamento dos funcionários, sustentabilidade, bem-estar dos funcionários e economia de custos.
- Uma gama de estudos e pesquisas industriais que apoiam consistentemente esses benefícios das formas flexíveis de trabalho.
- O trabalho flexível, entretanto, traz consigo uma série de desafios para as organizações, seus gestores e os próprios trabalhadores. Algumas dessas dificuldades estão na forma de mitos e barreiras. Outras estão relacionadas à cultura organizacional e às normas sociais mais amplas. Geralmente, porém, os benefícios compensam os desafios.
- As dificuldades do trabalho flexível incluem implicações significativas para os trabalhadores, as empresas precisarão assegurar que suas estratégias e abordagens para a flexibilidade incluam planos para superá-las.
- Se o trabalho flexível é, em última análise, um benefício para os indivíduos pode depender de seu acordo de trabalho específico e da cultura da organização em que o realizam.
- Todas as organizações precisam levar a gestão de talentos a sério — isso inclui atração, retenção, motivação, recompensação e engajamento.
- O trabalho flexível pode apoiar uma série de iniciativas focadas em talentos. Pode atuar como uma ferramenta para aquisição de talentos e engajamento, motivação e retenção de funcionários;
- Ainda há falta de disponibilidade de empregos flexíveis no mercado de trabalho; o trabalho flexível pode, portanto, atuar como uma poderosa alavanca para atrair candidatos a emprego.
- O trabalho flexível pode fazer parte da marca do empregador — o posicionamento geral da organização como um empregador desejável.

Referências

ARMSTRONG, A.; OLIVER, S.; e WILKINSON, S. (2018) *Shades of grey: an exploratory study of engagement in work teams*. Ashridge Executive Education.

ATKINSON, C. e HALL, L. (2011) Flexible working and happiness in the NHS. *Employee Relations*, Emerald Group Publishing.

CHUNG, H. (2018) Gender, flexibility stigma and the perceived negative consequences of flexible working in the UK, *Social Indicators Research*.

CIPD (2016) *Employee outlook, employee views on working life, focus on commuting and flexible working*, CIPD, Londres.

CIPD (2019) *Megatrends: flexible working*, CIPD, Londres.

CLARKE, S.; e HOLDSWORTH, L. (2017) *Flexibility in the workplace: implications of flexible working arrangements for individuals, teams and organizations*, Acas.

Deloitte (2019) *The millennial dad at work*, em associação com Daddilife. Disponível em: <perma.cc/K8MV-NSSH>.

DE MENEZES, L. e KELLIHER, C. (2011) Flexible working and performance: a systematic review of the evidence for a business case. *International Journal of Management Reviews*.

DWELLY, T.; e LAKE, A. (ed.) (2008) *Can homeworking save the planet? How homes can become workspace in a low carbo economy*. The Smith Institute.

GALLUP (2017) *State of the Global Workplace*. Gallup.

INTERNATIONAL WORKPLACE GROUP (2019) *Global workplace survey — welcome to generation flex; the employee power shift*.

IRS (2009) *Flexible working survey 2009, availability, take up and impact*. XpertHR. Disponível em: <perma.cc/2HFU-6QN4>.

JONES, L. (2019) *Women's progression in the workplace, government equalities office*. Disponível em: <perma.cc/8AJN-PTSS>.

KELLIHER, C. e ANDERSON, D. (2010) *Doing more with less? Flexible working practices and the intensification of work*. The Tavistock Institute.

LYONETTE, C.; e BALDAUF, B. (2019) *Family friendly working policies and practices: motivations, influences and impacts for employers*. Government Equalities Office.

MACLEOD, D. e CLARKE, N. (2009) *Engaging for success*. Department for Business, Innovation and Skills.

MUNSCH, C. (2016) *Flexible work, flexible penalties: the effect of gender, childcare and type of request on flexibility bias*. Oxford University Press.

NANDA, A. (2019) *Work less to save the planet? How to make sure a four-day week actually cuts emissions*. The Conversation.

NHS Inspiring Leaders Network (2019) *A National survey of healthcare staff on flexible working*. The Inspiring Leaders Network and Yorkshire and The Humber Leadership Academy.

PERSONNEL TODAY (2018) New polls confirm desire for flexible working as 9 to 5 declines. Disponível em: <perma.cc/2NKS-VBDQ>.

PINK, D. (2018) *Motivação 3.0: a surpreendente verdade sobre o que realmente nos motiva*. Canongate Books.

RANDSTAD (2016) *Employer branding: perception is reality*. International report.

RSA (2013) *The flex factor: realising the value of flexible working*. Disponível em: <perma.cc/V4SA-MLMT>.

SMEATON, D.; RAY, K.; e KNIGHT, G. (2014) *Costs and benefits to businesses of adopting work life balance practices: a literature review*. Department for Business. Innovation and Skills.

TIMEWISE (2018) *Part time work: the exclusion zone*. Disponível em: <perma.cc/8NGL-YNVG>.

TIMEWISE (2019) *Flexible working: a talent imperative*. Disponível em: <perma.cc/M6W2-7EWG>.

WHEATLEY, D. (2017) Employee satisfaction and use of flexible working arrangements. *Work, employment and society*. University of Birmingham.

WORKING FAMILIES/CRANFIELD SCHOOL OF MANAGEMENT (2009) *Flexible working and performance*. Summary of Research, Working Families.

WORKING FAMILIES (2017) *Modern families index*. Disponível em: <perma.cc/74X4-HW4X>.

WORKING FAMILIES (2018) *Top employers for working families benchmark report 2018*. Working Families.

WORKHUMAN (2019) *The future of work is human: international employee survey report 2019*. Workhuman Analytics and Research Institute.

WORKINGMUMS (2017) *Annual survey 2017*. Disponível em: <perma.cc/8J7C-N2JG>.

WORKPLACE INSIGHT (2019) *Working mums call for more flexible work options*. Disponível em: <perma.cc/XE37-QKEF>.

XpertHR (2018) *Flexible working policies and practice survey 2018*. XpertHR.

03

Trabalho flexível e o futuro do trabalho

Como discutido na Introdução, o trabalho flexível pode ser entendido através de várias lentes. Em primeiro lugar, há a visão individualista de que se trata de um processo por meio do qual os funcionários podem acessar formas alternativas de trabalho, beneficiando principalmente o candidato. Essa é uma perspectiva bastante limitada e também limitadora da flexibilidade e, se a compararmos com os dados discutidos no Capítulo 2, descobriremos que ela ignora muitos dos benefícios mais amplos que podem ser proporcionados.

O trabalho flexível também tem um contexto muito mais amplo relacionado tanto com as mudanças relativamente recentes na forma como trabalhamos hoje quanto com as previsões para o futuro. De fato, tem sido sugerido que no futuro essa será a norma e não a exceção (Chung e van der Lippe, 2018), porém ainda estamos aguardando para descobrir se essa previsão é válida. Para isso, seria necessária uma mudança significativa nas atuais atitudes e práticas de trabalho.

Este capítulo explorará as atuais tendências e previsões para o futuro do ambiente de trabalho e definirá o trabalho flexível nesse contexto com base nos principais pensadores sobre o assunto. Os fatores que influenciam o futuro do trabalho são muitos e inter-relacionados, assim como são difíceis de prever a longo prazo. Quando olhamos para trás nas últimas décadas, ou mesmo séculos, podemos ver um quadro de constante mudança e desenvolvimento nesse aspecto. A principal diferença entre o passado e o presente é a velocidade desse progresso.

Antes de começarmos a olhar para o futuro, vamos nos voltar por um momento para considerar o passado. O fim dos séculos XVIII e XIX foram períodos de mudanças econômicas e sociais significativas em grande parte do mundo desenvolvido. A própria natureza do trabalho foi fundamentalmente alterada. Antes dessa época, muitas pessoas estavam envolvidas em atividades dentro ou muito perto de suas casas. Uma série de fatores se reuniu para alterar completamente esse quadro. Novos métodos de produção, melhores modos de viagem, inovações em máquinas e novas formas de comunicação são apenas algumas das mudanças que permitiram esse período de rápida transformação que agora conhecemos como Revolução Industrial.

A Revolução Industrial foi caracterizada pelo surgimento de grandes fábricas, trabalhadores se aproximando das cidades para aproveitar novas oportunidades e maior mecanização, em oposição aos métodos tradicionais de produção manual que ocorriam em casa ou na vila local. Em alguns casos, ela também levou a más condições de trabalho e de vida para muitos. Ao fazer essa transição para a fábrica, diversos trabalhadores desistiram da autonomia de trabalhar por conta própria para responder ao relógio da empresa e vimos o surgimento da ocupação que acontece ao mesmo tempo e no mesmo lugar e o nascimento do modelo-padrão de trabalho.

Esse processo de mecanização e aumento da tecnologia continuou em ritmo acelerado, assim como os impactos sobre a sociedade, os indivíduos e a economia. Em tempos mais recentes, as últimas décadas da vida profissional foram um quadro de ruptura significativa; no mundo do trabalho não existe tal coisa como o status quo (e talvez nunca tenha existido). Há apenas trinta anos, a economia britânica era dominada por indústrias manufatureiras e primárias, tais como mineração de carvão, produção de automóveis e siderurgia. A filiação sindical era alta, o "emprego para a vida" comum, e a maioria das pessoas se aposentava aos 65 anos, se não consideravelmente antes. Saltamos para os dias de hoje e encontramos um quadro totalmente diferente. Muitas dessas indústrias primárias mal existem, a fabricação diminuiu drasticamente, a demografia de nossos locais de trabalho mudou significativamente, a filiação sindical continua a cair, a indústria de serviços domina e a permanência no mercado de trabalho é cada vez menor. A tecnologia substituiu muitos empregos e novos tomaram seu lugar.

Os locais de trabalho são preenchidos com tecnologia. Cada vez mais o mundo está conectado por dispositivos móveis, as mídias sociais parecem estar em toda parte e uma proporção significativa da população tem um smartphone. Estamos começando a ver a influência e o potencial da inteligência artificial, dos assistentes cognitivos e da realidade virtual, embora seja muito claro que estamos apenas no início dessa jornada em particular. A mudança é de fato constante e o trabalho flexível é apenas uma parte dessa evolução. Isso significa que ele talvez possa ser visto através de outra lente: uma rejeição dos velhos caminhos, do que começou na virada da Revolução Industrial, e um retorno à autonomia de um passado distante.

No entanto, optamos por ver o futuro do trabalho. Não há dúvida de que todas as organizações precisarão se adaptar, assim como as pessoas que trabalham para elas.

As grandes tendências

Tem-se discutido muito sobre o futuro do trabalho e como ele pode evoluir, e muitas teorias e perspectivas têm sido propostas. Prever o futuro não é tarefa fácil e devemos ser cautelosos em fazer muitas previsões. No entanto, há alguns temas comuns que surgem de dentro das várias teorias

e perspectivas. Eles incluem o impacto da capacidade cada vez maior da tecnologia, a automação dos empregos, a mudança demográfica da força de trabalho, a globalização e a necessidade de um foco crescente na responsabilidade social corporativa e no meio ambiente. O trabalho flexível é um fio que perpassa esses temas. Para enfrentar esses desafios, as organizações precisarão ser focadas no futuro, atentas às novas tendências, ágeis na forma como realizam seus negócios e flexíveis.

Mudança demográfica e múltiplas gerações

Nos últimos anos, assistimos a uma mudança na demografia da força de trabalho, uma tendência que podemos esperar continuar no futuro. Além do número crescente de mulheres no ambiente de trabalho, essa mudança é impulsionada em parte pelo fato de as pessoas viverem — e, portanto, optarem por trabalhar — por mais tempo. Isso, por sua vez, significa que há agora mais gerações simultaneamente na força de trabalho do que nunca. Tem-se falado muito sobre as diferenças geracionais e os grupos que passaram a integrar o mercado na última década (muitas vezes chamados de geração Y, geração X ou millennials). Muitos desses comentários são altamente generalizados, mas há algumas evidências que sugerem que estes funcionários estão buscando um acordo diferente daquele que seus pais se acomodaram, incluindo mais flexibilidade no trabalho que fazem e como o fazem (Hot Spot Movement, 2012).

Apenas algumas décadas atrás, o funcionário médio não teria vivido muito além da idade típica da aposentadoria, mas muitas pessoas podem agora esperar viver bem até os seus setenta ou oitenta anos. Chegar aos cem está se tornando comum; na verdade, os números indicam que um em cada três bebês nascidos hoje no Reino Unido viverão para ver seu centésimo aniversário (ONS, 2016). Uma expectativa de vida mais longa tem implicações significativas para os indivíduos, a sociedade e as organizações. Os futurologistas preveem que isso levará a mudanças fundamentais na maneira como vivemos nossas vidas e como trabalhamos.

Uma das implicações práticas imediatas é que os funcionários não vão querer necessariamente se aposentar em meados dos seus sessenta anos, como é frequentemente o caso no modelo-padrão de trabalho. Eles podem querer se aposentar mais tarde ou encontrar outras formas de reter a renda necessária para financiar uma vida muito mais longa. Existem benefícios comerciais potenciais reais de permitir, ou mesmo incentivar, que eles o façam. A retenção de trabalhadores maduros pode ajudar as organizações a manter seus valiosos conhecimentos, experiência e habilidades por mais tempo, assim como aumentar a diversidade da força de trabalho.

O trabalho flexível pode ser uma alternativa realista para a aposentadoria completa e pode apoiar a atração e a retenção de trabalhadores maduros, especialmente porque há provas claras de que eles têm vontade de fazê-lo. Como já vimos, enquanto o estereótipo de alguém que deseja trabalhar com flexibilidade é o de responsável por uma criança (muitas vezes a mãe de um filho pequeno), o desejo de trabalhar com flexibilidade parece ser transversal a todas as faixas etárias. De acordo com uma pesquisa de 2019, os mais jovens (18-34) são os mais propensos a querer trabalhar de forma flexível, com 92 por cento. Entre os trabalhadores em tempo integral, 88 por cento dos jovens entre 35 e 54 anos e 72 por cento dos que têm mais de 55 têm esse desejo (Timewise, 2019). A flexibilidade, portanto, é parte da solução para atrair esses trabalhadores (e os mais jovens também).

Viver 100 anos têm outras implicações, potencialmente de longo alcance, para os acordos de trabalho, e o modelo-padrão em particular. A futuróloga líder empresarial Lynda Gratton teoriza que uma longevidade maior levará a grandes mudanças na forma como trabalhamos e vivemos. Hoje, muitos de nós vivenciamos uma vida familiar em três fases que compreende educação em tempo integral, trabalho e aposentadoria, todas as quais são realizadas de forma predominantemente linear nas fases típicas. Por exemplo, se você pedir a alguém que pense na média de graduação, a maioria das pessoas pensará em alguém no fim da adolescência ou início dos vinte anos, em vez de alguém de meia-idade. Gratton acredita que esses estágios tradicionais serão significativamente perturbados. Ela acredita que as pessoas simplesmente não vão querer trabalhar em tempo integral, em uma carreira, por cinquenta anos, e veremos surgir padrões que estão além daqueles que são o foco principal deste livro, o acordo de trabalho flexível simples. Em vez disso, poderemos ver emergir tendências inteiramente novas, tais como múltiplas trajetórias profissionais, pessoas que fazem pausas regulares na carreira ou que saem do mercado de trabalho, talvez retornando à educação em estágios mais avançados da vida ou que precisam desenvolver novos tipos de habilidades para atender às demandas de um mercado de trabalho em transformação (Gratton e Scott, 2017).

O trabalho flexível também tem um papel a desempenhar aqui. Os funcionários que vão trabalhar por mais de cinco anos talvez não queiram estar vinculados ao modelo de tempo integral, jornada de oito horas. O trabalho flexível pode apoiar as pessoas nessas diferentes fases da vida, enquanto elas se reciclam, levam algum tempo fora da fase de trabalho mais longa ou quando se aproximam da aposentadoria.

A Introdução deste livro argumentou que o trabalho flexível em seu sentido mais amplo tratava de repensar fundamentalmente como trabalhamos e capacitar as pessoas para trabalhar como, onde e quando for melhor. Mais do que nunca, uma vida produtiva mais longa pode encorajar mais pessoas a agir de forma diferente da que temos visto nas últimas décadas.

Tecnologia

Nas últimas décadas, houve saltos surpreendentes na capacidade tecnológica, e isso tem sido o motor de uma grande mudança em relação à forma como vivemos e trabalhamos. Ajudou a abrir mercados totalmente novos para os negócios, consumidores e talentos. Novos produtos e serviços surgiram como resultado: considere nomes familiares como Uber, Deliveroo, Tinder, TripAdvisor, Netflix e Airbnb. Cada um deles fornece serviços que simplesmente não existiam há apenas alguns anos, e nem poderiam. A partir dos dispositivos inteligentes em nossos bolsos, acompanhamos nossa atividade física, navegamos pela cidade, realizamos nossas operações bancárias e compras semanais e ouvimos música. Fazemos networking, compartilhamos fotografias, avaliamos produtos e serviços e empreendemos o aprendizado. Estamos constantemente conectados. A tecnologia também mudou fundamentalmente a forma como nos comunicamos pelo crescimento contínuo das redes sociais e de maneiras cada vez mais baratas e rápidas de conectar as pessoas. A tecnologia da nuvem está agora onipresente e há milhões de pessoas conectadas em todo o mundo por meio de dispositivos móveis.

Não há dúvida de que a tecnologia em si é um capacitador-chave para o trabalho flexível. Ela nos conectou de forma fácil e barata com colegas e clientes em todo o mundo. Muitos trabalhadores hoje são inteiramente eficazes a qualquer momento e em qualquer lugar, simplesmente por meio de uma conexão wi-fi. Portanto, menos funcionários precisam estar vinculados ao modelo-padrão de trabalho se não quiserem estar — e, como veremos quando falarmos de globalização, isso também pode não ser mais o que as organizações precisam se quiserem servir os mercados globais que a tecnologia permite. Formas de trabalho que teriam sido completamente impossíveis há uma década se tornaram reais recentemente. Isso pressupõe, é claro, que os funcionários tenham acesso aos softwares e hardwares necessários para tal. De acordo com a Royal Society of Arts (2013), pouco mais da metade dos trabalhadores ainda está executando a maior parte de suas tarefas em uma área fornecida pelo empregador, o que retira sua capacidade de ser flexível, a menos que estejam preparados para preencher a lacuna com seus próprios dispositivos, se isso for permitido ou possível na rede corporativa. Para que as organizações percebam alguns dos benefícios futuros do trabalho flexível, é claro que elas também precisarão investir na infraestrutura tecnológica necessária.

Infelizmente, muitos locais de trabalho não aproveitam a tecnologia que já está disponível, preferindo se ater a métodos experimentados e testados e "da maneira como sempre fizemos". Aqueles que estão agora em posições de liderança sênior em muitas organizações ingressaram na força de trabalho antes que grande parte da tecnologia que agora tomamos como garantida estivesse em uso regular. Eles podem ter trabalhado da mesma maneira durante décadas — foram essa geração e a anterior que criaram muitas das formas com as quais estamos atualmente familiarizados. Embora, à primeira vista, possa parecer que introduzimos a tecnologia em nossos locais de trabalho, não atualizamos realmente a forma como trabalhamos para fazer pleno uso dela; em vez disso, apenas incorporamos a tecnologia nas abordagens antigas. Considere a docência universitária como um exemplo. O ensino é baseado na ideia de que um especialista compartilha seu conhecimento e aprendizado com outras pessoas. Os professores elaboram tarefas, ajudam os estudantes a expandir seu aprendizado por meio de discussões e reflexões, dão palestras e realizam seminários. Muitos palestrantes (e na verdade professores em todos os níveis de ensino) começaram a utilizar a tecnologia. Alguns deles podem ensinar usando iPads, incorporar discussões on-line, criar blogs em vez de ensaios como um método de avaliação. Entretanto, o formato principal de entrega do conteúdo permanece face a face e não mudou em nada: um especialista na frente da sala para quem todos se reuniram. O mesmo poderia ser dito dos processos no ambiente de trabalho.

Há muita tecnologia disponível que pode suportar formas flexíveis (e particularmente remotas) de trabalho. A boa notícia é que algumas delas são totalmente gratuitas (embora, como muitas vezes acontece com o software, exista uma versão gratuita e uma versão paga com recursos aprimorados). Para vídeo ou webconferência simples, há aplicativos como Skype, Zoom e GoToMeeting que permitem que os funcionários se reúnam virtualmente de onde quer que estejam trabalhando. As redes sociais empresariais são redes de mídia social on-line específicas da empresa que suportam a comunicação interna; exemplos incluem Yammer e Workplace. Plataformas de colaboração como Slack ou Microsoft Teams permitem aos colegas compartilhar informações, carregar arquivos e organizar discussões — com o bônus de reduzir o tráfego de e-mails. Os arquivos podem ser salvos na nuvem, fornecendo acesso em qualquer lugar e a qualquer momento, e são facilmente compartilhados com outros por meio de aplicativos como SharePoint e Dropbox. Outros aplicativos permitem o envio de mensagens instantâneas, compartilhamento de tela, bate-papos em vídeo, teleconferências, agendamento de reuniões e o encaminhamento de chamadas telefônicas para qualquer lugar.

Com muita frequência, as organizações não estão utilizando toda a capacidade dos recursos de TI que já têm. Essa é uma questão muito maior do que simplesmente seu impacto sobre o trabalho flexível. Embora o futuro seja difícil de prever, o que sabemos é que a capacidade da tecnologia continuará a crescer. Ela continuará a ter o potencial de mudar a forma como vivemos, trabalhamos, socializamos e fazemos negócios. Os medos continuarão em nível individual (o que isto significa para mim?), em nível social (os robôs assumirão todos os empregos?) e em nível organizacional. Não há respostas rápidas ou simples a serem encontradas.

Para os fins deste livro, abordaremos novamente a questão da tecnologia na Parte dois e identificaremos as questões práticas a serem abordadas para garantir que a tecnologia seja compreendida e utilizada para permitir um trabalho flexível bem-sucedido.

Há uma coisa da qual podemos ter certeza: a tecnologia só continuará a se desenvolver, acelerar e se integrar com todos os aspectos de nossas vidas.

Globalização

É claro que o mundo não está ficando menor, mas às vezes parece. Há algumas gerações, as viagens internacionais não eram possíveis nem acessíveis para a grande maioria das pessoas. A comunicação global era igualmente difícil e cara. Hoje é rotineiro, talvez até mundano.

Nos últimos trinta anos, o comércio global cresceu rapidamente, em grande parte possibilitado pelas tecnologias que acabamos de discutir. Internet, e-mail, dispositivos móveis e mídias sociais removeram muitas das antigas barreiras, permitindo que as organizações operassem globalmente, 24 horas por dia, 7 dias por semana. A tecnologia e a globalização estão interligadas. Foi a tecnologia que moldou essas novas formas de trabalhar, comunicar e fazer negócios e a crescente globalização leva a demandas ainda maiores por melhor tecnologia. Mais uma vez, vemos uma tendência que funciona tanto promovendo quanto possibilitando o trabalho flexível.

Onde as equipes são distribuídas e cada vez mais virtuais para atender aos mercados digitais, o trabalho flexível é mais um requisito essencial do que simplesmente algo bom para ter. Se podemos trabalhar em qualquer lugar, também podemos potencialmente viver em qualquer lugar. Para a organização global, acordos de trabalho flexível podem ser usados para permitir que os funcionários trabalhem em diferentes locais e fusos horários e que as empresas atendam a novos mercados e a uma base de clientes totalmente nova. A aquisição de talentos também se torna global. As empresas não estão mais limitadas a restrições geográficas e a quem pode realizar o deslocamento até sua sede; elas podem procurar e acomodar talentos de funcionários em qualquer lugar, desde que esses indivíduos tenham acesso à tecnologia necessária para permitir que façam seu trabalho. O mercado de trabalho se torna verdadeiramente global. É claro que esse não é o único motivo pelo qual as organizações podem precisar de funcionários fora do modelo-padrão. Atualmente, os consumidores raramente se contentam em se engajar e comprar de empresas que estão abertas apenas das nove às cinco. Somos uma sociedade verdadeiramente 24 horas por dia, 7 dias por semana.

Para muitas pessoas, a ideia de trabalhar verdadeiramente a partir de qualquer lugar, desvinculado de um ambiente de escritório, e capacitado para fazer seu próprio horário, é um sonho distante — reservado a poucos sortudos. No entanto, há organizações onde isso está acontecendo. Automatic, a proprietária das plataformas de blogs WordPress e Tumblr faz exatamente isso. Eles não possuem imóveis nem têm escritórios. Seus funcionários podem estar baseados em qualquer parte do mundo, não têm horários fixos e trabalham em equipes totalmente dispersas, muitas vezes nem sequer nos mesmos países ou fusos horários. As pessoas não se encontram face a face e se comunicam quase inteiramente via tecnologia (Berkun, 2013). Essa é a última forma de flexibilidade; funcionários totalmente capacitados para trabalhar da maneira que melhor funciona para eles enquanto ainda alcançam os objetivos organizacionais. Contudo, sugerir tal abordagem para muitas empresas seria rejeitado completamente, e elas listariam motivo após motivo para justificar por que simplesmente não funcionaria. Esse modelo não funcionará para todas as organizações, mas ele se encaixa no contexto particular da Automatic.

Hoje em dia, a demanda por trabalho flexível é frequentemente abordada caso a caso, como resposta a um pedido individual. Cada pedido é considerado individualmente, com referência à situação operacional imediata, com funcionários sendo acomodados onde for possível — ou onde as atitudes permitirem. Essa abordagem é apenas sustentável até certo ponto. Se a demanda por flexibilidade é tão significativa quanto as pesquisas sugerem, isso indica que uma abordagem muito mais ampla é necessária por parte das organizações. Algumas das ideias discutidas neste capítulo ainda não são generalizadas; elas representam um futuro provável, mas no qual a flexibilidade é fundamental. Esse cenário exige que a flexibilidade seja abordada em grande escala e centrada no futuro do trabalho e dos locais de trabalho.

Há uma última questão fundamental a se considerar sobre o futuro: a mudança climática. Os riscos para nosso planeta estão bem documentados e são muito reais. O meio ambiente é responsabilidade de cada um de nós: indivíduos, governos e organizações. Já discutimos a questão da sustentabilidade no Capítulo 2. Não há soluções fáceis para os problemas que enfrentamos, nem uma resposta única, apenas ações combinadas em muitas áreas. É provável que a responsabilidade social continue a subir na agenda organizacional e há muito que as empresas podem fazer. O trabalho flexível pode talvez ser apenas um pequeno passo que contribuirá de alguma forma para esse significativo desafio. Como funcionários e consumidores se tornam mais exigentes nas escolhas que fazem sobre as organizações nas quais trabalham e compram, o argumento empresarial para a responsabilidade corporativa será feito em adição ao moral e social.

Quando essas tendências de tecnologia, globalização e mudanças demográficas se juntam, um futuro muito diferente e bem flexível está ao nosso alcance. A flexibilidade é o fio dourado que percorre todas elas. Aqui está um exemplo de uma organização global utilizando a flexibilidade para atingir seus objetivos comerciais.

ESTUDO DE CASO

Thales

A organização global Thales trabalha em todas as indústrias, incluindo transporte, defesa, segurança e aeroespacial. Ela emprega mais de 6,5 mil pessoas no Reino Unido e é forte defensora do trabalho flexível, o que é evidenciado por sua abordagem geral e pelo feedback de seus funcionários. Em uma pesquisa de 2019, os empregados foram convidados a refletir sobre seu equilíbrio entre trabalho e vida pessoal; 95 por cento dos entrevistados disseram que "minhas disposições de trabalho são flexíveis o suficiente para atender às minhas necessidades pessoais" com uma resposta geral 91 por cento favorável quando questionados sobre sua mistura de trabalho e vida pessoal.

A Thales oferece uma gama de opções de trabalho flexível, incluindo horários flexíveis em torno do horário central informal, nove dias de trabalho quinzenal, horário comprimido, aposentadoria por fases, semana de quatro dias (com pagamento integral) e sexta-feira de meio dia (em que os funcionários trabalham quatro dias por oito horas e um por cinco horas). Eles têm visto um aumento particular na quinzena de nove dias em toda a organização, inclusive em nível de direção — os líderes seniores trabalham visivelmente de forma flexível. Os funcionários também podem trabalhar de casa, informalmente. Eles são empoderados para conciliar da melhor forma possível seu trabalho e sua vida pessoal. Isso vai desde os empregados que estão gerenciando as responsabilidades de cuidar de crianças até aqueles que querem buscar um hobby ou outro interesse.

O talento é um grande impulsionador de negócios por trás da abordagem da Thales. O trabalho flexível é visto como uma forma de lidar com a escassez de habilidades e a crescente competição por talentos (incluindo a competição contra concorrentes que já ofereciam mais flexibilidade de oportunidades de trabalho) e para melhorar a diversidade em uma indústria tradicionalmente dominada por homens. Trata-se também de reconhecer a demanda dos funcionários: os trabalhadores pediram flexibilidade e a Thales estava ansiosa para atender a essas expectativas.

Como resultado do trabalho flexível, a Thales viu um aumento na retenção, satisfação e produtividade dos empregados, bem como recebeu provas anedóticas de que eles optaram por trabalhar na empresa como resultado de sua oferta de trabalho flexível. Por meio de pesquisas internas, os funcionários comentaram que se sentem dignos de confiança e que a Thales está verdadeiramente comprometida em apoiar seu equilíbrio entre trabalho e vida pessoal. Muitos funcionários são obrigados pela natureza de suas tarefas a reservar tempo de trabalho para projetos, o que significa que existe uma linha clara entre utilização e produtividade e que a empresa pode demonstrar claramente a ligação com o trabalho flexível. Essa evidência tem sido fundamental para conquistar aqueles que inicialmente estavam céticos em relação a esses modelos.

A Thales introduziu ferramentas para melhor apoiar o trabalho remoto, incluindo uma instalação interna de vídeo/chat em cada laptop, permitindo que os funcionários participem de reuniões enquanto trabalham remotamente. Como uma empresa global, pode haver uma exigência para que os trabalhadores participem de reuniões fora de seu horário "normal" de trabalho, dependendo dos fusos horários. Quando fazem isso, ou viajam globalmente, são encorajados a ter esse tempo em uma data posterior. A tecnologia apoia essa necessidade empresarial de flexibilidade por parte dos funcionários.

Embora exista uma política formal de trabalho flexível, muito do que acontece na prática é informal e ocorre em nível de equipe. As metas SMART internas são colocadas em prática em grupos, que formam seu acordo local de modo de trabalhar, incluindo localização, horário das reuniões e como compartilharão informações entre si. Thales é um exemplo de uma organização que adotou o futuro do trabalho a partir do fornecimento de flexibilidade.

PRINCIPAIS APRENDIZADOS

- Existem várias grandes tendências que influenciam o futuro do trabalho, incluindo: aumento da tecnologia, globalização, mudanças demográficas no ambiente de trabalho e uma necessidade urgente de considerar a responsabilidade social corporativa e modelos comerciais éticos.
- O trabalho flexível está no centro do futuro do trabalho. Essas tendências atuais e futuras do ambiente de trabalho permitem flexibilidade e são os motores para sua introdução.
- Todas as organizações precisarão responder a essas tendências atuais e futuras, ou correm o risco de ser abandonadas por seus concorrentes ou seus talentos.
- O trabalho flexível pode ser considerado caso a caso no recebimento de um pedido; mas as organizações colherão seus benefícios ao adotar uma abordagem estratégica, levando em conta as implicações do futuro do trabalho.

- A adaptação ao futuro do trabalho não é apenas responsabilidade das organizações. Os funcionários também precisarão pensar em sua própria resposta, especialmente em termos de desenvolvimento de suas habilidades e planejamento para uma vida mais longa.
- O futuro é incerto, e o mundo do trabalho continuará a mudar e a se desenvolver em ritmo acelerado. Portanto, a verdadeira flexibilidade inclui a capacidade de adaptação constante e assim deve ser a abordagem de uma organização ao trabalho flexível.

Referências

BERKUN, S. (2013) *The year without pants: WordPress and the future of work*. John Wiley and Sons.

CHUNG, H.; e VAN DER LIPPE, T. (2018) Flexible working: work life balance and gender equality. *Social Indicators Research*. Disponível em: <perma.cc/78H2-YT94>.

GRATTON, L. e SCOTT, A. (2017) *The 100-year life: living and working in an age of longevity*. Bloomsbury Business, Londres.

HOT SPOT MOVEMENT (2012) *The benefits of flexible working arrangements: a future of work report*. The Future of Work Institute. Disponível em: <perma.cc/NP4X-BG5U>.

ONS (2016) *What are your chances of living to 100?* Office for National Statistics. Disponível em: <perma.cc/QH6W-2F8X>.

RSA (2013) *The flex factor: realizing the value of flexible working*. Disponível em: <perma.cc/V4SA-MLMT>.

TIMEWISE (2019) *Flexible working: a talent imperative*. Disponível em: <perma.cc/M6W2-7EWG>.

04

Trabalho flexível e inclusão

A lógica do trabalho flexível está muitas vezes focada nos benefícios para os pais trabalhadores. Embora esse grupo possa, sem dúvida, beneficiar-se significativamente desse tipo de acordo, uma pesquisa realizada em 2019 pelo grupo de campanha Pregnant then Screwed, por exemplo, constatou que o alto custo do cuidado infantil causa ansiedade para 84 por cento dos lares com quase um em cada cinco pais trabalhadores desistindo de seus empregos como resultado (Workingmums, 2019). Há benefícios mais amplos para a igualdade, diversidade e inclusão que podem resultar de um maior foco na flexibilidade do ambiente de trabalho. Muitas pessoas, por diversas razões, não conseguem se engajar no modelo-padrão de tempo integral, ficando assim excluídas do mercado de trabalho. Há desafios específicos para esses funcionários que podem ser enfrentados por meio da introdução do trabalho flexível.

Embora frequentemente utilizados de forma intercambiável, os termos igualdade, diversidade e inclusão têm significados diferentes. Embora a *igualdade de oportunidades* tenha como objetivo principal garantir que os indivíduos não sejam tratados de maneira diferente ou discriminados (em um contexto legal), essa é, em muitos aspectos, uma abordagem que prioriza o cumprimento. *Diversidade* é reconhecer a diferença, mas não necessariamente aproveitá-la para impulsionar o sucesso organizacional. *Inclusão* é um termo muito mais amplo.

De acordo com o Chartered Institute of Personnel and Development (CIPD), a inclusão pode ser definida como uma abordagem pela qual a diferença é vista como um benefício e as perspectivas e diferenças são compartilhadas resultando em melhores decisões. Um ambiente de trabalho inclusivo é aquele no qual todos se sentem valorizados, que sua contribuição é importante e que conseguem realizar todo o seu potencial, não importando sua origem, identidade ou circunstâncias. Ele permite que uma gama diversificada de pessoas trabalhe em conjunto e de forma eficaz (CIPD, 2019a). Todos se beneficiam: o funcionário, a organização e a sociedade em geral.

Para além dos pais que trabalham, este capítulo considerará os impactos específicos e positivos na igualdade, diversidade e inclusão quando as organizações adotam disposições de trabalho flexíveis.

Gênero

As questões de gênero e trabalho flexível estão inextricavelmente ligadas. Embora essa modalidade esteja legalmente disponível para qualquer trabalhador no Reino Unido, ela dificilmente pode ser descrita como neutra em termos de gênero. Homens e mulheres experimentam resultados diferentes do trabalho flexível, e aplicam-se normas de gênero diferentes. Chung e van der Lippe (2018) argumentam que você não pode realmente compreender as consequências do trabalho flexível sem considerar a importância do gênero e as diferentes maneiras que homens e mulheres utilizam esse tipo de acordo.

Muitas vezes, incorretamente, supõe-se que o trabalho flexível é desejado predominantemente pelas mulheres após ter uma família ou tirar licença-maternidade, embora as evidências apontem para um desejo muito maior por parte de toda uma gama de funcionários. Como já discutimos, algumas formas de trabalho flexível (como o trabalho em tempo parcial) são dominadas pelas mulheres: o Reino Unido tem uma das maiores proporções de trabalhadoras em tempo parcial como parte da população trabalhadora feminina em toda a UE (Jones, 2019). No entanto, isso não se deve ao fato de que as mulheres querem trabalhar em tempo parcial, mas faz parte de uma mistura mais ampla de fatores sociais complexos. Quando uma típica família chamada "nuclear" decide que uma pessoa reduzirá suas horas ou buscará flexibilidade, muitas vezes essa iniciativa cabe à mulher, porque é mais aceitável socialmente que ela faça tal pedido; assim como ela tem mais probabilidade de ganhar menos do que um parceiro masculino como resultado da diferença salarial entre os sexos (um assunto ao qual voltaremos em breve). Muitas vezes, a mulher se vê ganhando menos, ou sua carreira é cerceada, e assim a lacuna se perpetua ainda mais. Há também a questão do cuidado infantil confiável e acessível, outro fator que contribui para a mudança em direção ao trabalho em tempo parcial. Finalmente, há a incompatibilidade do modelo-padrão e do horário escolar, em que se espera que tanto as crianças quanto os funcionários comecem no mesmo horário, quando isso não é uma realidade em todas as empresas e sociedades. Quando os horários de trabalho são rígidos, isso pode deixar os pais (e as mulheres em particular) com uma escolha entre trabalho em tempo parcial ou cuidados dispendiosos.

O trabalho em tempo parcial está associado à interrupção da progressão salarial das mulheres e esta é uma razão fundamental para a existência da diferença salarial entre os sexos, que continua a ser perpetuada. Não se trata apenas de uma questão do Reino Unido. Evidências em toda a Europa apontam para problemas semelhantes; os locais de trabalho dominados por mulheres não só têm salários mais baixos, mas também piores condições de trabalho (Chung, 2019a).

O trabalho em tempo parcial é uma forma de trabalho flexível e este é um livro que defende a flexibilidade e a escolha. Embora a flexibilidade em si seja uma coisa boa, quando ela é forçada (no sentido de que é tudo o que está disponível e prático para uma família, porém depois resulta em resultados ruins para aqueles que o realizam) não é. Como discutido na Introdução, quando algumas pessoas pensam em flexibilidade, cogitam apenas formas de trabalho com horário reduzido e sabemos que isso pode levar a consequências negativas para os indivíduos.

Não são apenas os empregos de meio período que trazem consigo desafios relacionados ao gênero, quando se trata de trabalho flexível. Como discutimos no Capítulo 2, as mulheres que buscam esses acordos a fim de cumprir compromissos de cuidado infantil experimentam tanto a estagnação da carreira quanto várias formas de estigma. As trabalhadoras têm sido descritas como sofrendo uma "penalidade de maternidade", na qual as mulheres com filhos passam por discriminação sistemática de várias formas, incluindo a diferença salarial de gênero (Munsch, 2016).

Essas são questões para a mulher individualmente, mas também para nossa sociedade de forma mais ampla. Estima-se que a subutilização das habilidades femininas custa à economia britânica entre 1,3 e 2 por cento do PIB a cada ano (Women and Equalities Committee, 2016).

De acordo com o Escritório de Igualdade do Governo, um maior acesso a acordos de trabalho flexível poderia ser a chave para a retenção e progressão das mulheres no ambiente profissional e a igualdade de gênero em toda a sociedade (Jones, 2019). Por exemplo, as evidências sugerem que esse tipo de modelo pode ajudar as mulheres a permanecer no emprego após o nascimento de seu primeiro filho, bem como diminuir a probabilidade de que elas reduzam suas horas de trabalho após o primeiro ou qualquer parto subsequente (Chung e van der Horst, 2017). É fácil ver o crescimento do trabalho flexível como uma solução potencial para alcançar maior igualdade de gênero no ambiente de trabalho; embora, a gama e a complexidade dos fatores que levam à desigualdade de gênero não permitam soluções fáceis. Há muito que esse formato pode fazer, mas há riscos associados a ele também.

Há um argumento contrário que diz que o trabalho flexível também pode reforçar as funções e desigualdade de gênero. Essa consequência não intencional pode surgir do fato de ele ter como consequência os homens trabalhando mais horas e as mulheres aumentando seus deveres de cuidados (Chung, 2019b). A ideia de que sejam elas a cumprir as responsabilidades de cuidado geral e dos filhos se encaixa perfeitamente nos estereótipos de gênero, enquanto seu parceiro masculino trabalha em tempo integral, em horários mais longos e é o principal assalariado (Fagan et al, 2006). Portanto, em vez de os modelos fora do padrão impulsionarem transformações sociais e nas normas de gênero, simplesmente levam a mais do mesmo. Esses estereótipos são desafiados quando mais homens trabalham com flexibilidade, e isso é algo que sabemos que muitos deles querem.

Quando se trata dos resultados do trabalho flexível, parece que há formas boas e ruins e também há questões de gênero em jogo aqui. "Boa" flexibilidade é a que beneficia predominantemente a organização. Exemplos incluem o home office (que permite horários de trabalho mais longos, e é preciso estar constantemente conectado) e, embora não seja exatamente uma forma de trabalho flexível como descrito tipicamente neste livro, as licenças (trabalhar durante as férias ou outras formas de licença). A flexibilidade não tão boa é aquela tipicamente oferecida a mães ou cuidadores (também frequentemente mulheres), tais como horário reduzido ou padrões que permitam atividades não relacionadas ao ambiente profissional. Esse é outro exemplo de como o trabalho flexível, que tem o potencial de proporcionar tantos benefícios, na verdade leva a consequências não intencionais e negativas. Os gestores podem utilizar o modelo de flexibilidade escolhido pelo funcionário como argumento para classificar seu comprometimento com o trabalho e com a própria organização, tendo penalidades potenciais de carreira para aqueles que o realizam (Leslie et al, 2012).

Nesse momento, formas flexíveis podem permitir o cuidado ou o equilíbrio trabalho-vida, mas não oferecem paridade em torno do salário (que iremos explorar em breve), progressão e experiência. O trabalho flexível de qualidade é muito raro, o trabalho a tempo parcial é mal remunerado e leva à estagnação da carreira e há uma percepção ruim em geral sobre os funcionários dessas modalidades. Se essas questões devem ser abordadas de forma abrangente, a revolução do trabalho flexível também exige uma revolução fundamental na cultura organizacional subjacente e nas atitudes individuais. Até que possamos corrigir a confusão entre o modelo-padrão de trabalho e o sucesso na carreira, esse potencial não será realizado. Hoje, o trabalho flexível é parte da solução para alcançar a igualdade de gênero no ambiente de trabalho; infelizmente, ele também permanece, pelo menos por enquanto, parte do problema.

Diferença salarial entre homens e mulheres

A diferença salarial de gênero mede a divergência entre a remuneração horária (com base no salário médio) do trabalhador médio masculino e a da trabalhadora média feminina. Não é o mesmo que salário igual, que considera se homens e mulheres recebem a mesma quantia pelo mesmo trabalho, ou trabalho de valor equivalente. Desde 2018, as empresas britânicas com mais de 250 funcionários têm sido obrigadas por lei a publicar anualmente suas diferenças salariais de gênero: essa legislação faz parte de uma série de medidas destinadas a reduzir esse desequilíbrio. As causas das disparidades salariais entre os gêneros são complexas e inter-relacionadas — e nem todas podem ser devidamente explicadas.

A atual diferença salarial de gênero no Reino Unido é de 8,9 por cento para funcionários em tempo integral. Quando todos são considerados, a diferença é de 17,3 por cento. A variação de quando se considera funcionários de tempo integral para quando se olha para todos os funcionários é em grande parte atribuída ao fato de as mulheres terem significativamente mais empregos de meio período, que tendem a ter uma remuneração mediana por hora mais baixa do que os de tempo integral, e serem mais propensas a ocupar profissões menos remuneradas em geral (ONS, 2019). Elas também trabalham em tempo parcial por estarem assumindo uma quantidade desproporcional de responsabilidades de cuidados não remunerados (Women and Equalities Committee, 2016).

Esses números mostram um ligeiro declínio em relação ao ano anterior, mas, em geral, há um progresso lento em termos de redução da diferença salarial entre homens e mulheres. O que realmente não sabemos pelos dados que temos é quantas mulheres estão trabalhando em tempo parcial porque querem ou precisam fazê-lo, e quantas o fazem porque esse é o único trabalho que conseguem encontrar.

A diferença salarial entre os sexos começa realmente a aumentar quando as mulheres se tornam mães. Antes disso, as lacunas são pequenas. Após o nascimento do primeiro filho, quase não há diferença nos padrões de trabalho dos homens, ao passo que os das mulheres são significativamente impactados à medida que mudam para o (muitas vezes) tempo parcial — modelo que, segundo se diz, encerra o progresso salarial (Jones, 2019). O tempo fora do mercado de trabalho para a licença-maternidade pode atrasar a carreira e elas ficam atrás dos colegas masculinos. Às vezes, as mulheres mudam para o tempo parcial porque sentem que não têm outra escolha ou devido à falta de disponibilidade e acessibilidade de cuidados infantis.

O Women and Equalities Committee se referiu ao tempo parcial como "morte na carreira", em parte porque muitas vezes é menos remunerado — a chamada "pena de pagamento em tempo parcial". Entretanto, não é apenas essa modalidade que é mal remunerada: as funções que tradicionalmente são dominadas pelas mulheres (como o trabalho de cuidados) também são frequentemente mal remuneradas, em parte porque são menos valorizadas do que as ocupações mais dominadas pelos homens. O Women and Equalities Committee também aponta para escolhas educacionais de gênero, "rebaixamento profissional" (mulheres que trabalham abaixo de suas capacidades em empregos menos remunerados devido à falta de flexibilidade ou tempo parcial nos cargos seniores e percursos profissionais), e, finalmente, discriminação direta e indireta (2016).

Nos últimos anos, sucessivos governos do Reino Unido tomaram uma série de medidas para reduzir o tamanho da diferença salarial entre os sexos, incluindo o incentivo a mais mulheres nos conselhos de administração, o aumento da quantidade de cuidados infantis gratuitos e a melhoria do aconselhamento vocacional para meninas. A extensão de 2014 do trabalho flexível a todos os funcionários com 26 semanas de serviço, discutida na Introdução, foi uma ação que visou reduzir o tamanho dessa diferença no Reino Unido (Women and Equalities Committee, 2016).

O trabalho flexível tem claramente um papel a desempenhar nesse quesito. Por exemplo, mais e melhor qualidade em meio-período, ou oportunidades de trabalho compartilhadas em nível sênior, levará a um salário mais alto e reduzirá a estagnação da carreira. É claro que, como já vimos, há muito mais opções de flexibilidade no trabalho do que formas de horário reduzido, e muitas dessas modalidades, como horários comprimidos, home office ou horários escalonados (atualmente um pouco menos populares no mercado de trabalho britânico) também podem ajudar as mulheres (sobre as quais o fardo muitas vezes recai) a equilibrar sua carreira e suas responsabilidades domésticas.

Encorajar mais pais a aproveitar a oportunidade de trabalho flexível também é visto como tendo um papel importante na redução da diferença salarial entre os sexos. Isso começa com a licença parental (Chung, 2018). Sob a atual legislação britânica, eles têm o direito a tirar duas semanas de licença-paternidade remunerada (a taxas legais, a menos que o empregador em questão opte por aumentar o valor) após o nascimento ou adoção de um filho. Além disso, todos os pais de crianças menores de cinco anos têm direito a até quatro semanas de licença não remunerada por ano, por criança. A Licença Parental Compartilhada (SPL — *Shared Parental Leave*), que possibilita ambos os pais compartilharem um ano de licença após o nascimento de um filho, foi introduzida no Reino Unido em 2014. Alguns desses direitos exigem um tempo de serviço particular e não estão disponíveis para os trabalhadores autônomos. A utilização do SPL é extremamente baixa. Para que o pai possa tirar uma parte é necessário que a mãe desista de algum tempo da sua, o que nem todas as mulheres querem fazer. Isso pode ser comparado à abordagem na Suécia, onde os pais têm direito a noventa dias totalmente independentes da licença de sua parceira.

Conforme mais homens em toda a sociedade em geral se envolvem com o cuidado infantil e trabalham de forma flexível, mais apoia a redução da diferença salarial entre os sexos e ajuda a desafiar o estigma do trabalho flexível, e em particular sua categorização como uma questão de "mãe".

Há outro tipo de lacuna que é relevante para o gênero e para a remuneração: a de gênero no transporte pendular. Ela existe entre a média das viagens de ida e volta de trabalhadores e trabalhadoras. Pesquisas recentes do Office for National Statistics sugerem que os homens do Reino Unido se deslocam por mais tempo do que as mulheres, e que, assim como a própria diferença salarial entre os sexos, essa variação começa a aumentar após o nascimento do primeiro filho de uma família e continua a crescer durante a década seguinte (2018b). Os homens realizam quase dois terços das viagens de ida e volta que duram mais de uma hora e são mais propensos a se deslocarem de trem. Em contraste, as mulheres tendem a viver perto de seu ambiente de trabalho (ONS, 2018b). O que não sabemos a partir desses dados é quanto disso está relacionado à escolha pessoal e à disponibilidade de emprego, e quanto está relacionado a decisões e fatores sociais que também são causas da diferença salarial entre os sexos — por exemplo, mulheres que assumem a maior parte das responsabilidades domésticas (como levar e buscar na escola) e, portanto, precisam trabalhar perto de casa para facilitar. Essa questão destaca como muitos dos fatores que influenciam o gênero e a remuneração estão inter-relacionados, mas também como o trabalho flexível pode ter um impacto positivo. Se o home office e a flexibilidade de horários fossem mais disponíveis e aceitáveis, menos decisões dessa natureza seriam necessárias nas famílias e entre os casais.

Pais e trabalho flexível

Embora este livro procure argumentar que existe mais flexibilidade no trabalho do que simplesmente apoiar pais trabalhadores, existem questões específicas de inclusão que se relacionam aos pais. Sabemos que em muitos lares, depois do nascimento dos filhos, são as mulheres que assumem a maior parte do cuidado infantil e do trabalho doméstico e muitas vezes são elas que trabalham em meio período depois de terem filhos. Isso pode levar ao que é descrito como "modelo de trabalho doméstico 1,5"; o pai trabalha em tempo integral e a mãe em tempo parcial (Fagan et al, 2006). Embora essa ainda possa ser a norma, não é necessariamente o que os pais (ou suas parceiras) desejam. Segundo a Working Families, 82 por cento dos pais que trabalham em tempo integral disseram que gostariam de passar mais tempo com sua família (Working Families, 2011). A introdução do SPL no Reino Unido em 2014 deveria começar a nivelar o campo de jogo e ajudá-los a ter um papel mais ativo com suas famílias. No entanto, a aceitação tem sido notoriamente baixa, como discutimos na seção anterior. Ainda que muitos empregadores melhorem a licença-maternidade, nem todos eles optaram por aprimorar de forma semelhante as políticas internas além da obrigação mínima legal.

Em 2019, a Deloitte realizou uma pesquisa sobre o pai millennial e suas experiências de ser um pai trabalhador. Essa pesquisa descobriu que:

- um terço dos pais entrevistados relatou já ter trocado o emprego por outro que lhes permitisse passar mais tempo com seus filhos;
- mais um terço dos pais estavam procurando fazer o mesmo naquele momento;
- apenas um em cada cinco daqueles que solicitaram trabalho flexível teve seu pedido aprovado;
- um terço dos pais sente tensão quando precisa de tempo livre para atender a compromissos ou doenças;
- a tensão sentida pelos pais não vem apenas da própria organização (e de seus gestores), mas também de seus colegas;
- cerca de 37 por cento dos pais dizem ter sofrido impactos negativos em sua saúde mental como resultado da tentativa de equilibrar o trabalho e ser pai; e

- a culpa é uma emoção proeminente para os pais, culpa para com gestores de linha, parceiros, filhos e colegas (Deloitte, 2019).

Algumas dessas vivências são muito familiares às mães que trabalham. Os homens também podem experimentar uma forma particular de estigma de trabalho flexível que tem sido referida como "estigma de feminilidade" que surge quando os homens saem da imagem tradicional de provedor e se envolvem com responsabilidades de cuidados (Chung, 2018).

Incentivar mais pais a trabalhar com flexibilidade, bem como ter formas de licenças familiares como o SPL, pode ter uma gama de benefícios. Como discutido anteriormente, o SPL não se trata apenas de encorajar os pais a passar mais tempo com seus filhos, ele também pode apoiar a redução da diferença salarial entre os sexos. Sabemos que as trabalhadoras experimentam um estigma de trabalho flexível, bem como outras formas de discriminação e preconceito relacionadas ao trabalho. Há alguns empregadores que estão relutantes em contratar mulheres em primeiro lugar, temendo os custos associados à licença-maternidade, ou não estão dispostos a promovê-las pelas mesmas razões. Possivelmente, esses são os mesmos empregadores que dificilmente receberão pedidos de trabalho flexível também. Entretanto, quando é igualmente provável que os homens tirem um período de licença ou procurem trabalhar de forma que lhes permita equilibrar trabalho e família, essa discriminação e os estereótipos são abordados na fonte. As funções tradicionais de gênero são desafiadas em vez de perpetuadas. Também começam a se desfazer nossas culturas prevalecentes de longas horas de trabalho e do presenteísmo.

Os próprios pais individualmente podem experimentar os benefícios pessoais associados a um melhor equilíbrio entre trabalho e vida pessoal e passar mais tempo com seus filhos. Onde o trabalho flexível e a participação no cuidado das crianças são vistos como neutros em termos de gênero, todos podem se beneficiar — homens, mulheres, crianças e sociedade.

Funcionários com deficiência

Os funcionários com deficiências apresentam numerosas desvantagens tanto no ambiente de trabalho quanto na busca de oportunidades. Quase uma pessoa em cada cinco no Reino Unido, entre 16 e 64 anos de idade, é portador de deficiência. Em 2018, das pessoas com deficiência entre 16 e 64 anos, 50,9 por cento estavam empregadas, contra 80,7 por cento das pessoas sem deficiência. Os funcionários com deficiência normalmente ganham menos do que seus colegas que não as têm. Em 2018, essa diferença salarial era pouco mais de 12 por cento, um número que mal se alterou nos últimos cinco anos (ONS, 2018a). Esses trabalhadores podem se ver prejudicados por uma série de opiniões estereotipadas ou desatualizadas, incluindo empregadores preocupados com os custos de empregá-los, ou suposições de que a deficiência também pode equivaler a altos níveis de ausência por doença.

Do ponto de vista inteiramente prático, o deslocamento de e para o trabalho pode ser um desafio particular para aqueles com deficiências físicas. A falta de acessibilidade e a superlotação do transporte público podem apresentar uma barreira muito específica, excluindo alguns funcionários da possibilidade de viajar para certos locais de trabalho, ou durante horários de pico. Também dependendo da natureza particular de sua condição ou saúde, alguns deles podem não conseguir trabalhar em tempo integral. Portanto, é fácil ver que o trabalho flexível pode ser uma potencial solução para enfrentar alguns desses desafios mais práticos, o que, por sua vez, pode apoiar mudanças em questões mais estruturais e sistêmicas.

A deficiência é uma característica protegida pela Lei da Igualdade de 2010. Sob essa legislação, os empregadores têm uma série de deveres legais, incluindo a exigência de fazer ajustes razoáveis para os funcionários (ou potenciais funcionários) com deficiência. Para os fins da Lei, uma deficiência é uma condição de saúde física ou mental que tem um impacto substancial e a longo prazo na capacidade de um indivíduo de realizar atividades diárias. O que equivale a um ajuste razoável varia de acordo com as circunstâncias, e o tamanho e os recursos da organização são relevantes no quesito razoabilidade. O trabalho flexível pode equivaler a um possível ajuste razoável sob a legislação, em algumas circunstâncias. Muitas das formas discutidas no Capítulo 1 poderiam apoiar um trabalhador com deficiência e ajudá-lo a continuar a trabalhar de forma eficaz, participando de um mercado de trabalho ao qual, de outra forma, ele poderia ter dificuldade de acesso. O home office, em particular, pode ser um ajuste que reduz a necessidade de se deslocar. Outros acordos possíveis de trabalho flexível podem incluir carga horária reduzida, ou horários de início e término alterados (para evitar os momentos de pico).

Um pequeno número de condições, como o câncer, é automaticamente considerado como uma deficiência para fins da Lei de Igualdade, exigindo assim que os empregadores façam ajustes razoáveis. Entretanto, neste contexto, quaisquer ajustes, incluindo o trabalho flexível quando aplicável, seriam necessários apenas temporariamente, talvez enquanto o tratamento estiver em andamento ou durante a recuperação. Em tais circunstâncias, uma mudança permanente nos termos e condições de emprego não seria necessária.

Deve-se observar que, além da legislação relativa aos pedidos de trabalho flexível discutida no Capítulo 1, também se aplica um quadro jurídico separado. Os funcionários ainda podem fazer um pedido da mesma forma sob a política normal de uma organização, mas os empregadores também devem considerar suas obrigações sob a Lei de Igualdade, além de tomar uma decisão puramente baseada nos fundamentos e processos estatutários. Uma falha em fazer isso poderia equivaler a uma discriminação por deficiência. Aconselhamento, inclusive médico quando apropriado, deve ser tomado sobre as circunstâncias específicas de cada caso.

Cuidadores

De acordo com os números da Carers UK, uma em cada sete pessoas economicamente ativas cuida de alguém idoso, gravemente doente ou deficiente. A maioria dos prestadores de cuidados são mulheres (aproximadamente 58 por cento). Uma em cada seis delas reduz suas horas ou deixa a força de trabalho para que possam cumprir essa função. Cerca de seiscentas pessoas desistem de seu emprego todos os dias, uma perda significativa de talentos e habilidades. Há também um aumento no que é conhecido como "cuidador-sanduíche", alguém que está cuidando de seus filhos ao mesmo tempo em que cuida de um parente mais velho. É mais provável que as pessoas sejam prestadores de cuidados entre 45 e 64 anos de idade. O envelhecimento da população significa que essa situação só tende a aumentar nos próximos anos. Sem formas flexíveis de trabalho, esse grupo pode ser excluído da força tradicional no modelo-padrão.

Os prestadores de serviços no Reino Unido têm poucos direitos legais de emprego e nenhum direito formal a tempo livre, fora dos direitos bastante limitados para dependentes em uma situação emergencial. Um em cada três cuidadores relatam que não recebem apoio de seu empregador (Carers UK, 2019). Há muitas maneiras pelas quais as organizações podem fazer isso, e o trabalho flexível é apenas uma delas.

Um dos elementos de um ambiente de trabalho flexível discutido no capítulo anterior identificou a flexibilidade em todas as suas formas como um elemento-chave. Quando ela é exigida pelos cuidadores, pode-se ver mais um exemplo disso na prática. Alguns cuidadores podem querer ou precisar de uma forma mais tradicional de trabalho flexível, como tempo parcial, devido ao nível de demanda resultante de suas responsabilidades. Entretanto, as necessidades podem variar significativamente e às vezes em cima da hora, o que significa que um acordo formal e regular pode não permitir que o funcionário equilibre suas responsabilidades, às vezes concorrentes, de forma eficaz. Por exemplo, os cuidadores podem ser obrigados a acompanhar a pessoa de quem cuidam em consultas no hospital, cujos horários e duração podem variar ou estar fora de seu controle. No caso de cuidar de alguém com uma doença grave, os sintomas e necessidades podem flutuar muito rapidamente. Também pode haver ocasiões em que a flexibilidade para prestar cuidados só é necessária a curto prazo, talvez após tratamento médico. Nessas circunstâncias, há pouco valor em exigir que um funcionário complete o longo processo legal.

Um empregador flexível e solidário pode ser a diferença crítica entre um cuidador poder continuar ou não a trabalhar — e é um exemplo de onde o trabalho flexível precisa ser criativo. Nesse contexto, ele precisa incluir a capacidade de flexibilizar o possível, experimentando padrões que possam se adaptar às circunstâncias em mudança. Sem flexibilidade, esses milhares de trabalhadores, muitos dos quais estão no auge de suas habilidades, conhecimentos e experiência, podem se ver excluídos do mercado, e as empresas, por sua vez, perdem talentos potenciais. Isso fornece mais evidências para apoiar a ideia de que os empregadores precisam mudar sua mentalidade geral para um trabalho flexível, e não apenas abordá-la caso a caso.

Trabalhadores maduros

As pessoas estão trabalhando e vivendo mais do que nunca — e, como discutido no Capítulo 3, isso tem implicações para o futuro do trabalho. Nos últimos dois séculos, a expectativa de vida aumentou em cerca de três anos a cada década. A idade de aposentadoria do Estado britânico subiu, e em 2019 o governo confirmou que estava considerando aumentá-la para 75 anos até 2035. Atualmente, mais de um milhão de trabalhadores no Reino Unido têm mais de 65 anos, um número que vem crescendo há mais de uma década. Após a introdução da legislação de discriminação por idade, não existe mais um momento-padrão para aposentadoria no Reino Unido. A natureza das aposentadorias também mudou significativamente, com cada vez menos empresas oferecendo esquemas lucrativos e de benefício definido e transferindo a responsabilidade da previdência para os indivíduos.

De acordo com o Office for National Statistics, o número de funcionários no trabalho após 65 anos continua a aumentar. Havia 10,4 por cento (1,19 milhões) de pessoas com 65 anos ou mais em atividade no período de maio a julho de 2016. No mesmo período para 2006, 6,6 por cento (609 mil) da população com mais de 65 anos de idade tinham um emprego. Esses números podem ser separados em 742 mil homens e 448 mil mulheres. Considerando uma visão de longo prazo, sob a legislação existente, o número de pessoas que têm a idade mínima de aposentadoria ou mais deverá aumentar em 32,5 por cento de 12,4 milhões, em meados de 2015, para 16,5 milhões em meados de 2039 (ONS, 2016). Esses números combinados demonstram que o trabalhador mais velho será uma fonte significativa de talentos para o futuro — e talentos que podem muito bem desejar continuar a trabalhar além do que é visto atualmente como a idade típica de aposentadoria. Portanto, o trabalho flexível pode ser uma alternativa atraente à aposentadoria completa — mais uma vez ilustrando que essas modalidades não são apenas para um pequeno grupo de funcionários, mas têm amplo apelo.

Pode haver muitas razões pelas quais alguém queira trabalhar além da idade típica de aposentadoria atual. Continuar a trabalhar pode ser uma decisão financeira, ou simplesmente uma escolha de estilo de vida. Alguns trabalhadores maduros podem desejar combinar o trabalho com os cuidados de membros mais jovens de sua família, ou podem desejar se envolver em outras atividades de lazer. Entretanto, embora alguns funcionários não queiram se aposentar, não significa que queiram necessariamente trabalhar da mesma maneira, ou no mesmo horário, que trabalharam na maior parte de sua carreira, que para muitas pessoas terá sido a semana de trabalho padrão, em tempo integral. O trabalho flexível pode ajudar as organizações a manter as valiosas habilidades, conhecimentos e experiência dos trabalhadores mais experientes, ao mesmo tempo em que proporcionam mais escolhas para os indivíduos.

A aposentadoria por fases é uma forma de flexibilidade, especificamente dirigida a trabalhadores maduros, durante a qual os funcionários normalmente reduzem suas horas durante um período acordado (às vezes meses ou anos), acabando por se aposentar por completo. Isso às vezes é combinado com uma mudança de função, talvez para uma com menos responsabilidade ou senioridade. Entretanto, essa é apenas uma opção, e ainda parte do princípio que o objetivo final do indivíduo é deixar a força de trabalho por completo. Todas as formas discutidas no Capítulo 1 são potencialmente de interesse para os trabalhadores mais velhos que buscam maior flexibilidade sobre a forma como trabalham.

Menopausa

Há outra etapa da vida durante a qual os funcionários podem acolher o trabalho flexível: a menopausa. Nos últimos anos, temos nos tornado cada vez mais conscientes da menopausa como um problema de ambiente de trabalho e não é raro agora encontrar organizações que assumem uma postura proativa no apoio às mulheres nessa etapa da vida, incluindo o lançamento de políticas de menopausa ou treinamento para gestores de pessoas. As mulheres constituem aproximadamente metade (47 por cento) da força de trabalho do Reino Unido. Das pessoas empregadas com mais de cinquenta anos, 45 por cento são mulheres, representando 3,5 milhões de trabalhadoras; na verdade, as mulheres com mais de cinquenta anos são o segmento da força de trabalho que mais cresce (CIPD, 2019b). Assim, muitas delas trabalham ou trabalharão durante a menopausa, gerenciando os sintomas associados no trabalho. Eles podem variar muito, com algumas tendo sintomas e impactos significativos em suas vidas. Estudos mostram que algumas delas sentiram que a menopausa afetou negativamente seu desempenho, incluindo a crença de que houve um impacto negativo na percepção de seus gestores e colegas sobre sua competência (CIPD, 2019b). A gestão dos sintomas no ambiente de trabalho também pode levar ao aumento dos níveis de estresse.

Os sintomas variáveis associados à menopausa podem ser suportados por meio de um trabalho flexível. Exemplos incluem permitir que a equipe trabalhe de acordo com seus sintomas, permitindo-lhes descansar quando estiverem cansadas ou permitindo o home office ocasional quando os sintomas forem graves. Algumas mulheres que vivem a menopausa descobrirão que têm momentos do dia em que os sintomas são mais ou menos problemáticos e os horários de início e fim poderiam ser ajustados para levar isso em consideração. Por exemplo, as que têm padrões de distúrbio de sono podem achar que são mais produtivas com uma hora de início mais tardia. A flexibilidade em torno dos horários de pausa e descanso é outro ajuste potencial que algumas funcionárias podem se beneficiar. Em 2019, o CIPD publicou orientações sobre o apoio na menopausa que incluíam exemplos e políticas de empregadores que pensavam no futuro, alguns dos quais destacam o trabalho flexível como um mecanismo para tal.

PRINCIPAIS APRENDIZADOS

- O trabalho flexível pode apoiar melhorias na igualdade, diversidade e inclusão no ambiente de trabalho; mas, somente onde a mudança cultural necessária ocorre ao mesmo tempo.
- O trabalho flexível pode apoiar as organizações no combate às diferenças salariais entre os sexos, aumentando as oportunidades de trabalho de qualidade em tempo parcial, bem como desafiando estereótipos sobre quem trabalha de forma flexível.
- Além de apoiar os pais trabalhadores, o trabalho flexível pode ajudar a abrir o mercado de trabalho para os grupos de talentos que, de outra forma, podem ser excluídos do modelo-padrão de trabalho (ou não desejam assumi-lo), tais como funcionários com deficiências, trabalhadores mais velhos e cuidadores.
- As organizações podem usar a oferta de trabalho flexível como uma forma de atingir uma gama diversificada de potenciais candidatos a emprego, ajudando também a melhorar a marca e a reputação como um empregador justo e flexível.
- O trabalho flexível pode ajudar a desafiar as funções tradicionais de gênero da sociedade; mas, também, pode ter a consequência não intencional de reforçá-las. É preciso tomar cuidado na implementação para reduzir esse potencial.
- O trabalho flexível por si só não pode resolver algumas dessas grandes questões estruturais e sistêmicas; mas, pode ser parte de uma gama de soluções para apoiar uma maior inclusão no ambiente de trabalho.

Referências

CARERS UK (2019) *Facts about carers.* Disponível em: <perma.cc/ZS6M-J4CQ>.

CHUNG, H. (2018) Gender, flexibility stigma and the perceived negative consequences of flexible working in the UK. *Social Indicators Research.* Disponível em: <perma.cc/X2SU-VXBG>.

CHUNG, H. (2019a) "Women's work penalty" in access to flexible working arrangements across Europe. *European Journal of Industrial Relations*, vol. 25, ed. 1. Disponível em: <perma.cc/ZV3U-XW79>.

CHUNG, H. (2019b) *Flexible working can reinforce gender stereotypes.* The Conversation. Disponível em: <perma.cc/GEV5-68W3>).

CHUNG, H. e VAN DER HORST, M. (2017) Women's employment patterns after childbirth and the perceived access to and use of flexi time and teleworking. *Human Relations*, vol. 71, ed. 1, p. 47-72. Disponivel em:<perma.cc/2G3Q-EC39>.

CHUNG, H.; e VAN DER LIPPE, T. (2018) Flexible working, work-life balance and gender equality: introduction. *Social Indicators Research.* Disponível em: <perma.cc/78H2-YT94>.

CIPD (2019a) *Diversity and inclusion in the workplace.* Disponível em: <www.cipd.co.uk/>

CIPD (2019b) *The menopause at work: a practical guide for managers.* CIPD. Londres. Disponível em: <perma.cc/Z744-5VE4>.

Deloitte (2019) *The millennial dad at work report*, em associação com Daddilife. Disponível em: <perma.cc/K8MV-NSSH>.

FAGAN, C.; HEGEWISCH, A.; e PILLINGER, J. (2006) *Out of time — why Britain needs a new approach to work time flexibility.* Trades Union Congress.

JONES, L. (2019) *Women's progression in the workplace.* Government Equalities Office. Disponível em: <perma.cc/8AJN-PTSS>.

LESLIE, L.; PARK, T;. e MEHNG, S. (2012) Flexible working practices: a source of career premiums or penalties? *Academy of Management Journal*, vol. 55, n. 6, p. 1407-428.

MUNSCH, C. (2016) Flexible work, flexible penalties: The effect of gender, childcare and type of request on flexibility bias; *Social Forces*, vol. 94, p. 1567–591.

Office for National Statistics (2016) *Five facts about older people at work.* Disponível : <perma.cc/GN6L-VCQB>.

Office for National Statistics (2018a) *Disability pay gaps in the UK 2018.* Disponível em:<perma.cc/HX4X-BUKN>.

Office for National Statistics (2018b) *The commuting gap: men for 65 por cent of commutes lasting over an hour.* Disponível em: <perma.cc/S4MG-V7BW>.

Office for National Statistics (2019) *Gender pay gap in the UK 2019.* Disponível em: <perma.cc/57U2-QAT3>.

Women and Equalities Committee (2016) *Gender pay gap: second report of session 2015-16*, House of Commons. Disponível em:<perma.cc/6TAU-X4KQ>.

Working Families (2011) *Working and fathers: combining family life and work*. Disponível em: <perma.cc/ZHY6-NLYA>.

Workingmums (2019) *A fifth of parents leaving jobs due to childcare costs*. Disponível em: <perma.cc/5LRY-QMWC>.

05

Trabalho flexível e bem-estar

O bem-estar dos empregados continua a aumentar em importância para muitas organizações. Isso não é surpreendente, particularmente quando consideramos a alta incidência de ausência ao trabalho relacionada à saúde mental — para a maioria das empresas hoje, a doença mental é a principal causa de faltas. O estresse aumenta ano após ano, e as longas horas de trabalho são cada vez mais a norma em muitos lugares (Cooper e Hesketh, 2019).

O Reino Unido, em particular, tem um problema de equilíbrio entre trabalho e vida pessoal. De acordo com os padrões internacionais, o equilíbrio entre trabalho e vida pessoal dos trabalhadores britânicos ocupa a 25ª posição entre as 25 economias de comparação (CIPD, 2019). As cargas horárias são longas e muitos funcionários declaram cumprir mais do que suas horas contratadas e pagas. A mesma pesquisa do CIPD descobriu que 24 por cento dos funcionários disseram ter dificuldade para relaxar em seu tempo pessoal como resultado de seu trabalho. Acrescente a isso a capacidade da tecnologia para derramar atividades de trabalho em nossas vidas domésticas e temos um real potencial para uma combinação tóxica, resultando em problemas de bem-estar no ambiente de trabalho, algo que nenhum empregador razoável deve ignorar.

Este capítulo explorará o trabalho flexível no contexto do bem-estar. Com base em pesquisas, o objetivo aqui é entender como essas práticas podem melhorar o bem-estar, assim como considerar as potenciais questões que podem ser causadas por esses modelos nesse quesito. O trabalho flexível tem o potencial de apoiar a melhoria do bem-estar dos funcionários de várias maneiras, diminuindo o impacto do movimento pendular, seja reduzindo-o (em relação ao home office) ou permitindo que os funcionários se desloquem fora do horário principal. Também pode reduzir o custo do deslocamento pendular, observando que as pressões financeiras também podem ser uma fonte de estresse e ansiedade. O trabalho flexível pode ajudar os funcionários a equilibrar seu lado profissional e sua vida mais ampla de forma mais eficaz, incluindo a possibilidade de assumir responsabilidades tanto de trabalho quanto de cuidados. As evidências, entretanto, mostrarão que não se trata de uma panaceia de bem-estar e deve-se ter cuidado com a implementação para que os benefícios sejam alcançados e para que quaisquer consequências negativas sejam evitadas.

O que é bem-estar?

O que queremos dizer exatamente quando falamos de bem-estar? É um termo que tem muitas definições. Historicamente, surgiram dois conceitos, conhecidos como bem-estar eudemônico e hedônico. O primeiro considera a satisfação geral da vida, a existência de um propósito e a capacidade de alcançar seu pleno potencial. Em contraste, o segundo se concentra no bem-estar subjetivo, felicidade e prazer (Cooper e Hesketh, 2019). Outra definição é proposta pela Organização Mundial da Saúde, que diz: "onde cada indivíduo realiza seu próprio potencial, pode lidar com as tensões normais da vida, pode trabalhar produtiva e frutuosamente e é capaz de fazer uma contribuição para sua comunidade."

Bem-estar é um termo usado por acadêmicos, mas também no dia a dia, muitas vezes associado a muitas ideias diferentes em torno da felicidade, prosperidade, desenvolvimento e satisfação com a vida. A New Economics Foundation (2008) descreve o bem-estar como simplesmente "sentir-se bem e funcionar bem".

Voltando ao bem-estar no ambiente de trabalho, o CIPD se refere a um "ambiente de trabalho saudável que ajuda as pessoas a se desenvolverem e alcançarem seu potencial".

Bem-estar é, portanto, um termo mal definido e, sem dúvida, significará coisas diferentes para pessoas diferentes, tanto em casa como no trabalho. Isso representa um desafio particular quando se procura compreender as implicações do trabalho flexível no bem-estar dos funcionários.

Benefícios do bem-estar no ambiente de trabalho

O CIPD publicou a pesquisa *Health and Wellbeing at Work 2019* que identificou três benefícios principais dos empregadores, ao aumentar seu foco no bem-estar dos funcionários:

- melhor humor e engajamento dos funcionários;
- cultura mais saudável e mais inclusiva; e
- menor ausência por doenças.

As organizações que investem em programas de bem-estar relatam uma gama de benefícios, incluindo os três citados, bem como níveis reduzidos de estresse relacionado ao trabalho, melhor marca do empregador, maior retenção e maior produtividade (CIPD, 2019). Portanto, não é surpreendente descobrir que agora muitas empresas estão aumentando seu foco no bem-estar dos funcionários, e o trabalho flexível é apenas uma das muitas ações de apoio que as organizações podem tomar como parte de uma estratégia de bem-estar.

Há muitos fatores que podem influenciar o bem-estar dos funcionários, seja positiva ou negativamente. Esses podem ser divididos em fatores situacionais (aqueles relacionados ao trabalho ou à organização), ou fatores que se relacionam ao próprio indivíduo (como sua saúde geral ou atitude pessoal). Os situacionais incluem o conteúdo do próprio trabalho, carga horária, horário de trabalho, equilíbrio entre trabalho e vida pessoal, controle, apoio e recursos disponíveis e cultura organizacional (Arnold e Randall, 2010).

Há três tipos amplos de intervenção de bem-estar tipicamente realizados por organizações:

- intervenções primárias que têm como objetivo abordar questões da empresa como um todo, incluindo cultura e design organizacional. Essas procuram evitar o surgimento de problemas de saúde relacionados ao trabalho;
- intervenções secundárias que operam em nível individual, ajudando os funcionários a lidar com os fatores de estresse relacionados ao trabalho. Essas poderiam incluir treinamento de resiliência, oficinas de estresse, aulas de atenção ou exercícios; e
- intervenções terciárias tais como saúde ocupacional, programas de assistência aos funcionários ou aconselhamento que ajudem a apoiar quem já sofre de problemas de saúde (relacionados ao trabalho ou não).

As pesquisas sugerem que as intervenções primárias são mais eficazes do que as secundárias, e as secundárias são mais eficazes do que as terciárias, a posição ideal para qualquer estratégia de bem-estar é ter as três intervenções acontecendo ao mesmo tempo (Arnold e Randall, 2010). Entretanto, muitos programas, oportunidades e intervenções de bem-estar organizacional operam principalmente no espaço secundário e terciário, muito possivelmente porque esses são mais fáceis e rápidos de introduzir. Isso tem levado a críticas a esse tipo de iniciativa como sendo muito focadas nos sintomas, em vez de abordar suas causas mais amplas (às vezes estruturais ou sistêmicas). Apesar dessas críticas, o bem-estar no trabalho continua sendo uma consideração importante para muitas organizações em termos de seu impacto sobre a produtividade, custos, engajamento e moral.

Estresse e saúde mental

O estresse e a saúde mental são causas significativas de ausência no trabalho e, como tal, de particular interesse para as organizações. No Reino Unido, essa é a principal causa de faltas por doença. Em 2018/19, 12,8 milhões de dias de trabalho foram perdidos devido ao estresse, à depressão e à ansiedade relacionados ao trabalho; isso é 44 por cento de todas as faltas por doença (HSE, 2019). Esses são números significativos, embora haja probabilidade de que na realidade eles sejam ainda maiores do que o relatado, já que alguns funcionários, preocupados com o estigma, informam erroneamente as razões de ausências relacionadas à saúde mental. De acordo com a pesquisa da instituição de caridade Mind, cerca de um terço dos funcionários discordaram da afirmação "Eu me sentiria capaz de falar abertamente com meu gestor de linha se eu estivesse me sentindo estressado" (Mind, 2019).

Com essas estatísticas, fica claro porque apoiar a saúde mental positiva e lidar com o estresse relacionado ao trabalho é o foco principal de muitas estratégias e intervenções de bem-estar.

O Executivo de Saúde e Segurança do Reino Unido publicou normas que cobrem as principais causas de estresse no ambiente de trabalho. São elas:

- demandas — cargas e padrões de trabalho;
- controle — o quanto alguém tem a dizer sobre a maneira como trabalha;
- apoio — de gestores de linha e colegas;
- relacionamentos — incluindo lidar com comportamentos inadequados e conflitos;

- função — se as pessoas entendem sua função e a natureza do trabalho em si; e
- mudança — como a mudança organizacional é gerenciada e comunicada.

Como podemos ver, um fator que é conhecido por causar estresse é a medida que o funcionário tem controle sobre a maneira como ele realiza seu trabalho. Baixos níveis de controle podem aumentar o estresse, e altos níveis podem ajudar a reduzi-lo. O trabalho flexível pode permitir que os funcionários tenham maior controle sobre quando e onde eles trabalham do que aqueles funcionários que têm acordos de trabalho mais estruturados. A pesquisa aponta para essa posição; acordos de trabalho flexíveis podem beneficiar os trabalhadores por meio da redução do estresse relacionado à redução do conflito entre trabalho e vida pessoal, trânsito e interrupções (Clarke e Holdsworth, 2017). Entretanto, outras causas de estresse detalhadas pelo HSE poderiam, sem uma gestão cuidadosa, ser aumentadas pelo trabalho flexível; por exemplo, quando os gestores não dão apoio ou a carga de trabalho não é ajustada para levar em conta as mudanças quando o horário é reduzido. Esse é um argumento para garantir que a introdução de acordos de trabalho flexível seja apoiada por mecanismos eficazes de treinamento e suporte do gestor de linha.

A natureza altamente individual e subjetiva do bem-estar, combinada com as muitas formas de trabalho flexível, leva a resultados variados quando se trata de estresse e saúde mental. Pesquisas da Universidade de Cranfield descobriram que alguns funcionários que trabalham com horário reduzido relatam níveis de estresse menores do que aqueles em modelo-padrão. Alguns entrevistados da pesquisa disseram que ter tempo longe do trabalho funcionava como uma válvula de pressão para eles e, portanto, beneficiando sua saúde mental. Por outro lado, outros disseram que, para eles, trabalhar com horário reduzido era, na verdade, uma causa de estresse, pois se encontravam sob pressão para concluir seu trabalho em um prazo mais curto (Kelliher e Anderson, 2010).

Como em todas as intervenções de bem-estar, sua natureza subjetiva e pessoal significa que não há uma melhor maneira de possibilitar o bem-estar dos funcionários. O que ajudará uma pessoa não necessariamente funcionará para outra. Para alguns trabalhadores, as modalidades flexíveis podem ter um impacto positivo em seus níveis gerais de estresse. Para outros, podem não ter nenhum impacto, ou ser uma causa adicional. Na Introdução deste livro, consideramos até que ponto o trabalho flexível foi uma mudança para uma relação menos paternalista no ambiente de trabalho, na qual as pessoas poderiam ser empoderadas a trabalhar da maneira que melhor lhes conviesse. Isso também se aplica ao trabalho flexível e ao bem-estar; o empoderamento significa que o funcionário escolhe o padrão que lhe causa menos estresse, seja qual for a aparência.

Deslocamento

Para alguns funcionários, as viagens de ida e volta para o trabalho podem ser uma fonte de estresse e ansiedade. Dois em cada cinco trabalhadores definem o movimento pendular como a pior parte de seu dia (International Working Group, 2019). As locomoções também estão ficando mais longas. Os dados da ONS de 2018 mostraram que o número de pessoas indo e vindo por mais de uma hora para o trabalho aumentou 31 por cento desde 2011. Uma pesquisa de 2019 do YouGov/Lloyds Bank em todo o Reino Unido constatou que os funcionários passam em média mais de dez dias por ano (251 horas) em viagens de ida e volta, com um em cada cinco trabalhadores dizendo que seu deslocamento se tornou menos confiável nos últimos cinco anos e um terceiro dizendo que está mais lotado. Esses números talvez não sejam uma surpresa para muitos trabalhadores que se deslocam regularmente.

Uma pesquisa do Office for National Statistics (2014) considerou o impacto do deslocamento pendular em quatro medidas de bem-estar: a satisfação geral com a vida; a sensação de que a vida valeu a pena; e os níveis de felicidade e ansiedade do dia anterior. Os resultados foram estatisticamente significativos para cada um dos quatro aspectos do bem-estar pessoal medidos: após manter constantes outros fatores, a satisfação com a vida, a sensação de que as atividades valem a pena e a felicidade diminuíram a cada minuto sucessivo de viagem. Enquanto isso, os níveis médios de ansiedade aumentavam a cada minuto adicional do trajeto. Os níveis médios de felicidade começaram a cair e a ansiedade começou a aumentar após os primeiros 15 minutos, sugerindo novamente que as emoções diárias são particularmente afetadas pelo trajeto de ida e volta. Os piores efeitos do deslocamento pendular sobre o bem-estar pessoal foram associados a tempos de viagem que duraram entre 61 e 90 minutos.

Essa pesquisa também considerou o impacto sobre o bem-estar das modalidades de transporte. Descobriu-se que as pessoas que pegam o trem para trabalhar (cerca de cinco por cento da população) tinham, em média, níveis de ansiedade mais altos do que aquelas que viajavam em um veículo particular. A pesquisa também descobriu que aqueles que viajavam de ônibus tinham um menor grau de satisfação geral com a vida e um sentimento de que suas atividades diárias não valiam a pena.

As descobertas demonstraram que o deslocamento pendular tem um impacto negativo no bem-estar pessoal e que (talvez sem surpresa), em geral, os deslocamentos mais longos têm um efeito pior do que os mais curtos. Esses impactos negativos não foram considerados compensados por rendimentos mais altos (Office for National Statistics, 2014). Portanto, parece que o dinheiro não pode comprar o bem-estar.

O uso do transporte público pode reduzir o controle que os funcionários têm sobre seus planos de viagem — e como já vimos no HSE, a falta de controle é uma fonte particular de estresse relacionado ao trabalho. Muitas modalidades não são confiáveis e estão superlotadas. Nos últimos anos, surgiram muitos problemas de alto perfil, especialmente com as redes de trens no Reino Unido, juntamente com o aumento dos custos. Logo, há fortes evidências de que muitas formas de deslocamento não são boas para nossos níveis pessoais de bem-estar.

O trabalho em casa ou à distância (seja em tempo integral ou apenas durante parte da semana de trabalho) pode ser uma alternativa potencial para o deslocamento de parte ou da totalidade do tempo. Outras formas de trabalho flexível, como horários flexíveis ou escalonados, também podem ajudar os funcionários a reduzir os fatores de estresse causados pelo movimento pendular durante os horários de pico. Finalmente, a redução geral do tempo de deslocamento pode proporcionar mais tempo para equilibrar seu trabalho e outros compromissos. A redução do tempo de viagem de ida e volta (por meio do home office) pode também significar que os trabalhadores não chegam ao trabalho exaustos por suas viagens de ida e volta, e conseguem ser mais eficazes e ter mais energia para o dia seguinte.

Entretanto, nem todas as pesquisas sugerem um quadro inteiramente positivo. Também é preciso ter o cuidado ao apoiar que a equipe trabalhe remotamente. Um relatório da Eurofound/ILO de 2017 constatou que 41 por cento dos trabalhadores remotos relataram altos níveis de estresse, em comparação com apenas 25 por cento dos que estão no escritório. Alguns funcionários remotos ou em home office também relatam sentir-se isolados, solitários, incapazes de desligar-se e sem relações sociais (Russell, 2019). Esses fatores podem variar dependendo do número de dias em que alguém trabalha à distância. Embora essas descobertas sozinhas não signifiquem que o bem-estar será afetado negativamente por essa modalidade, isso destaca ainda mais a necessidade de políticas, procedimentos e abordagens eficazes para acordos flexíveis; as organizações não podem simplesmente presumir que todos serão capazes de se adaptar a novas formas sem apoio.

Equilíbrio entre trabalho e vida pessoal

O equilíbrio entre o trabalho e a vida pessoal é outro conceito difícil de definir e significa coisas distintas para pessoas diferentes. É geralmente entendido como o equilíbrio encontrado por um indivíduo entre suas responsabilidades profissionais e aspectos não profissionais de sua vida, tais como família, casa e hobbies. Independentemente de como seja definido, sabemos que muitos funcionários têm dificuldade em obter o equilíbrio que desejam ou precisam.

O Reino Unido tem uma cultura de longas horas de trabalho que pode dificultar para os trabalhadores o equilíbrio de seu trabalho e outras prioridades e compromissos, o que pode levar a conflitos entre vida profissional e familiar. Por exemplo, cerca de um terço dos funcionários relatam que seu trabalho os impede de passar tempo suficiente com seu parceiro ou família (Fagan et al, 2011). As longas horas de atividade também estão associadas a altos níveis de estresse (Chandola et al, 2019). Essa característica muito típica de diversos locais de trabalho tem um impacto negativo na família, na vida pessoal e na saúde e bem-estar individual (Fagan et al, 2006). O trabalho flexível pode parecer parte da resposta a essa questão, mas pesquisas sugerem que trabalhadores remotos podem muitas vezes executar mais horas de atividades do que seus colegas de escritório (Cooper e Hesketh, 2019). Por outro lado, algumas modalidades que envolvem redução de horas podem ser benéficas para reduzir o estresse crônico dos funcionários quando comparadas com seus colegas em tempo integral (Chandola et al, 2019). Novamente, é possível ver a partir desses dois pontos de vista a complexidade de compreender as implicações do trabalho flexível e do bem-estar geral.

Um equilíbrio ruim entre trabalho e vida pessoal pode ter um impacto negativo no desempenho individual relacionado ao trabalho e, consequentemente, na própria organização (Fagan et al, 2011). Há pesquisas que indicam que acordos flexíveis podem ajudar os funcionários a melhorar seu equilíbrio entre a vida profissional e familiar, bem como reduzir os conflitos entre trabalho e família. Uma pesquisa do CIPD (2016) constatou que 65 por cento dos trabalhadores flexíveis estavam satisfeitos ou muito satisfeitos nesse quesito, em comparação com 47 por cento dos funcionários em formatos-padrão. Essa é uma diferença significativa. De modo geral, as evidências em quatro metanálises principais da associação entre acordos de trabalho flexível e conflito entre trabalho e vida pessoal constataram que uma maior flexibilidade está associada a níveis mais baixos de conflito (Allen et al, 2013).

Como outros aspectos do bem-estar, o equilíbrio trabalho-vida é subjetivo por natureza; o que parece ser um equilíbrio aceitável para um indivíduo não funcionará necessariamente para outra pessoa com circunstâncias ou compromissos diferentes. O equilíbrio entre o lado profissional e a vida pessoal não é simplesmente um desafio do empregado, mas algo sobre o qual os empregadores podem ter influência significativa, bem como fornecer uma gama de apoio.

Conclusões sobre o bem-estar

Apesar da natureza amplamente positiva das pesquisas sobre as ligações entre trabalho flexível, bem-estar e equilíbrio trabalho-vida, o quadro geral é complicado, pois diferentes modalidades, assim como quem as utiliza e por que, podem levar a resultados muito diferentes para os indivíduos. Por exemplo, as mulheres podem descobrir que algumas formas de trabalho flexível (como o home office) levarão a uma expansão das atividades profissionais ou a um aumento da carga doméstica, ou mesmo a ambos. Há também o risco do que foi chamado de "troca de presentes"; a ideia de que os funcionários sentem que foram dotados de flexibilidade por seus empregadores e devem, portanto, trabalhar mais duro ou mais tempo do que deveriam em troca desse benefício percebido (Chung e van der Lippe, 2018).

Há outros desafios a serem considerados, particularmente em relação ao home office. Trabalhar em casa pode ajudar os funcionários a alcançar um melhor equilíbrio entre as vidas profissional e pessoal, facilitando a organização dos cuidados ou reduzindo os tempos de deslocamento. Entretanto, um relatório da OIT de 2017 constatou que 41 por cento dos trabalhadores remotos relataram altos níveis de estresse, em comparação com apenas 25 por cento dos trabalhadores em escritório (Eurofound/ILO, 2017). Outro estudo da *Harvard Business Review* (2017) destacou como os trabalhadores remotos se sentem frequentemente deixados de fora e podem sofrer impactos negativos em suas relações de trabalho como resultado de não estarem fisicamente no mesmo local que os colegas. Além disso, o home office pode levar à mistura dos limites entre os ambientes profissional e doméstico, o que pode ser um fator de estresse por si só, um "excesso" de trabalho na esfera doméstica tornando difícil desligar-se — um desafio potencial ao bem-estar e ao equilíbrio entre trabalho e vida pessoal. Combinado com a possibilidade de sentimentos de isolamento e menos oportunidades para relações sociais importantes, é claro que é preciso ter cuidado para garantir que não haja implicações negativas para o bem-estar. Isso será uma responsabilidade conjunta entre funcionário, gestor e a organização por meio de sua abordagem geral do trabalho flexível.

Ao introduzir flexibilidade, deve-se ter cuidado também para evitar o potencial de intensificação do trabalho — o aumento da carga e do tempo de trabalho, um assunto discutido inicialmente no Capítulo 2. Quando se trabalha dessa forma, os funcionários podem descobrir que há chance de as tarefas se intensificarem de várias maneiras. Em primeiro lugar, existem algumas formas de trabalho flexível que facilitam o trabalho mais duro ou mais longo. Por exemplo, quando os funcionários fazem home office, podem ter menos distrações ou fazer menos pausas do que fariam em um ambiente tradicional, como um escritório. Algumas pessoas relatam iniciar ou terminar as atividades ao mesmo tempo que fariam se tivessem que se deslocar, aumentando assim a duração de seu dia de trabalho, ou fazer horários que não estão programados, tais como receber chamadas telefônicas ou responder a e-mails em outros dias e momentos. Os trabalhadores a tempo parcial (ou aqueles com flexibilidade de tempo) podem achar que estão menos cansados ou estão trabalhando quando melhor lhes convêm, em vez do modelo-padrão, o que significa que às vezes podem trabalhar mais. Os funcionários também podem sentir que têm que trabalhar mais como um ato de reciprocidade, e assim farão uma série de sacrifícios ou aumentarão seus esforços. Finalmente, pode ficar a impressão de que eles têm que trabalhar mais duro para atender às expectativas dos gestores e colegas, temendo percepções negativas de sua flexibilidade (Kelliher e Anderson, 2010). Essa pesquisa descobriu que a intensificação do trabalho era um problema muito real tanto para os trabalhadores de horas reduzidas quanto para os trabalhadores remotos. Curiosamente, porém, os funcionários que relataram esse problema também deram pontuações mais positivas às medidas de satisfação e compromisso organizacional do que aqueles em modelo-padrão, o que está mais subjacente ao ponto de que, quando se trata de trabalho bem articulado e flexível, o quadro geral está longe de ser simples.

A comunicação eficaz, o treinamento de gestores e as iniciativas de bem-estar desenvolvidas tendo os trabalhadores de casa em mente podem funcionar juntos para garantir que eles possam alcançar os benefícios de bem-estar da flexibilidade, enquanto minimizam qualquer desvantagem.

As organizações devem procurar incluir o apoio ao equilíbrio entre a vida profissional e familiar dos trabalhadores flexíveis como parte de sua abordagem geral para essa implementação. Simplificando, alguns funcionários precisarão de ajuda para entender que, embora o trabalho flexível signifique que eles podem trabalhar de qualquer lugar e em qualquer momento, isso não significa que eles *tenham* que fazê-lo.

É importante lembrar que o trabalho flexível pode fazer parte de uma gama de intervenções de bem-estar fornecida pela organização em benefício de seus funcionários. Dada sua natureza altamente pessoal e subjetiva, não há uma solução desse tipo que funcione para todos os funcionários. Bons programas proporcionarão aos funcionários escolha e autonomia para permitir seu próprio bem-estar de uma forma que atenda às suas necessidades particulares; em muitos aspectos, essa é a essência do trabalho flexível — maior escolha e controle dos funcionários.

O trabalho flexível não é uma bala de prata para o bem-estar dos funcionários; a natureza subjetiva e individual do bem-estar, combinada com as muitas formas diferentes de trabalho flexível, significa que esse formato de trabalho por si só não abordará questões estruturais e sistêmicas que impactam negativamente os funcionários. A extensão em que se pode proporcionar melhorias individuais de bem-estar varia de acordo com o tipo específico de flexibilidade empreendido. Como em outras iniciativas de bem-estar, algumas pessoas se beneficiarão, enquanto outras não. Naturalmente, não são apenas os funcionários que têm vantagens com um melhor equilíbrio entre profissional e pessoal; também há benefícios para os empregadores em termos de uma força de trabalho mais saudável e feliz, maior produtividade e redução do absenteísmo (Fagan et al, 2011).

Quando o trabalho flexível dentro de uma organização se torna uma norma e não uma exceção, é muito mais fácil os funcionários fazerem uso desse tipo de acordo para melhorar seu equilíbrio entre lado profissional e vida pessoal (Chung e van der Lippe, 2018). Talvez, então, à medida que esses modelos se difundem pela sociedade e organizações, algumas das potenciais consequências negativas discutidas aqui serão reduzidas. Somente o tempo dirá se esse é o caso.

PRINCIPAIS APRENDIZADOS

- O bem-estar no ambiente de trabalho é uma área de crescente interesse para as organizações, e muitas estão implementando programas e iniciativas desse tipo para apoiar seus funcionários.
- O trabalho flexível pode ajudar a enfrentar uma série de questões relacionadas ao bem-estar, desde o estresse do deslocamento pendular até o equilíbrio com as responsabilidades de cuidados, e pode fazer parte de um programa de bem-estar mais amplo.
- O trabalho flexível pode apoiar o bem-estar e o equilíbrio trabalho-vida, mas o nível em que isso pode ser alcançado depende de uma variedade de fatores, incluindo a própria situação pessoal do funcionário e a modalidade realizada.
- O trabalho flexível, especialmente quando o trabalhador tem alta autonomia sobre seu horário, pode ajudar os funcionários a reduzir os fatores de estresse, especialmente aqueles causados pelo deslocamento pendular, e encontrar um equilíbrio efetivo entre trabalho e vida pessoal.
- O trabalho flexível também pode ter um impacto negativo no bem-estar se não for bem administrado; por exemplo, os trabalhadores em casa podem descobrir que os limites entre o trabalho e o ambiente doméstico são indefinidos, ou os trabalhadores em tempo parcial podem sentir uma intensificação das atividades; as organizações devem ter o cuidado de evitar que esses impactos negativos surjam. Os gestores podem ser particularmente importantes para garantir que isso não ocorra.
- Os empregadores não devem presumir que o trabalho flexível será automaticamente bom para o bem-estar dos funcionários; a natureza subjetiva e individual do bem-estar significa que o que é bom para alguns não necessariamente será para outros.

Referências

ALLEN, T.; JOHNSON, R.; KIBURZ, K.; e SHOCKLEY, K. (2013) Work-family conflict and flexible work arrangements: desconstructing flexibility, *Personnel psychology*, vol. 66, ed. 2. Disponível em: <perma.cc/R2VZ-GWYY>.

ARNOLD, J. e RANDALL, R. (2010) *Work psychology: understanding human behaviour in the workplace*, 5ª ed., Financial Times/ Prentice Hall.

CHANDOLA, T.; BOOKER, C.; KUMARI, M.; e BENZEVAL, M. (2019) Are flexible working arrangements associated with lower levels of stress related biomarkers? A study of 6,025 employers in the UK, Longitudinal Study, *Sociology*, vol. 53, ed. 4, p. 779–99.

CHUNG, H. e VAN DER LIPPE, T. (2018) Flexible working: work life balance and gender equality. *Social Indicators Research*. Disponível em: <perma.cc/78H2-YT94>.

CIPD (2016) *Employee outlook, employee views on working life: focus on commuting and flexible working*. CIPD, Londres.

CIPD (2019) *Health and wellbeing at work report 2019*. CIPD. Disponível em: <perma.cc/4NRU-GZGX>.

CLARKE, S. e HOLDSWORTH, L. (2017) *Flexibility in the workplace: implications of flexible working arrangements for individuals, teams and organizations*. Acas. Disponível em: <perma.cc/52XB-KTJ7>.

COOPER, C. e HESKETH, I. (2019) *Wellbeing at work: how to design, implement and evaluate an effective strategy*. Kogan Page, Londres.

Eurofound/International Labour Office (2017) *Working anytime, anywhere: the effects on the world of work*. Publications Office of the European Union, Luxembourg, and the International Labour Office, Geneva. Disponível em: <perma.cc/8W7W-3DQ5>.

FAGAN, C.; HEGEWISCH, A.; e PILLINGER, J. (2006) *Out of time: why Britain needs a new approach to working-time flexibility*. Trades Union Congress. Disponível em: <perma.cc/B87P-XQRV>.

FAGAN, C.; LYNONETTE, C.; SMITH, M.; e SALDANA-TEJEDA, A. (2011) *The influence of working time arrangements on work-life integration or "balance": a review of the international evidence*. Conditions of Work and Employment Series No.32. International Labour Office. Disponível em: <perma.cc/R4DK-8ANK>.

HARVARD BUSINESS REVIEW (2017) A study of 1,100 employees found that remote workers feel shunned and left out. *Harvard Business Review*. Disponível em: <perma.cc/VJ3H-5Q85>.

HSE (2019) *Work-related stress, anxiety or depression statistics in great britain 2019*. Health and Safety Executive. Disponível em: <perma.cc/2AFV-Y5EJ>.

HSE (nd) What are the management standards? Disponível em: <perma.cc/9LQQ-YR5W>.

INTERNATIONAL WORKING GROUP (2019) *Welcome to generation flex: the employee power shift*. Disponível em: <perma.cc/PR9P-84RE>.

KELLIHER, C. e ANDERSON, D. (2010) Doing more with less? Flexible working practices and the intensification of work. *Human Relations*, vol. 63. Disponível em: <perma.cc/94VG-P7XC>.

NEW ECONOMICS FOUNDATION (2008) *Five ways to wellbeing*. Disponível em: <perma.cc/ 44DE-5H7Z>.

OFFICE FOR NATIONAL STATISTICS (2014) *Commuting and personal wellbeing survey*. Disponível em: <perma.cc/W3VW-N3ZV> e <perma.cc/HH9H-NBAN>.

RUSSELL, S. (2019) *How remote working can increase stress and reduce well-being*, The Conversation. Disponível em: <perma.cc/7GC4-9BGS>.

YOUGOV/LLOYDS BANK (2019). Disponível em: <perma.cc/ZW7E-4S5B>.

06

Explorando mitos do trabalho flexível

Apesar dos muitos benefícios evidentes do trabalho flexível, há também um número significativo de mitos (a maioria com conotações negativas) associados a ele. Alguns desses mitos já foram brevemente discutidos; porém, este capítulo irá explorá-los com mais detalhes. Essas crenças podem funcionar como barreiras, tanto para indivíduos que buscam flexibilidade quanto para uma adoção organizacional mais ampla e uma mudança cultural.

Esses mitos variam desde suposições sobre quem gostaria de trabalhar de forma flexível até aspectos práticos de lidar com os pedidos ou mesmo as atitudes dos funcionários nesses modelos. Algumas crenças estão interligadas; quando presentes em uma organização, todas podem ter implicações muito reais para a disponibilidade e o sucesso do trabalho flexível, bem como para a carreira de alguns funcionários. Enquanto alguns mitos são de natureza prática e facilmente desafiados com explicações ou dados simples (como aqueles relacionados a concepções errôneas sobre política e processo), outros estão muito mais profundamente embutidos e ligados a questões mais amplas de cultura organizacional e preconceitos pessoais. Consequentemente, são mais difíceis de serem desconstruídos.

Neste capítulo vamos considerar e desafiar alguns dos conceitos errôneos mais comuns sobre o trabalho flexível, bem como as evidências que podem refutá-los, mas vamos começar por considerar dois mitos importantes e fundamentais que vão ao cerne do trabalho flexível: o modelo-padrão de trabalho e a ideia do "trabalhador ideal". Esses dois muitas vezes andam de mãos dadas; estão no centro do porquê, apesar das evidências dos benefícios do trabalho flexível, ele ainda não é amplamente aceito em todas as organizações e, onde quer que seja, podem acarretar consequências para os indivíduos que optam por realizá-lo.

O trabalhador ideal

O trabalhador ideal dá prioridade ao trabalho acima de tudo. O trabalhador ideal está disponível 24 horas por dia, 7 dias por semana, comprometido com a organização e tem altos níveis de motivação e engajamento. O trabalhador ideal fará um esforço discricionário e terá poucos compromissos fora de seu trabalho. O trabalhador ideal não tirará muitas licenças por doença, está sempre presente e consegue cumprir as tarefas acima e além das expectativas. O trabalhador ideal permanecerá no curso e receberá seus prêmios de serviço de longa duração. O trabalhador ideal provavelmente não quer trabalhar de forma flexível, a menos que contemos aquelas formas que beneficiam a organização, como trabalho remoto durante as férias ou no fim de semana. Quando encontram essa "boa" flexibilidade, é provável que sejam recompensados de uma maneira que o trabalho flexível para cuidar de uma família não será (Chung e van der Lippe, 2018). É muito mais provável que os homens sejam trabalhadores ideais (Chung, 2018).

As políticas de trabalho flexíveis se desviam dessa norma ao introduzir a ideia de que os funcionários têm outras prioridades potencialmente concorrentes e que é possível desejar algo mais: um bom equilíbrio entre as vidas profissional e pessoal. As pessoas que procuram utilizar essas políticas são, portanto, "outras": desviam-se do trabalhador ideal. Logo, é bem possível que elas sejam menos desejáveis como funcionários — ou, na melhor das hipóteses, seriam toleradas. Aqueles que não se enquadram no modelo enfrentam a marginalização na carreira (Wheatley, 2012) e outras formas de estigma. É o mito do trabalhador ideal que também incentiva o presenteísmo, o excesso de trabalho e a glorificação dos negócios.

O trabalhador ideal é um mito: ele ou ela não existe realmente. Cada funcionário, onde quer que trabalhe e qualquer que seja sua profissão, terá prioridades, desejos e necessidades que estão fora ou não são relacionados ao ambiente profissional. Poucas pessoas se contentam em dedicar a vida toda ao seu emprego, excluindo o resto. Apesar dessa realidade, ainda buscamos esse ideal no ambiente de trabalho e julgamos aqueles que não podem cumpri-lo. Recrutamos a partir dessa imagem e, com demasiada frequência, apenas toleramos alternativas. Aqui reside a fonte do estigma enfrentado pelos trabalhadores flexíveis. Trata-se também de uma armadilha; enquanto continuamos a acreditar nele (ou nela), fechamos nossas mentes para outros indivíduos talentosos e para formas totalmente novas de trabalho.

O modelo-padrão

Essa forma de trabalho, referida ao longo deste livro como o modelo-padrão, é uma tradição no ambiente profissional. Podemos traçar o modelo de volta à Revolução Industrial, quando o trabalho saiu das casas e vilarejos e se instaurou em fábricas e depois em escritórios.

Uma semana útil de cinco dias com dois dias de descanso é típica para grande parte do mundo. Muitas vezes, a ideia de um dia (ou dias) de descanso está ligada à observância religiosa. Embora haja variações entre culturas e países, uma semana de trabalho para muitos países é de aproximadamente quarenta horas, ou uma jornada de oito horas, que também tem suas origens lá atrás na história. Após a Revolução

Industrial, trabalhar cargas horárias muito longas era a norma; muitas pessoas trabalhavam 12 horas por dia ou até mais. A campanha por um dia de oito horas foi liderada pelo proprietário de uma fábrica têxtil galesa, Robert Owen. Em 1817, ele defendeu oito horas de trabalho, oito de recreação e oito de descanso para os trabalhadores (TUC, 2019). Levou muitas décadas, porém, antes que isso se tornasse a norma aceita em todo o mundo industrializado, com muitas nações estabelecendo limites na legislação doméstica.

Até o início dos anos 1900, uma semana de trabalho de seis dias era comum, especialmente nas indústrias de manufatura. Henry Ford foi o instigador da mudança aqui; quando a Ford se tornou uma das primeiras empregadoras a adotar uma semana de trabalho de cinco dias em 1926, muitas outras organizações seguiram o exemplo. O resultado dessa mudança para a Ford e seus contemporâneos foi o aumento da produtividade; a produção não diminuiu com a redução de horas, mas sim aumentou. Quase cem anos após a Ford, em 2019, a campanha por uma semana de trabalho de quatro dias teve início, com muitos dos mesmos argumentos sobre os ganhos potenciais de reduzir ainda mais a semana-padrão; só o tempo dirá se a ideia ganhará tração.

Essa é a história do nosso padrão de trabalho atual. Isso não foi elaborado deliberadamente, mas simplesmente evoluiu de acordo com as circunstâncias prevalecentes. Tanta coisa mudou desde 1926, e ainda assim tão pouco mudou também. É um mito que o trabalho precisa ser organizado nesse modelo; é possível trabalhar de forma diferente, caso optemos por fazê-lo.

Juntos, os mitos do modelo-padrão e do trabalhador ideal se combinam para apresentar um desafio muito real à aceitação e à eficácia do trabalho flexível. Em seu tempo, as ideias de Owen e Ford eram revolucionárias; eles desafiaram o status quo — exatamente como os objetivos da flexibilidade pretendem fazer hoje. Antes que possamos verdadeiramente revolucionar o trabalho e seus padrões, existem outros mitos que devemos quebrar.

Outros mitos

O trabalho flexível não é para nossa organização

Esse mito é especialmente perigoso. Não se trata apenas de um trabalho flexível, mas de uma mudança em geral. Somos cognitivamente tendenciosos em relação ao status quo, e geralmente o futuro é um espelho no qual só podemos ver a nós mesmos. Quando surge algo novo que desafia nossa visão do mundo, algumas pessoas adotam e outras ignoram. O mito "não se aplica aqui" e tem sido proferido sobre muitas coisas (sendo as mídias sociais para empresas um exemplo bastante recente), e o trabalho flexível é apenas a última novidade a ser rejeitada por alguns dessa forma. Há poucas empresas para as quais a flexibilidade é totalmente irrelevante; não há nenhuma organização que possa ignorar o futuro do trabalho.

Trabalhadores flexíveis não são comprometidos

Há frequentemente a percepção de que quando alguém trabalha de forma flexível (particularmente em tempo parcial) está de alguma maneira menos comprometido com sua organização ou com sua carreira — ou mesmo com ambas. Isso é parte da questão mais ampla em torno do estigma associado a essa forma de trabalho e tem impacto sobre a progressão na carreira dos empregados flexíveis, um assunto ao qual voltaremos mais tarde. Esse é outro mito que pode ser refutado com uma série de evidências. De fato, pesquisas acadêmicas apontam para diversos estudos que mostram que funcionários em tempo parcial podem de fato trazer maior entusiasmo e energia ao seu ambiente profissional (Kelliher e Anderson, 2010).

Criando um precedente

Muitas vezes prevalece o mito de que, se um gestor concorda com um único pedido de trabalho flexível de um membro da equipe, isso de alguma forma o obriga a concordar com todas as solicitações subsequentes — ou mesmo que um único "sim" estimulará um número incontrolável de pedidos de funcionários; haverá uma abertura dos portões da flexibilidade.

É verdade que, quando um Tribunal de Trabalho considera quão razoável um empregador tem sido no caso de uma reivindicação legal, a consistência da abordagem pode ser um fator relevante. Entretanto, concordar com um único pedido não estabelece um precedente interno vinculativo. Os gestores podem considerar as solicitações na ordem em que são recebidas e com base nas circunstâncias do momento do pedido. Portanto, é inteiramente viável dizer sim a um indivíduo (por exemplo, um pedido para trabalhar horas reduzidas), mas dizer não a outra reivindicação semelhante se não puder ser acomodada. No entanto, tais circunstâncias devem ser gerenciadas com muito cuidado e, quando os pedidos não puderem ser aceitos, os funcionários devem receber uma explicação clara para evitar reclamações ou redução da moral.

É possível que, a partir do momento que alguns empregados começarem a trabalhar de forma flexível, isso leve a uma maior conscientização das oportunidades de trabalho flexível; o que, por sua vez, pode levar ao recebimento de pedidos adicionais. Isso não tem que ser visto como um problema, mas sim como uma oportunidade. Se houver solicitações adicionais feitas, cada uma deve ser tratada com base em seus próprios méritos. Em vez de se preocupar com um afluxo de reivindicações, uma reformulação útil dessa situação é que pedidos adicionais são simplesmente novas oportunidades para engajar e motivar os funcionários existentes.

Se eu não puder ver as pessoas trabalhando, elas podem tirar proveito

Esse é outro mito que pode ser expresso abertamente pelos gestores ou apenas implícito em suas ações ou comportamentos. Não é raro encontrá-los preocupados que funcionários que não estão sendo diretamente supervisionados procrastinem ou se finjam de doentes, como os que fazem home office ou aqueles em horários diferentes dos de outros membros da equipe. Essa percepção está relacionada ao nosso modelo tradicional, em que todos realizamos atividades no mesmo local e geralmente estamos visíveis uns para os outros. Os leitores que estudaram administração ou recursos humanos podem muito bem se lembrar das teorias tradicionais de motivação no ambiente profissional. A Teoria X e a Teoria Y de Douglas McGregor (Mullins, 2016), por exemplo, são bem conhecidas. A Teoria Y assume que os trabalhadores podem ser confiáveis, são automotivados, buscam responsabilidade e podem trabalhar por iniciativa própria. Em contraste, a Teoria X deriva de uma posição de baixa confiança. Presume-se que os empregados sejam preguiçosos e requeiram supervisão e direção constantes, sem as quais operarão apenas no seu próprio interesse. Isso leva ao que muitas vezes é conhecido como gerenciamento do tipo "comando e controle". Essa teoria pode ter várias décadas, mas muitas práticas atuais no ambiente de trabalho ainda se baseiam nessa visão de mundo. Embora as teorias de McGregor representem uma visão binária da gestão de pessoas e da motivação, a atitude de que os funcionários não podem ser confiáveis se não puderem ser vistos deriva firmemente do lugar da Teoria X, muitas vezes profundamente enraizada na cultura de uma organização. É claro que é inteiramente possível que alguns empregados, sem supervisão, possam não concluir suas tarefas, tirar vantagem ou procrastinar: no entanto, isso é igualmente possível de se conseguir em um ambiente tradicional.

Existem poucos locais nos quais um indivíduo pode ser continuamente monitorado quanto ao desempenho, e em relação ao trabalho de conhecimento isso é quase totalmente impossível. Gestores com essa preocupação em particular exigirão a garantia de que há processos a partir dos quais essa questão, se surgir, pode ser abordada.

O trabalho precisa ser cara a cara

Dentro de muitas organizações, a posição-padrão é: quando há necessidade de discussão ou colaboração, uma reunião ocorre. Embora a tecnologia nos forneça alternativas viáveis, muitas delas são presenciais, independentemente do custo para a organização ou da conveniência dos participantes. Na prática, a sugestão de encontros on-line ou virtuais não é bem recebida. Quando o trabalho flexível ainda é embrionário dentro de uma determinada empresa, uma reunião virtual muitas vezes significa uma única pessoa ao telefone enfrentando dificuldades para acompanhar a ação de um grupo de indivíduos que não fizeram nenhuma acomodação para seu comparecimento. Em seu livro *The Year Without Pants*, Scott Berkun (2013) reflete sobre o fato de que muitas pessoas duvidam que as reuniões on-line possam funcionar eficazmente, ao mesmo tempo em que ignora o fato de que diversas são presenciais e ineficazes e impopulares.

Trabalhamos cara a cara, e realizamos reuniões, porque sempre fizemos dessa forma. Essas são tradições no ambiente de trabalho. Desafiar esse mito pode simplesmente exigir a demonstração das alternativas — juntamente a algum apoio na utilização da tecnologia relevante.

Os gestores não podem trabalhar de forma flexível

Outra crença limitante que impacta a disponibilidade de acordos é que o trabalho flexível é adequado apenas em, ou para, um certo nível dentro de uma organização, e não para funções gerenciais ou mesmo de alto nível. Esse mito particular pode levar os funcionários a "descer" para posições de menor responsabilidade, a fim de poder trabalhar de forma flexível e fazer escolhas de carreira potencialmente desnecessárias. Essas escolhas particulares têm um impacto desproporcional sobre mulheres que tiveram filhos. Os cargos de liderança e administração podem ser assumidos de forma flexível e há muitos exemplos de sucesso que mostram para esse mito a ficção que ele é. Anualmente, a empresa de trabalho flexível Timewise cria e publica em seu site os prêmios Power 50, destacando os líderes seniores que trabalham dessa forma — muitos dos quais fazem horas reduzidas ou participam de cargos compartilhados — prova, caso seja necessário, que as pessoas em posições de chefia podem absolutamente adotar esse modelo de trabalho quando a organização é solidária. Onde gestores e líderes seniores têm padrões flexíveis, isso pode fornecer um modelo poderoso para outros funcionários e ajudar a enfrentar esse mito em particular e outros. Compartilhar as histórias de sucesso dos funcionários seniores, os modelos em que eles trabalham e como os tornam efetivos pode ajudar tanto a impulsionar mudanças culturais quanto a fornecer "permissão" para que outros busquem o mesmo.

Os trabalhadores flexíveis são difíceis de gerenciar

Como uma objeção geral ao modelo, alguns gestores levantarão a preocupação de que se os indivíduos estiverem trabalhando em um horário ou local diferente do deles ou do restante de uma equipe que tem padrões mais tradicionais, isso será de alguma forma mais oneroso do que gerenciar no modelo-padrão de segunda a sexta-feira, em uma jornada de oito horas. A gestão de um trabalhador flexível depende da confiança e de resultados, em vez da presença. Para alguns, isso requer uma mudança de *mindset* que desafiará suas ideias fundamentais sobre como a gestão é realizada. Não há evidências que sugiram que esses funcionários sejam mais difíceis de gerenciar do que seus colegas que estão em escritórios e horários tradicionais. No entanto, os gestores podem precisar repensar *como* o fazem. Reuniões regulares um a um, estabelecimento de objetivos, avaliações de desempenho e comunicação regular são boas práticas para todos os gestores em relação a seus relatórios diretos. Cada um deles se torna ainda mais relevante quando se trata de empregados em outros modelos. Os gestores não podem mais contar necessariamente com reuniões "de corredor" ou com conversas incidentais. As interações podem precisar ser mais deliberadas, planejadas e focalizadas. Isso não significa necessariamente fazer nada além do que é tipicamente considerado uma boa prática.

Trabalhar com flexibilidade significa trabalhar menos horas

Muitas pessoas pensam que trabalhar de forma flexível significa trabalhar menos. Como já vimos no Capítulo 1, há muito mais do que o tempo parcial. Muitos modelos, incluindo horários anualizados, compactados e quinzenas de nove dias, ainda exigem que os funcionários trabalhem o mesmo número de horas que aqueles que realizam uma semana típica em tempo integral; eles são simplesmente organizados de forma diferente da norma tradicional.

O trabalho flexível é inadequado para muitas funções

Há sem dúvida alguns tipos de funções e profissões para os quais há menos oportunidades de trabalho flexível — ou pelo menos alguns de seus modelos. Por exemplo, um funcionário do comércio varejista que presta atendimento presencial ao cliente não consegue fazer home office e talvez não possa ter horário flexível. Entretanto, isso não deve levar a suposições sobre setores inteiros, organizações ou funções específicas de trabalho. Um trabalhador do varejo pode ser capaz de desempenhar outras formas de flexibilidade, tais como autorregulação, compartilhamento de trabalho ou horário comprimido.

Assim como ocorre com todas as novas tecnologias ou tendências, é fácil para os gestores (ou mesmo organizações inteiras) formar uma crença de que essas novas abordagens não se aplicam a eles. Há muitos exemplos de empresas de alto perfil que não conseguiram identificar mudanças e desafios externos fundamentais para seu modelo de negócios e sofreram sérias consequências como resultado. É um mito presumir que o trabalho flexível é adequado apenas para algumas funções e não para outras.

O trabalho flexível é uma questão de mulheres (ou de mães)

A história do trabalho flexível e sua concepção original como um direito dos pais de crianças pequenas foi, em certa medida, responsável pela ideia de que o trabalho flexível é para os pais e, em particular, para as mães que retornam após a licença-maternidade. Esse foco restrito leva a oportunidades perdidas de usar esses modelos para atingir objetivos sociais e econômicos mais amplos (Fagan et al, 2006).

As evidências que já consideramos demonstraram que essa percepção é falsa. De fato, de acordo com os dados da sua pesquisa *UK Working*

Lives 2019, da CIPD, as responsabilidades de cuidados foram os principais motores do trabalho flexível para menos de um quarto dos funcionários (esse número incluía tanto os cuidados de crianças como os de outros parentes). No entanto, há uma série de fatores sociais que contribuem para essa visão de que se trata de cuidados infantis. Devido à diferença salarial entre os sexos, as mulheres frequentemente ganham menos do que seu parceiro masculino. Portanto, se um dos pais deseja reduzir seu horário de trabalho após o nascimento de um filho, muitas vezes isso significa que será quem ganha menos — geralmente a mãe. Em segundo lugar, as mulheres ainda realizam a maior parte do trabalho doméstico, incluindo os cuidados infantis. Portanto, embora o trabalho flexível não seja necessariamente mais desejado pelas mães em termos de metas e objetivos pessoais, e apesar das pesquisas (discutidas no Capítulo 4) sugerirem que muitos pais querem mais flexibilidade e envolvimento com os cuidados infantis, ainda são muitas vezes elas que solicitam esses formatos. O fato de que esse é o caso perpetua ainda mais o problema: os pais que querem trabalhar com flexibilidade não são vistos como a norma, apresentando barreiras ainda maiores para eles quando assim o desejam.

Infelizmente, muitos pais relatam desafios semelhantes aos enfrentados pelas mães. Uma pesquisa de 2019 constatou que dois em cada cinco pais tiveram seus pedidos de trabalho flexível recusados e um em cada cinco que trabalham dessa forma se sentem discriminados por seus gestores e colegas (People Management, 2019). Uma pesquisa de 2019 da Deloitte com três mil pais constatou que um terço dos que têm crianças pequenas estava procurando mudar de empregadores para encontrar uma função com maior flexibilidade que lhes permitisse passar mais tempo com seus filhos.

O mito de que o trabalho flexível é principalmente para os pais também pode ser desafiado pelo posicionamento de uma organização. O Family and Childcare Trust advertiu (em um relatório ao Women and Equalities Committee) que "as práticas de trabalho flexível podem se tornar estigmatizadas se forem promovidas somente como uma opção para pais e cuidadores" (2016). Em vez de incluir políticas com informações e comunicações sobre benefícios "favoráveis à família", as diretrizes de trabalho flexíveis devem ser posicionadas como disponíveis para todo o pessoal.

Do ponto de vista da política, não é incomum descobrir que ela (ou formulário de pedido padrão) pede aos funcionários que declarem suas razões para desejar trabalhar de forma flexível como parte do processo. É provável que essa prática remonte à estrutura legislativa anterior, em que as solicitações só estavam disponíveis para os pais e responsáveis. Essa exigência é problemática por várias razões. Primeiramente, ela convida a um julgamento de valor por parte do gestor que está considerando o pedido. É, por exemplo, mais desejável dizer sim a um cuidador do que de a um indivíduo que deseja reduzir seu tempo de viagem ou estudar? Um pedido é mais "digno" do que outro? Em segundo lugar, essa abordagem sugere que a razão para solicitar flexibilidade é de alguma forma relevante para a decisão sobre se ela pode ou não ser aprovada. Pode, por sua vez, levar a uma discussão sobre se o funcionário é obrigado a "provar" essa necessidade. Não deve haver hierarquia quando se trata do desejo e recebimento de trabalho flexível. Se aceitarmos que esse modelo pode levar a benefícios tanto para indivíduos quanto para organizações, não deve haver nenhuma exigência de que os funcionários especifiquem suas razões para querer realizá-lo. Esta é essencialmente outra parte do reenquadramento necessário: apoiar empregados a trabalharem assim porque eles querem, não porque precisam. Quando as políticas ou formulários têm tal exigência de processo, sua remoção é recomendada.

O trabalho flexível é um assunto que está repleto de mitos, e os funcionários nesse formato estão frequentemente sujeitos a estereótipos negativos. Esses mitos contribuem para o quadro complexo do trabalho flexível no Reino Unido. Assim como as barreiras discutidas no capítulo anterior, as crenças errôneas interferem no caminho da aceitação e adoção. Os mitos podem ser derrubados, mas levará tempo, provas e ações concertadas de múltiplas partes interessadas. Quando somos bem-sucedidos, todos se beneficiam.

Se você se deparar com esses mitos em seu ambiente de trabalho, pode usar as provas e informações relacionadas dos Capítulos 2, 3 e 4 para ajudá-lo a refutá-los.

No próximo capítulo, exploraremos outro tópico que apresenta um desafio para um futuro mais flexível: as barreiras para um trabalho flexível efetivo e a operação contra os próprios trabalhadores.

PRINCIPAIS APRENDIZADOS

- O trabalho flexível está associado a numerosos mitos, muitos dos quais podem formar uma barreira para sua aceitação e sucesso.
- Alguns desses mitos estão relacionados a estereótipos e preconceitos inconscientes.
- Alguns desses mitos dizem respeito às crenças sobre os próprios trabalhadores flexíveis, e outros dizem respeito à operação dos acordos.
- Muitos dos mitos associados ao trabalho flexível não resistem ao escrutínio e carecem de uma base de provas; eles podem, entretanto, ser difíceis de mudar e exigirão um esforço contínuo das organizações.
- Alguns mitos podem ser específicos de determinadas organizações; pode ser útil entender quais são predominantes em qualquer negócio, além daqueles mais comumente encontrados.

Referências

BERKUN, S. (2013) *The year without pants, Jossey-Bass*. San Francisco, CA.

CHUNG, H. (2018) Gender, flexibility stigma and the perceived negative consequences of flexible working in the UK. *Social Indicators Research*. Disponível em: <perma.cc/X2SU-VXBG>.

CHUNG, H, e VAN DER LIPPE, T. (2018) Flexible working: work life balance and gender equality. *Social Indicators Research*. Disponível em: <perma.cc/78H2-YT94>).

CIPD (2019) *Working lives survey*. Wheatley, D. e Gifford, J., CIPD, Londres.

Deloitte (2019) *The millennial dad at work report*, em associação com Daddilife. Disponível em: <perma.cc/K8MV-NSSH>.

FAGAN, C.; HEGEWISCH, A; e PILLINGER, J. (2006) *Out of time: why Britain needs a new approach to working-time flexibility*. Disponível em: <perma.cc/B87P-XQRV>.

KELLIHER, C. e ANDERSON, D. (2010) *Doing more with less? Flexible working practices and the intensification of work*. The Tavistock Institute.

MULLINS, L. (2016) *Management and organizational behaviour*, 11ª ed., Pearson.

PEOPLE MANAGEMENT (2019) Fathers struggle to get the flexible work they need, says survey. *People Management*. Disponível em: www.peoplemanagement.co.uk/news/articles/.

TUC (2019) *A four-day week with decent pay for all? It's the future*. Disponível em: <perma.cc/NE3C-BME9>.

WHEATLEY, D. (2012) Work–life balance, travel-to-work and the dual career household, *Personnel Review*, 41(6).

WHEATLEY, D. e GIFFORD, J. (2019) *Working lives survey*. CIPD. Disponível em: <perma.cc/ TX9A-5S83>.

Women and Equalities Committee Report (2016) *Gender pay gap*. Disponível em: <perma.cc/6TAU-X4KQ>.

07

As barreiras ao trabalho flexível e como superá-las

O Capítulo 6 explorou a complexa mistura de mitos associados ao trabalho flexível e aos próprios trabalhadores. Além desses, existem também múltiplas (e às vezes interligadas) barreiras para a aplicação efetiva do trabalho flexível em nível organizacional, bem como sua aceitação mais ampla no mundo corporativo. De acordo com a pesquisa da CIPD, os obstáculos mais comumente citados são: a natureza do trabalho que os funcionários fazem em sua organização (27 por cento); atitudes negativas dos gestores seniores (15 por cento); e atitudes negativas dos supervisores e gestores de linha (14 por cento) (2016).

Algumas das barreiras ao trabalho flexível estão relacionadas a questões práticas, enquanto outras são percebidas ou atitudinais. Fundamentalmente, muitas são culturais. Algumas delas são bastante típicas para muitas organizações, mas outras são específicas para o contexto particular, indústria ou tipos de funções. A partir da identificação dos obstáculos, torna-se possível planejar estratégias e tomar medidas a fim de superá-los ou mitigá-los — quando uma organização deseja o suficiente para fazê-lo. Este capítulo explorará algumas das principais barreiras e desafios relacionados à adoção e à aceitação de abordagens flexíveis.

Cultura organizacional

A cultura organizacional é frequentemente explicada como "a maneira como as coisas são feitas por aqui". Ela é descrita mais formalmente por meio dos valores, atitudes, crenças, experiências e comportamentos compartilhados tanto pela empresa quanto pelas pessoas que nela trabalham. Em cada ambiente profissional existe tanto uma organização formal quanto uma informal. O aspecto formal da cultura é o que vemos nas estruturas, políticas e estratégias projetadas. É aquilo que é defendido. Ao lado dele, e sempre presente, está o informal, que é composto de canais informais de comunicação, relacionamentos pessoais, líderes informais, histórias e sentimentos. Essa estrutura não é projetada ou deliberada. Surge naturalmente e às vezes apesar de ou em contraste com sua contraparte formal. O trabalho flexível como ideia e abordagem existirá em ambos. Por isso, é necessário prestar atenção às necessidades e operações desses dois elementos quando quisermos influenciá-los.

A cultura é altamente influente na forma como a mudança é recebida e ocorre — bem como se ela é bem-sucedida no final. Ela pode ser notoriamente difícil de ser mudada, mas não impossível. Retornaremos a esse assunto mais adiante quando discutirmos a implementação de estratégias de trabalho flexíveis. Especificamente em relação a esses modelos, de acordo com uma pesquisa global do International Workplace Group (2019), sessenta por cento dos entrevistados disseram que a mudança de culturas organizacionais não flexíveis de longa data é um obstáculo à sua introdução.

Mesmo quando se tenta uma mudança formal, às vezes os aspectos informais da cultura impedem seu progresso. Pode haver uma tensão entre o que se diz ser sua cultura (ou o que ela quer que seja) e o que é vivenciado pelos funcionários no dia a dia. A cultura de uma organização influencia como o trabalho é feito na prática. Considere, por exemplo, como as pessoas se reúnem para colaborar ou tomar decisões. Para muitas empresas e equipes, uma reunião cara a cara é a abordagem-padrão. Todas as pessoas relevantes estarão em uma sala, independentemente de quanto tempo leva para cada participante ir até lá ou de quão conveniente é o local. Haverá uma discussão, ações serão acordadas e cada participante retornará ao seu posto de trabalho. Embora existam, sem dúvida, boas razões para as equipes se reunirem pessoalmente, nem sempre é necessário que aconteça dessa forma, mas muitas vezes elas continuam a fazê-lo porque essa é a cultura predominante; a forma como as coisas são feitas por aqui. A tecnologia nos proporcionou muitas alternativas às reuniões presenciais, desde espaços de colaboração on-line (reduzindo a necessidade de discussões em tempo real), videoconferência ou aplicativos como o Skype. Embora grande parte dessa tecnologia já esteja disponível há alguns anos, a cultura da organização pode ainda não a ter adotado. Portanto, a questão não é simplesmente de disponibilidade ou acesso (o Skype pode ser acessado de qualquer laptop ou celular), mas de adoção e tradição (cultura). Dessa forma, é possível observar que a cultura organizacional pode fornecer uma barreira por si só.

Atitudes e crenças são parte da cultura organizacional. Como já vimos, infelizmente há muitas percepções negativas e associações com o trabalho flexível. Algumas delas são os mitos que consideramos no Capítulo 6. Com muita frequência, gestores e empresas confundem estar presente com ser produtivo; ver é, portanto, gerenciar. Isso, por sua vez, leva a um problema cultural particular e profundamente prejudicial: o presenteísmo. O "presenteísmo" é estar fisicamente presente no trabalho, possivelmente por mais tempo do que é exigido pelo contrato ou o que é necessário para completar as tarefas exigidas, em grande parte com o propósito de ser visto, pois se entende que isso é o realmente valorizado. Também pode incluir a frequência ao trabalho quando não se está bem. Estreitamente relacionado ao presenteísmo está outro conceito referido como "licencismo": trabalhar em licença ou outro tempo livre alocado, às vezes, para acompanhar uma alta carga de trabalho. O termo pode ser usado para se referir à prática de usar férias anuais em vez de tirar tempo de folga enquanto não se está bem.

O presenteísmo e o licencismo podem surgir dentro das culturas organizacionais por uma variedade de razões: podem estar relacionados a temores sobre a segurança no emprego, uma vez que pode ser visto como culturalmente inaceitável sair "a tempo" ou simplesmente se "desligar" dos afazeres profissionais, ou podem ser (reais ou percebidas) rotas para promoções ou recompensas. Em algumas organizações, presume-se que as pessoas que estão no escritório por longas horas são mais produtivas ou comprometidas com sua função ou com a própria empresa. Isso pode ou não ser verdade. Pode ser igualmente possível que alguém que trabalhe longas horas esteja enfrentando dificuldades, tenha uma carga inadequada ou recursos muito escassos. Entretanto, se estar presente é visto como bom (e até mesmo recompensado) em uma cultura organizacional particular, o trabalhador flexível estará em desvantagem particular. O que às vezes é referido como "flexismo": uma forma particular de discriminação ou desvantagem por meio da qual os trabalhadores flexíveis estão sujeitos a visões negativas sobre seu nível de comprometimento ou motivação, ou percepções de que não querem perseguir o desenvolvimento ou progressão na carreira. Isso pode surgir como discriminação direta (oportunidades reduzidas de aprendizagem e desenvolvimento, recusa em considerá-los para promoção) ou em outras formas mais insidiosas. Histórias de pessoas que ficam sujeitas a formas inadequadas de "brincadeira" são comuns, bem como formas desdenhosas de linguagem, tais como referir-se a um indivíduo como "*apenas* trabalhando em tempo parcial".

Não há evidências que sugiram que os funcionários que trabalham de forma flexível sejam menos produtivos, comprometidos ou competentes. De fato, uma pesquisa realizada pela Working Families em 2018 descobriu que uma comparação das classificações de avaliação de desempenho do pessoal em tempo parcial superou as de seus contemporâneos em tempo integral. A porcentagem de melhores índices de desempenho para trabalhadores a tempo parcial e de horário reduzido foi maior do que a porcentagem quando comparada com todo o pessoal, de 34 por cento contra 14 por cento, respectivamente. E essa não é a única evidência para refutar esse ponto de vista desatualizado. Os pesquisadores da Universidade de Manchester também descobriram que os funcionários que trabalham de forma flexível têm frequentemente níveis maiores de comprometimento e vontade de "devolver" às suas organizações e, portanto, esses acordos podem funcionar como uma motivação (Clarke e Holdsworth, 2017).

Entretanto, a disponibilidade de provas para contrariar as opiniões negativas dos trabalhadores flexíveis não impedirá que tais atitudes surjam. Como já foi discutido no Capítulo 2, a pesquisa conduzida por Chung (2018) examinou em detalhes o estigma da flexibilidade, explorando percepções de que os funcionários flexíveis eram menos comprometidos ou menos produtivos. Os resultados mostraram que 35 por cento de todos os trabalhadores concordavam com a afirmação de que "aqueles que trabalham flexivelmente criam mais trabalho para os outros"; enquanto 32 por cento acreditavam que aqueles que trabalhavam flexivelmente tinham "menos chances de promoção". Essas constatações eram altamente sexistas: mais homens provavelmente discriminariam os trabalhadores flexíveis e mais mulheres (particularmente mães) provavelmente passariam por isso. Elas indicam que muitas organizações têm um longo caminho a percorrer antes que as formas flexíveis de trabalho sejam normalizadas e aceitas. A mudança de atitudes pode ser um processo longo e complexo.

A confiança é mais uma questão cultural e uma barreira potencialmente significativa para a adoção de um trabalho flexível. Como já identificado, trata-se de um elemento fundamental para permitir a flexibilidade. Esse formato é construído sobre a confiança, a ideia de que as pessoas farão seu melhor mesmo quando não estiverem fisicamente presentes em um determinado local ou sob supervisão direta. Isso é o oposto daquelas culturas em que o presenteísmo e o licensismo prosperam. Uma pesquisa do CIPD (2016) descobriu que 13 por cento dos funcionários dizem que sua organização tem uma cultura que coloca ênfase em ser visto em sua mesa. Essa é uma percepção que deve ser desafiada para que o trabalho flexível possa prosperar para que ele seja uma verdadeira revolução. Ser visto como presente é, naturalmente, sem sentido; não é um indicador de capacidade, competência ou produtividade.

Em termos práticos, a ausência de confiança levará à rejeição de pedidos individuais e ao fracasso em colher o potencial de maior flexibilidade em geral. Algumas formas de trabalho flexível são mais propensas a levantar problemas de confiança em gestores resistentes. Por exemplo, alguém que está realizando um trabalho compartilhado também está trabalhando de forma flexível, mas pode muito bem estar ainda no escritório durante o horário comercial "normal". Alguém em home office, ao contrário, requer quantidades significativas de confiança de um gestor, pois ele não está fisicamente presente. Esse é apenas mais um exemplo em que a forma de flexibilidade escolhida tem um impacto sobre a disponibilidade e os resultados.

No entanto, há algumas organizações que sabem que quando a cultura está focada na flexibilidade e na confiança, os benefícios podem fluir.

ESTUDO DE CASO

Boo Coaching and Consulting

A Boo Coaching and Consulting, especializada em desenvolvimento de liderança e coaching, foi estabelecida com a flexibilidade em mente.

A fundadora, Becci Martin, pretendia que a Boo fosse uma organização que pudesse agregar valor social à comunidade ao lado de seus objetivos corporativos e que fosse também um lugar onde as pessoas quisessem trabalhar, um tipo de ambiente diferente. Isso incluía ser um lugar que também estaria livre das regras e regulamentos que ela havia experimentado na vida corporativa e que tantas vezes frustram os empregados.

Na Boo, não há "horas-padrão". A equipe tem uma série de modelos de trabalho. Alguns funcionários trabalham em tempo integral, mas têm horários de início e fim não padronizados. Outros trabalham horas distribuídas ao longo da semana ou do ano, muitas vezes em torno da disponibilidade de creche, e alguns da equipe combinam o trabalho na Boo em tempo parcial com outros trabalhos ou estudos.

A Boo tem um manual para colaboradores que fala sobre trabalho flexível e convida os funcionários a "falar conosco sobre o que funciona para você". A maioria das discussões sobre o horário de trabalho se dá simplesmente por meio de conversas, não de processos formais. Ao trabalhar diretamente com clientes entregando programas de treinamento ou desenvolvimento, a equipe da Boo trabalhará as horas que atendam às necessidades de seus clientes. Quando não se trata de trabalho voltado para o cliente, ela pode trabalhar de qualquer lugar e, na maioria das vezes, definir seus próprios horários. A exceção é que uma vez por mês todos os membros da equipe se reúnem por um dia em seu escritório central em Bolton, onde se conectam e almoçam juntos. Ao trabalhar remotamente, a equipe organiza seu trabalho usando calendários compartilhados para que todos saibam quando e onde cada um está trabalhando caso precisem entrar em contato uns com os outros. Todos têm a tecnologia necessária para trabalhar remotamente — e não há hora de entrada nem de saída. Até mesmo reuniões podem ser realizadas virtualmente.

Martin faz questão de ressaltar que estar presente não é igual a ser produtivo. Sua filosofia é deixar as pessoas trabalharem de uma maneira que funcione para elas e atenda às suas necessidades pessoais; onde as pessoas possam vir trabalhar e serem autenticamente elas mesmas, pois isso levará a funcionários mais saudáveis e felizes, para os quais o trabalho não é uma tarefa fácil. Em última análise, todos se beneficiam da flexibilidade: funcionários, clientes e a própria Boo.

Enquadramento

Além da cultura da organização, a maior barreira de todas as discutidas aqui talvez seja o fracasso em ver o quadro geral de flexibilidade e seu lugar no futuro do trabalho. O trabalho flexível é frequentemente visto tanto pelos gestores individuais quanto pelas organizações em geral como um benefício para os funcionários. Não a norma, mas uma exceção a ela. Curiosamente, até mesmo a própria definição de flexibilidade do governo é "uma forma de trabalho que atende às necessidades de um funcionário"[1]. Portanto, ela se torna individualizada por natureza. Como vimos, isso é frequentemente reduzido ainda mais, posicionando-o não necessariamente como um benefício para todo o pessoal, mas principalmente

1. Disponível em: <perma.cc/4TVMZXGE>.

para pais trabalhadores, ou, ainda mais restrito novamente, para mães de crianças pequenas. Essa narrativa não reconhece os extensos benefícios para toda a organização que foram explorados no Capítulo 2. Quando a empresa (e seus gestores) enquadra o trabalho flexível como um benefício para os funcionários, pode levar os gestores a encará-lo como uma perda (ou pior, um custo) para a organização. Logo, esse modelo torna-se um benefício unilateral que carece de reciprocidade. Esse é um erro fundamental e enfrentá-lo exige uma reformulação significativa em todos os níveis para que haja aceitação.

Em 2011, o governo da então Coalizão criou uma força-tarefa composta por 21 grandes organizações em vários setores para analisar as práticas de trabalho flexíveis no Reino Unido e como elas poderiam ser desenvolvidas e aumentadas. Essa força de trabalho foi presidida por Sir Winfried Bischoff, presidente do Lloyds Banking Group, e inicialmente nomeada "Employers Group on Workforce Flexibility" (Grupo de Empregadores sobre Flexibilidade da Força de Trabalho). Um reconhecimento das associações negativas ligadas ao trabalho flexível, algumas das quais são discutidas no próximo capítulo, levou esse grupo a renomear-se "Fórum de Trabalho Ágil" em 2013. O termo "ágil" é, naturalmente, muito mais atraente, trazendo consigo conotações totalmente diferentes. Agilidade soa muito mais desejável, um foco muito maior nos negócios e algo que poderíamos querer que nossos funcionários *fossem* em vez de que *tivessem*. Essa mudança foi vista como um ponto de virada significativo para o grupo, sem o qual seus esforços podem ter estagnado; de repente, tornou-se sobre como as organizações poderiam aumentar sua competitividade (Cannon e Elford, 2017).

A fim de convencer uma empresa dos benefícios do trabalho flexível, pode ser necessário repensar a linguagem que usamos, o posicionamento geral da flexibilidade e realizar uma campanha de educação. Com base no exemplo do Agile Future Forum, sobre como gestores, líderes e a organização em geral podem, em última análise, influenciar seu sucesso (ou não).

Uma abordagem alternativa para superar a barreira do enquadramento e posicionamento é que uma empresa adote uma postura proativa e empresarial sobre flexibilidade e introduza o que às vezes é chamado de "trabalho flexível por padrão". Isso muda a abordagem de algo que é solicitado por um indivíduo para algo que está automaticamente disponível para todos os funcionários (e potencialmente candidatos a emprego). Enquanto o modelo atual exige efetivamente que o empregado considere como o trabalho flexível pode ser eficaz em uma base individual e caso a caso, "flexível por padrão" parte do princípio que haverá eficácia. Sob esse esquema, o ônus é colocado em um gestor (ou gestor de recrutamento) para montar um caso para justificar por que o trabalho flexível não seria adequado, e esse caso comercial estaria sujeito a exame minucioso. Essa abordagem inovadora desafia a maneira tradicional de fazer as coisas e pode ajudar a superar múltiplas barreiras, incluindo muitas das discutidas neste capítulo. No entanto, pode não ser popular entre os gestores de pessoas, se adotada.

A flexibilidade por padrão não é comum, mas algumas organizações a estão implementando. Uma delas é a Universidade de Sussex, que anunciou sua adoção em 2018. Sua abordagem de trabalho flexível é central para a criação de um ambiente de igualdade, diversidade e inclusão. A universidade afirma em sua orientação sobre o assunto que "todas as posições serão anunciadas como adequadas para o trabalho flexível por padrão, a menos que um caso comercial claro possa ser feito para o contrário".

Gestores

Os gestores de pessoas são, na maioria das empresas, os indivíduos responsáveis por considerar e aprovar ou rejeitar pedidos individuais de trabalho flexível. Em virtude de sua posição, eles têm influência significativa sobre a cultura da organização, tanto formal como informalmente, e, portanto, sobre se esses modelos são permitidos não apenas em uma base individual, mas mais amplamente aceitos. Pesquisas da Royal Society of Arts (RSA) em 2013 descobriram que muitos gestores eram "tépidos" em relação a isso, com 53 por cento dos funcionários descrevendo uma cultura que ia de tolerância até o desencorajamento ativo (19 por cento).

Alguns gestores estão relutantes em apoiar pedidos de trabalho flexível por uma série de razões. Elas podem estar relacionadas a alguns dos mitos de trabalho flexível identificados no Capítulo 6, tais como a preocupação com a criação de precedentes ou com o fato desses trabalhadores serem mais difíceis de administrar, ou a crença de que serão funcionários menos comprometidos ou motivados. Eles podem estar preocupados com a produtividade, custos adicionais, impacto na qualidade do trabalho ou até mesmo descontentamento de outros em sua equipe. Os gestores, é claro, serão altamente influenciados tanto pela cultura organizacional em que operam quanto pelos líderes mais seniores e suas atitudes em relação à flexibilidade. Essa mistura complexa de crenças, atitudes e influências pode levar em algumas organizações ao que o Escritório de Igualdade do Governo se refere como uma "loteria de gestores de linha" (Nicks et al, 2019). Trata-se geralmente da melhor pessoa para entender se um trabalho pode ser realizado de forma flexível e, portanto, que desempenha um papel fundamental no processo — mas há o risco de que as decisões sejam tomadas com base em fatores irrelevantes. O quanto o funcionário é apreciado? Até que ponto ele é visto como valioso e, portanto, importante de se manter? Qual é o seu nível de desempenho pessoal? Aqui reside o desafio para uma organização e sua função de recursos humanos: assegurar que os gestores possam aplicar seus conhecimentos de forma justa e apropriada e sem recurso a fatores não relacionados.

O trabalho flexível é um processo prescrito pela legislação e isso pode contribuir ainda mais para sua má reputação. A capacidade de solicitá-lo é um direito legal, com um processo formal especificado. Isso pode, por si só, ter uma consequência não intencional, trazendo consigo os tons de algo que um gestor *tem que* fazer; um dever a ser abordado e um processo (potencialmente) longo a ser seguido. O contexto mais amplo, tanto dos benefícios da flexibilidade quanto dela em si, e a natureza mutável do trabalho se perdem na aplicação da política e do processo.

A relutância em adotar o trabalho flexível pode não só ser uma questão de atitude, mas também de habilidades. Muitos gestores dependem principalmente do contato face a face com seus funcionários como sua técnica-padrão. Normalmente, eles terão formas tradicionais de trabalhar tanto para eles quanto para sua equipe que podem ser perturbadas por alguém que queira fazer de forma diferente. Para alguns, isso pode parecer uma ameaça, levando a uma posição defensiva. Gerenciar funcionários flexíveis pode exigir uma abordagem diferente (embora não necessariamente mais difícil), e eles podem precisar de apoio no desenvolvimento dessas habilidades à medida que uma organização caminha para tal abordagem. Um estudo da Henley Management College (2005) chamado *Managing Tomorrow's Worker* concluiu que a gestão de trabalhadores flexíveis tende a levar a uma maior demanda por algumas habilidades de liderança, incluindo comunicação, formação de equipes, tomada de decisões e coaching quando comparadas a padrões mais tradicionais; portanto, equipar os gestores para um futuro mais flexível requer mais do que uma sessão de informação sobre legislação e política. Os gestores de equipes remotas também precisam repensar como avaliam e medem a produtividade e o desempenho, bem como assegurar que haja uma socialização efetiva com a empresa para os trabalhadores remotos (Cooper e Hesketh, 2019).

A falta de aceitação da liderança sênior pode ser uma questão adicional a ser superada dentro de organizações individuais. Os próprios líderes seniores podem sofrer com alguns dos mesmos preconceitos identificados como os de outros gestores de pessoas. Eles podem não apreciar os benefícios comerciais da flexibilidade ou estar preocupados com possíveis implicações negativas para a empresa. Uma segunda barreira é a falta de líderes que trabalhem visivelmente de forma flexível. Isso pode ajudar a perpetuar os mitos de que não é algo possível para cargos seniores, ou não é aprovado. O primeiro passo para enfrentar esse obstáculo em particular é o desenvolvimento de um caso comercial convincente, combinado com um plano prático e operacional que ajudará a reduzir quaisquer preocupações potenciais sobre a implementação ou implicações. Isso será explorado com mais detalhes mais tarde.

A conscientização e o treinamento específico podem ser úteis para tranquilizar os gestores e apoiá-los no desenvolvimento de novas habilidades. Por exemplo, se há a necessidade de um contato casual com a equipe para fins de comunicação, um gestor pode pensar em colocar em um cronograma de reuniões 1:1 regulares. O treinamento fornecido a eles deve incluir a estrutura estatutária, orientação sobre a gestão de pedidos (incluindo como avaliar funções para adequação), benefícios do trabalho flexível e dicas para a gestão de trabalhadores flexíveis, bem como o contexto mais amplo e o desenvolvimento de diferentes habilidades de liderança.

Alguns simplesmente precisarão saber o que há para eles quando se trata de trabalho flexível. O papel que o profissional de RH pode desempenhar é particularmente importante na articulação desses benefícios no contexto específico dentro do qual eles operam.

O estigma da flexibilidade

Como já vimos, as atitudes negativas em relação ao trabalho flexível persistem, e consequentemente o estigma é uma barreira de muitas formas diferentes.

O estigma aparece nos locais de trabalho de muitas maneiras: a partir de discriminação direta e indireta, de "brincadeiras", estagnação de carreira, oportunidades reduzidas e relações de trabalho ruins.

Ele existe como um obstáculo à busca de flexibilidade quando os funcionários acreditam que suas carreiras serão negativamente afetadas, seja em termos de promoção futura ou progressão. É mais provável que as mulheres e mães concordem com essas afirmações negativas e digam que elas mesmas sofreram consequências negativas por trabalharem de forma flexível. Isso provavelmente está relacionado ao fato de que as mães são mais propensas a usar modelos de horas reduzidas, como o trabalho em tempo parcial (Chung e van der Lippe, 2018). Em geral, são as mulheres que temem essas consequências e que têm maior probabilidade de vivenciá-las (Chung, 2018).

O estigma também existe como uma barreira para os candidatos a emprego, que temem que sua candidatura seja tratada menos favoravelmente se levantarem uma questão durante a atividade de recrutamento e seleção.

Finalmente, o estigma também atua como uma barreira para relações de trabalho eficazes, assim como para a aceitação de pedidos individuais. Um número significativo de pessoas acredita que os trabalhadores flexíveis criam trabalho para outras pessoas e têm menos chance de promoção. Em 2013, a RSA publicou um trabalho de pesquisa chamado *The Flex Factor*. Eles segmentaram os funcionários por suas atitudes em relação ao trabalho flexível, e identificaram dois grupos cujas posturas eram amplamente negativas e improváveis de mudar facilmente: os tradicionalistas e os céticos. Eles descreveram o tradicionalista como alguém que prefere o horário-padrão, gosta de rotina e modelos de trabalho bem definidos. O cético tem percepções negativas sobre o assunto, evita mudanças e prefere o status quo (RSA, 2013). Alguns desses indivíduos, sem dúvida, também estarão em funções gerenciais. Podemos reconhecê-los facilmente; muitos de nós talvez possam identificar pessoas que se enquadram nessas amplas descrições dentro de nossas próprias organizações. Trabalhar com esses grupos, especialmente quando também são gestores ou mesmo líderes seniores (discutido mais tarde), será um desafio, mas que é em última instância essencial para a aceitação de formas flexíveis de trabalho.

Colegas

Em algumas ocasiões, o trabalho flexível pode causar atrito entre colegas. Uma atitude "tudo bem para alguns" é frequentemente relatada por aqueles que trabalham dessa forma.

Os trabalhadores flexíveis também reportam o fato de serem alvo de "brincadeiras" sobre suas horas de trabalho. Essa pode ser uma questão particular em organizações onde esse tipo de oportunidade é aplicada de forma inconsistente, ou as crenças e atitudes pessoais de determinados gestores estão no centro da tomada de decisões sobre flexibilidade. Também pode ser uma questão particular quando é algo relativamente novo para uma organização ou equipe específica, ou quando apenas uma pessoa está trabalhando de forma diferente da maioria de seus colegas. O estigma da flexibilidade também pode surgir dos colegas, não apenas dos gestores.

Trabalhar de forma flexível, particularmente à distância, também pode ter um impacto sobre a conexão: em que passo os funcionários se sentem conectados a seus colegas. Quando a maioria de uma equipe trabalha em horário-padrão e um ou dois indivíduos o fazem de forma flexível, isso pode, de tempos em tempos, fazer com que eles se sintam excluídos. De acordo com pesquisas feitas por empresas de trabalho flexível em termos de tempo, dois terços dos trabalhadores em tempo parcial se sentem isolados e menos conectados a suas próprias equipes e acham difícil criar laços profissionais. Estratégias deliberadas para enfrentar essa barreira podem ser simplesmente empregadas por gestores de pessoal; assegurar que trabalhadores remotos não sejam esquecidos ou deixados de fora é uma questão de boa comunicação e um pouco de esforço (Timewise, 2018).

As empresas devem adotar uma abordagem de tolerância zero para comportamentos inadequados em relação aos trabalhadores flexíveis, da mesma forma que adotariam contra qualquer outro tipo de comportamento de exclusão. O treinamento dos gestores pode destacar o potencial para que essa questão surja, bem como sua responsabilidade em seu tratamento.

Consistência da aplicação da política

Ter uma política bem redigida e comunicada é um elemento-chave para permitir um ambiente de trabalho flexível. Entretanto, esse é apenas o ponto de partida; ela também precisa ser bem compreendida e aplicada na prática. Outra barreira regular identificada é a medida em que as organizações aplicam sua política de forma inconsistente, ou, quando ainda que exista uma política, os funcionários são desencorajados de usá-la por vários motivos. É uma queixa comum, especialmente em empresas maiores, onde o que é permitido ou mesmo incentivado em um departamento ou equipe é expressamente proibido em outros. Isso pode ser resultado da opinião de gestores individuais e de suas crenças pessoais sobre o assunto.

É uma barreira prática e real para muitos funcionários, e tem o potencial de levar a uma perda de compromisso e possivelmente até aumentar o número de queixas levantadas. Embora nunca possa haver consistência completa no resultado (sempre haverá pedidos que não podem ser acomodados), uma organização pode visar a paridade do processo e uma consideração razoável de todos os pedidos.

Garantir a consistência da aplicação da política é, em parte, uma função do departamento de recursos humanos. Isso pode ser apoiado pelo fornecimento de aprendizagem e desenvolvimento para os gestores, identificando questões potenciais por meio de feedback dos funcionários e monitorando dados sobre pedidos e seus resultados. Quando os problemas são identificados a partir da análise de dados, devem ser feitas intervenções proativas. Contudo, isso pode ser um desafio para algumas organizações, já que os setores de RH podem não ter visibilidade total de todos os pedidos.

Em uma grande organização com múltiplos tipos de trabalho, é inevitável que haja algumas funções e departamentos nos quais o potencial de trabalho flexível seja mais limitado do que em outros. O que pode parecer uma inconsistência no pedido ou uma "área problemática" pode, de fato, ser uma questão de implementação e é importante distinguir entre os dois.

Assegurar a consistência, combinada com uma comunicação clara quando diferentes abordagens são adotadas, é fundamental para que os funcionários sintam que a abordagem geral do trabalho flexível é justa e razoável.

Recursos humanos

Na pior das hipóteses, a função de RH pode ser uma barreira ao trabalho flexível por si só. O modo exato como essa barreira se manifesta variará de acordo com a organização. Pode ser que o departamento de RH tenha escrito uma política ou processo ineficaz ou excessivamente restritivo.

Alternativamente, esses próprios profissionais podem não compreender os benefícios organizacionais do trabalho flexível, alinhando-se assim com a narrativa de que é um custo ou representa uma perda para o negócio. Finalmente, eles podem conspirar com os gestores e apoiá-los na busca de maneiras de dizer não aos pedidos individuais. Isso não é verdade para todos os profissionais de RH; muitos compreenderão e articularão os benefícios da flexibilidade aos gestores e à organização em geral e os conduzirão à mudança, bem como desafiarão atitudes ultrapassadas quando as identificarem.

Uma função de RH eficaz permitirá o trabalho flexível, compreenderá suas implicações para além do trabalho dos pais e oferecerá um desafio eficaz aos gestores que adotam uma perspectiva negativa para novas formas de trabalho. Eles também serão capazes de adaptar as abordagens de trabalho flexível para se adequarem ao próprio contexto específico da organização, assim como de identificar boas práticas em outras empresas e compartilhá-las internamente. Para que o RH possa cumprir essa responsabilidade, eles também podem requerer treinamento e desenvolvimento específicos. Não é suficiente que esses profissionais simplesmente entendam e sejam capazes de aconselhar sobre a legislação relevante; se eles realmente quiserem apoiar sua organização a estar apta para o futuro, então devem levar seu próprio aprendizado e conscientização a um nível mais profundo. Os departamentos de RH podem ajudar a desenvolver uma cultura na qual o trabalho flexível possa prosperar, se assim o desejarem.

A estrutura estatutária

Como já discutido no Capítulo 1, a legislação britânica que rege o trabalho flexível prevê um tempo mínimo de serviço (26 semanas) antes que um funcionário possa solicitá-lo. A mesma legislação também estabelece um processo a ser seguido pelos empregadores em relação à consideração desse pedido, o que pode levar até um máximo de três meses.

Subjacente a esse período está uma implicação de que o trabalho flexível precisa ser "ganho". Ele começa a partir de uma posição de baixa confiança. Embora supostamente tenhamos identificado um indivíduo como a melhor pessoa para uma determinada função após um (presumivelmente) processo robusto de recrutamento e seleção, ele ainda precisa, de alguma forma, provar a si mesmo antes de poder ser considerado adequado para realizar práticas de trabalho modernas, sem supervisão direta. Essas duas ideias se contradizem.

A legislação britânica foi concebida para apoiar o trabalho flexível, mas a estrutura apresenta uma barreira prática considerável por si só, particularmente em relação à aquisição de talentos. Quando os empregadores exigem que os iniciantes esperem para solicitá-lo, alguns potenciais recrutas poderão nunca sequer optar por se candidatar ao cargo. Os indivíduos que já trabalham de forma flexível em um empregador atual podem não estar inclinados a se candidatar a uma função em que não poderiam sequer solicitar um regime de trabalho flexível por seis meses e correr o risco de serem recusados. A solução alternativa seria candidatar-se ao cargo, encontrar soluções temporárias por seis meses se nomeados, e esperar o melhor para uma candidatura futura, uma situação que muitos não considerariam viável ou praticável.

Alguns empregadores reconheceram esse problema e implementaram políticas melhoradas que permitem aos funcionários fazer um pedido a partir do "Primeiro Dia", ou mesmo durante o período de recrutamento, promovendo essa oportunidade ativamente no anúncio da vaga. Isso pode ser feito por meio de uma simples frase como o exemplo da Working Families, "felizes por falar sobre trabalho flexível", ou informações mais detalhadas sobre os modelos que a organização estaria disposta a considerar para a vaga específica que está sendo anunciada. Tanto o funcionário potencial quanto seu gestor se beneficiariam de uma conversa sobre padrões de trabalho no estágio mais precoce possível do processo — não dentro de seis meses — e tais abordagens políticas facilitam isso. Ao introduzir uma diretriz que apoia os funcionários que se candidatam a formatos flexíveis a partir do primeiro dia de emprego, anunciando as vagas abertas para tal e equipando os gestores para ter essas conversas durante o processo de recrutamento, os empregadores podem reduzir as barreiras inerentes ao processo estatutário.

Outra questão na elaboração da legislação que também representa uma barreira é a disposição de que os funcionários só podem fazer um único pedido em um período sequencial de 12 meses. A intenção dessa cláusula era garantir que os empregadores não estivessem sujeitos a múltiplos pedidos de indivíduos que seriam demorados e inúteis. Entretanto, é inteiramente viável que as circunstâncias da vida possam mudar drasticamente no decorrer de um ano e, portanto, a necessidade de um padrão de trabalho alterado. Esse é um ponto menor, mas ainda pode ser uma questão prática para alguns funcionários. Isso pode ser superado a partir de uma política de emendas para proporcionar discrição gerencial em tais situações.

Tecnologia

A tecnologia permite não apenas flexibilidade, mas novas formas de trabalho, mesmo para aqueles que seguem com padrões mais tradicionais. A maior parte da tecnologia necessária para trabalhar de forma flexível está prontamente disponível em quase todas as organizações. Muitas empresas utilizam software baseado em nuvem e isso, juntamente a uma conexão wi-fi, é tudo o que é necessário para um funcionamento eficaz para muitas ocupações. Nossas mudanças nos tipos de trabalho também reduziram a necessidade de alguns aspectos do trabalho serem síncronos. Entretanto, só porque a tecnologia existe, não significa que as pessoas consigam usá-la de forma eficiente. A capacidade em relação à tecnologia também pode ser uma barreira significativa em potencial. O trabalhador remoto pode ser eficaz com uma gama de ferramentas on-line, mas se seus colegas não puderem (ou simplesmente não quiserem) utilizá-las, isso pode representar uma barreira adicional para um trabalho flexível efetivo. Logo, a tecnologia por si só não é capacitadora do trabalho flexível, ela também deve ser compreendida, aceita e utilizada.

A adoção de tecnologia pode ser impulsionada por uma série de fatores, incluindo a facilidade de uso e a sensação de que existe uma razão convincente para isso. Mesmo quando um trabalhador flexível é capaz de assumir plenamente sua função dessa forma, quando seus colegas não conseguem se envolver com eles remotamente ou por meio de vários tipos de tecnologia, o sucesso do acordo será negativamente afetado. Mesmo que o recurso em si seja fácil de usar, os outros podem não sentir que precisam se envolver com ele para apoiar um colega em padrão flexível.

Embora este capítulo detalhe muitas barreiras ao trabalho flexível, nenhuma delas é insuperável quando existe compromisso e recursos potencialmente disponíveis para superá-las. Isso não é para sugerir que será algo rápido ou fácil: a cultura é difícil de mudar e influenciar, assim como as crenças e atitudes dos indivíduos. No entanto, o enfrentamento dos obstáculos é essencial para a adoção bem-sucedida do trabalho flexível. Fazê-lo é uma responsabilidade combinada entre recursos humanos, líderes, gestores e os próprios trabalhadores flexíveis. Esses funcionários, em particular, podem ajudar a educar e influenciar os outros.

Ao continuarmos este livro, voltaremos a algumas das barreiras discutidas neste capítulo com mais profundidade e como poderemos enfrentá-las por meio da implementação efetiva de estratégias e abordagens de trabalho flexíveis.

PRINCIPAIS APRENDIZADOS

- Há muitas barreiras para o trabalho flexível. Elas podem geralmente ser divididas em obstáculos práticos (como a disponibilidade de tecnologia) e obstáculos com base em atitudes e crenças (como a percepção que as pessoas têm dos trabalhadores flexíveis).
- As barreiras podem trabalhar lado a lado com mitos sobre trabalho flexível e trabalhadores, equivalendo juntos a um obstáculo significativo à adoção do trabalho flexível.
- As barreiras podem ser de natureza geral ou específicas ao contexto particular de uma organização; as empresas devem considerar quais obstáculos se aplicam à sua própria situação única como parte de sua estratégia de implementação.
- Se as barreiras não forem identificadas e enfrentadas, impedirão que os benefícios da flexibilidade sejam plenamente realizados e terão um impacto negativo sobre os trabalhadores flexíveis individuais.
- Abordar essas questões complexas pode não ser rápido ou fácil, mas há muito que as organizações podem fazer para enfrentar as barreiras a um trabalho flexível eficaz. Os obstáculos raramente são intransponíveis.

Referências

CANNON, F. e ELFORD, N. (2017) *The agility mindset: how reframing flexible working provides competitive advantage.* Palgrave Macmillan, Suíça.

CHUNG, H. (2018) Gender, flexibility stigma and the perceived negative consequences of flexible working in the UK. *Social Indicators Research.* Disponível em: <perma.cc/X2SUVXBG>.

CHUNG, H. e VAN DER LIPPE, T. (2018) Flexible working, work life balance and gender equality. *Social Indicators Research*. Disponível em: <perma.cc/78H2YT94>.

CIPD (2016) *Employee outlook, employee views on working life: focus on commuting and flexible working*. CIPD, Londres. Disponível em: <perma.cc/G8WMLLF8>.

CLARKE, S. e HOLDSWORTH, L. (2017) *Flexibility in the workplace: implications of flexible working arrangements for individuals, teams and organizations*. Acas. Disponível em: <perma.cc/52XBKTJ7>.

COOPER, C. e HESKETH, I. (2019) *Wellbeing at work: how to design, implement and evaluate an effective strategy*. Kogan Page, Londres.

Henley Management College (2005) *Managing tomorrow's worker*. Disponível em: <perma.cc/SM2DNTLL>.

International Workplace Global Workplace Survey (2019) *Welcome to generation flex: the employee power shift*. Disponível em: <perma.cc/PR9P84RE>.

NICKS, L; BURD, H; e BARNES, J (2019) *flexible working qualitative analysis: organizations' experiences of flexible working arrangements*. Government Equalities Office. Disponível em: <perma.cc/T785L3DK>.

RSA (2013) *The flex factor: realizing the value of flexible working*. Disponível em: <perma.cc/V4SAMLMT>.

Timewise (2018) *Part-time work: the exclusion zone*. Disponível em: <perma.cc/8NGLYNVG>.

UK government: definition of flexible working: Disponível em: <perma.cc/L4FU6FM3>.

Universidade de Sussex (2018) *Embracing the university's flexible working procedure*. Disponível em: <perma.cc/99LZFES4>.

Working Families (2018) *The modern families index 2018*. Disponível em: <perma.cc/G857D3E4>.

PARTE DOIS

Introduzindo o trabalho flexível

O guia prático

A Parte Um deste livro analisou os argumentos mais amplos e as evidências relacionadas ao trabalho flexível, baseando-se em uma série de pesquisas, estudos e pensamentos dos principais profissionais. O objetivo era estabelecer o cenário pelo qual o trabalho flexível é uma questão crítica de negócios e como ele pode nos ajudar a enfrentar alguns de nossos principais desafios atuais no ambiente de trabalho, desde a inclusão até a responsabilidade social corporativa. Também foi explicado que esse modelo não é uma panaceia, uma solução rápida ou sem seus desafios. O trabalho flexível nos leva a questionar algumas de nossas ideias mais fundamentais sobre trabalho e ambientes profissionais.

Tendo exposto tanto os benefícios quanto os desafios, esta parte se voltará para os aspectos práticos de uma implementação bem-sucedida. Ela parte do princípio que uma organização deseja adotar um futuro mais flexível e, portanto, requer o desenvolvimento de uma estratégia e abordagem para fazê-lo.

Como tal, esta seção começa definindo os fundamentos necessários de um ambiente profissional flexível, no qual essas formas de trabalho podem florescer, bem como proporcionar os benefícios potenciais explorados na Parte Um. Essas são as bases do trabalho flexível. Há seis elementos de uma organização verdadeiramente flexível, alguns dos quais exploraremos com mais profundidade ao longo da Parte Dois deste livro, bem como orientações sobre como eles podem ser alcançados.

Esta seção do livro explorará a construção de um caso comercial para o trabalho flexível, desenvolvimento de políticas eficazes e outros passos para assegurar que a organização esteja pronta para avançar em direção a um futuro mais flexível. Ela considerará como comunicar sua estratégia, bem como a forma de medir efetivamente o progresso e o sucesso das iniciativas.

Finalmente, uma seção de ferramentas detalhadas fornecerá uma série de exemplos de documentos de orientação para funcionários e gestores de pessoal que os leitores podem adaptar para seus próprios propósitos. Essas ferramentas incluem um documento com perguntas frequentes (FAQ) e exemplos de elaboração de anúncios de emprego e cláusulas de política.

08

Do *compliance* à cultura

Seis elementos de um ambiente de trabalho verdadeiramente flexível

Até agora, exploramos os benefícios potenciais do trabalho flexível, e as barreiras, desafios e mitos a ele associados. Para aqueles que estão convencidos de que é realmente a hora dessa revolução, vamos agora nos voltar para os aspectos práticos da sua realização. Para que uma organização abrace plenamente o trabalho flexível e aproveite seus muitos benefícios, há uma série de elementos-chave que já devem existir ou ser conscientemente desenvolvidos em parceria entre (tipicamente) os líderes seniores e a equipe de recursos humanos. Esses elementos-chave são as bases para a flexibilidade e uma série de aspirações a serem atendidas pela empresa que deseja passar de uma *compliance* de trabalho flexível (com os padrões mínimos da lei) para uma cultura verdadeiramente flexível. Eles também são as bases para organizações que querem passar da flexibilidade sendo meramente tolerada para uma em que ela seja realmente celebrada, e que progrida além do estereótipo de pais e cuidadores que trabalham. Somente mudando as culturas podemos abordar algumas das questões mais profundas que estão associadas a esses modelos, e fazê-los a norma e não a exceção.

Os seis elementos

1. Flexibilidade para todos (ou para o maior número de pessoas possível)

Há algumas funções e profissões em que introduzir mais flexibilidade é, pelo menos em teoria, simples e direto, partindo do princípio que a organização esteja disposta a se afastar do modelo-padrão. O tipo a que tendemos a nos referir como "trabalho de conhecimento", por exemplo, é talvez o mais fácil de ser realizado dessa forma. São funções que, como o termo sugere, requerem conhecimento específico e seu processamento. É o trabalho que demanda reflexão. Exemplos podem incluir contadores, profissionais de RH, arquitetos, engenheiros, escritores, comerciantes, acadêmicos ou solicitadores. Ele é potencialmente flexível na maioria, se não em todas, as dimensões de quando, onde e como é realizado. Por outro lado, há algumas profissões em que é mais difícil, se não impossível, trabalhar de forma flexível (certamente no sentido tradicional da palavra). Exemplos incluem funções em que é necessária uma presença física em determinados momentos, como lojas de varejo, serviços de buffet, trabalho de segurança ou um ensino escolar. É muito fácil assumir uma situação binária na qual algumas funções podem ser adequadas para o trabalho flexível e outras não. Algumas vezes, essas decisões são sobre o cargo: os acordos de trabalho flexível são baseados na nota ou hierarquia, ao contrário da natureza do trabalho realizado. Em algumas organizações, a possibilidade de trabalhar de forma flexível é vista como um privilégio ou parte do pacote de benefícios.

Embora as opções de trabalho flexível em algumas funções sejam inevitavelmente mais restritas (o home office não estará disponível, por exemplo, onde uma presença física é necessária em um determinado momento), isso não significa que *não* haja flexibilidade possível. Essas funções podem não se prestar a todos os formatos, mas alguns poderiam ser acomodados. Por exemplo, o compartilhamento de trabalho ou a auto-organização são exemplos de como uma empresa pode proporcionar aos funcionários maior grau de autonomia em relação aos padrões de trabalho, mesmo que eles não possam ser flexíveis sobre onde e como as tarefas são realizadas. Uma organização verdadeiramente flexível rejeitará ideias arbitrárias sobre quem pode adotar um determinado modelo e baseará as decisões sobre acordos de trabalho em provas. As organizações que rejeitam o trabalho flexível para algumas pessoas ou alguns tipos de funções estão vendo esse padrão através de sua lente mais estreita. Também não é aceitável que uma organização diga não a alguns funcionários porque eles não podem dizer sim a outros, como nos dizem os dados em torno da atração e retenção de talentos, essa não é uma opção viável a longo prazo.

Algumas organizações, tendo isso em mente, estão adotando a ideia de "flexível por padrão", que parte da premissa de que todas as funções podem ser realizadas dessa forma e se alguém (como um gestor de pessoas) acredita que não podem, deve fornecer a justificativa apropriada para que isso seja o caso. Com criatividade e mente aberta, a flexibilidade pode ser mais viável do que parece, ou alguns podem acreditar.

Onde houver flexibilidade para todos na organização (ou para o maior número possível de pessoas), isso ajudará a mudar a cultura e reduzir o estigma que pode surgir quando ela é desempenhada apenas por um pequeno grupo de indivíduos (muitas vezes pais). Quando não está disponível para todos ou para a maioria dos funcionários, as empresas correm o risco de criar uma força de trabalho de dois níveis, daqueles que podem e daqueles que não podem. Isso servirá apenas para criar tensões entre funcionários e equipes e perpetuar algumas das barreiras discutidas no Capítulo 7.

A verdadeira mudança cultural será possibilitada se assumirmos que todos irão, e podem, se beneficiar de algum grau de flexibilidade no trabalho.

2. *Aceitação da flexibilidade em todas as suas formas*

Como já vimos, o trabalho flexível pode assumir muitas formas e a ideia chega significativamente além do estereótipo típico de uma mãe que retorna da licença-maternidade. Contudo, sabemos também que algumas das formas mais populares, como tempo parcial, são aquelas com as quais estamos mais familiarizados. Outras talvez mais criativas, como o horário comprimido ou as quinzenas de nove dias, são significativamente menos utilizadas. Isso pode ser porque as organizações e seus funcionários simplesmente não estão familiarizados com elas, ou porque os gestores não têm certeza de como fazê-las funcionar. Apesar do fato de os funcionários poderem legalmente fazer um pedido para qualquer forma de trabalho flexível, não é raro encontrar situações em que uma determinada forma de trabalho flexível seja desencorajada ou totalmente proibida.

A adoção bem-sucedida do trabalho flexível não limitará os formatos disponíveis para os funcionários, mesmo que não tenham sido realizados anteriormente. Do meio período ao trabalho compartilhado, do horário flexível à quinzena de nove dias, existe uma cultura flexível onde os funcionários têm uma ampla gama de acordos possíveis e são julgados por seus resultados e não por suas horas de trabalho.

Uma organização verdadeiramente flexível estará preparada para considerar ou experimentar outras formas sugeridas pelos funcionários e experimentar o que pode ser possível, em vez de fazer suposições sobre o que funcionará e o que não.

3. *Alta confiança*

O trabalho flexível é mais eficaz em ambientes de alta confiança. Ernest Hemingway disse que a melhor maneira de descobrir se você pode confiar em alguém é confiar. Porém, a confiança infelizmente nem sempre está presente nas organizações ou nas relações entre os gestores e seu pessoal. Isso é frequentemente evidenciado por muitas políticas de ambiente de trabalho, cujo tom assume que o mau comportamento ou a exploração da prestação de benefícios será inevitável. Infelizmente, há uma tendência em muitas organizações de confundir presença com desempenho. Presume-se que os funcionários que trabalham longas horas sejam comprometidos e produtivos. Isso não é necessariamente exato e pode, de fato, indicar questões de natureza mais problemática. Essas ideias ultrapassadas podem levar ao presenteísmo, o comparecimento ao trabalho enquanto doente já foi identificado como uma questão empresarial significativa. É claro que é mais sensato medir o desempenho com base nos resultados, em vez de "tempo de face".

Com demasiada frequência na relação de trabalho, esperamos que as pessoas ganhem nossa confiança, em vez de partir dessa posição. Vemos isso de muitas maneiras por meio dos processos de nosso pessoal. Considere, por exemplo, os períodos de experiência para iniciantes: gostamos tanto de alguém que lhe oferecemos um emprego, mas não sem uma advertência no caso de não se tornar tudo o que esperávamos. O mesmo se aplica ao trabalho flexível e ao período de espera de 26 semanas. Isso sugere o que consideraremos trabalho flexível, mas somente confirmado quando o funcionário tiver de alguma forma provado ser digno dele, ou de confiança. Essa não é uma boa maneira de iniciar uma relação de trabalho.

Muitos gestores que se opõem ao trabalho flexível o fazem devido a preocupações sobre como as pessoas serão medidas e gerenciadas e como o desempenho pode ser assegurado. Tais objeções estão enraizadas na falta de confiança. A gestão de trabalhadores flexíveis pode exigir uma abordagem diferente daquelas em que os gestores normalmente confiam, e o sucesso dependerá de partir de uma posição de confiança. Eles podem muito bem requerer treinamento nessas habilidades adicionais, um assunto ao qual voltaremos mais tarde.

De todos os seis elementos, esse é talvez o mais difícil de ser alcançado na prática. Não há um plano operacional rápido ou um conjunto de objetivos que possam estabelecer uma cultura de confiança. Não se pode simplesmente dizer às pessoas para confiarem nos outros se elas não confiarem. Não é muito difícil identificar culturas onde há pouca confiança. Sinais incluem regras e regulamentos excessivos, hierarquias rígidas, processos de aprovação demorados, envolvimento do líder sênior em decisões menores, uso excessivo de e-mails e microgestão. Fornecer trabalho flexível pode realmente ajudar a construir uma cultura de confiança ao enviar um sinal aos funcionários de que a organização está disposta a capacitá-los para determinar a melhor maneira de trabalhar. Demonstra também que a empresa acredita que sua equipe é capaz de trabalhar sem necessariamente requerer uma supervisão próxima, e que também valoriza mais os resultados do que a presença física e as horas completadas.

4. Gestores e líderes capacitadores e de apoio

Os gestores e líderes em todos os níveis da organização são facilitadores críticos para um trabalho flexível e bem-sucedido. Eles também podem formar uma barreira significativa se não estiverem aceitando suficientemente essas novas formas de trabalho.

Os líderes seniores podem dar permissão, agir como modelos e apoiar o caso comercial em geral. Os gestores de linha têm a responsabilidade da implementação diária da política e da gestão de pedidos.

Para apoiar o trabalho flexível é importante que os gestores em todos os níveis da hierarquia o compreendam, e especialmente os benefícios que pode trazer para eles, seus subordinados e para a organização como um todo. Da mesma forma, uma compreensão dos desafios potenciais permitirá a implementação de estratégias para maximizar o potencial de sucesso.

Quando um gestor vê o trabalho flexível como uma oportunidade, em vez de algo a ser tolerado, trabalha dessa forma e tem a mente aberta para experimentar novos formatos, será capaz de usá-los para motivar e engajar as pessoas que trabalham para eles. O engajamento dos gestores no trabalho flexível pode exigir uma estratégia de longo prazo, um assunto que exploraremos mais tarde.

Discutiremos mais detalhadamente nos próximos capítulos as ações particulares que podem ser tomadas para ganhar a adesão dos gestores ao trabalho flexível e dar-lhes as habilidades necessárias para habilitá-lo.

5. *Política eficaz*

Uma política de trabalho flexível eficaz tem vários elementos. Primeiro de tudo, ela precisa marcar todas as caixas de *compliance* relevantes e estabelecer a estrutura legal. Deve ser fácil de entender e acompanhada por orientações úteis para apoiar a implementação. Sempre que possível, ela deve ser adaptada ao contexto organizacional específico. A diretriz de liderança irá além dos limites da estrutura legal discutida no Capítulo 1.

Uma política eficaz de trabalho flexível apoiará a discrição do gestor e incentivará que ele e os funcionários trabalhem juntos para encontrar soluções. Ela não será dirigida a pais trabalhadores ou posicionados entre outros benefícios favoráveis à família. Terá um tom de voz acolhedor e não se concentrará principalmente em como recusar um pedido. Será acompanhada por orientação e apoio eficazes sobre como aplicá-la na prática.

Em uma organização verdadeiramente flexível, a consciência da política será alta entre gestores e funcionários e será fácil acessá-la. Não haverá nenhuma penalidade ou consequências negativas se isso for feito. Uma boa diretriz garantirá que seja fácil fazer um pedido e proporcionará uma resposta rápida; o que é um elemento-chave para a introdução da flexibilidade.

O Capítulo 10 é dedicado ao desenvolvimento de uma política eficaz de trabalho flexível.

6. *Habilitando a tecnologia*

Nos últimos anos, a tecnologia mudou fundamentalmente a forma como trabalhamos e nos comunicamos uns com os outros. A sua capacidade continua a avançar com velocidade e, sem dúvida, continuará a modificar a forma como trabalhamos.

A tecnologia pode ser um capacitador crítico do trabalho flexível, especialmente o trabalho remoto ou em casa. Ela permite que os funcionários sejam eficazes em qualquer lugar — não apenas no escritório. Onde a tecnologia não existe (ou não é utilizada), os trabalhadores flexíveis, especialmente os remotos, podem ser excluídos do ambiente profissional. Entretanto, não procede que as organizações precisem fornecer tecnologia nova, cara ou complexa para que os funcionários possam trabalhar de forma flexível. A maioria das ferramentas que as pessoas utilizam para realizar seu trabalho no escritório (como e-mail, internet, mensagens instantâneas, compartilhamento de documentos, espaços de trabalho on-line compartilhados e sites de mídia social) estão disponíveis a partir de qualquer local com conexão à internet. Isso, talvez mais do que qualquer outro fator, tem desafiado o modelo-padrão de trabalho. Contudo, ter essas ferramentas disponíveis não significa necessariamente que todos possam utilizá-las — ou que estejam dispostos a fazê-lo. A adoção de novas tecnologias leva tempo, e isso é parcialmente evidenciado pela forma como o trabalho remoto é abordado por muitas organizações. Embora seja inteiramente possível para os funcionários fazer grande parte de suas tarefas de qualquer lugar, o trabalho em casa ainda é uma exceção à norma e algo que os trabalhadores podem fazer uma vez por semana, em vez de uma forma integrada de trabalho.

Quando se trata de home office ou de formas remotas de trabalho flexível, o objetivo geral da tecnologia deve ser que os funcionários possam ter os mesmos níveis de acesso, ferramentas e funcionalidades que teriam em um ambiente de escritório, sujeitos a protocolos de segurança apropriados. Para a maioria das organizações, isso não é difícil de alcançar de um ponto de vista tecnológico. Essa raramente é a verdadeira barreira; em vez disso, trata-se de um obstáculo cultural.

O uso da tecnologia pode significar uma mudança para alguns funcionários na forma como eles têm trabalhado tradicionalmente. Por exemplo, a reunião cara a cara é o padrão em muitas empresas como forma de fazer as coisas: não parece sequer importar que a maioria das pessoas não goste intensamente delas e que geralmente nem sejam tão eficientes. Continuamos a tê-las todas da mesma forma, porque é o que sabemos fazer. Entretanto, uma reunião cara a cara nem sempre é necessária, e uma conversa on-line pode ser uma alternativa mais do que satisfatória, mas desafiará "a maneira como sempre fizemos as coisas", ao que algumas pessoas podem reagir mal. Isso também significa que os funcionários precisam saber como realizar uma reunião on-line. Portanto, se uma organização deseja conduzir uma cultura de flexibilidade, precisará não apenas fornecer a tecnologia relevante, mas também garantir que ela possa ser utilizada de forma eficaz — não apenas pelo trabalhador flexível, mas por todos na empresa. Será necessário prestar atenção a como a tecnologia é adotada e como ela é difundida ao longo do tempo.

Juntos, esses seis elementos possibilitarão mudanças dentro da cultura organizacional, tanto em seus aspectos formais quanto informais. Cada um deles está interligado e se apoia mutuamente; trabalhar em um deles individualmente, por sua vez, apoiará o outro. Sem ação em cada uma dessas áreas, a revolução do trabalho flexível não pode ser plenamente realizada; não haverá tanto uma revolução, mas um período de leve turbulência.

Os seis elementos ajudarão uma organização a fazer a transição de uma que cumpre com a legislação para uma em que a flexibilidade faz parte da estrutura — uma empresa que está apta para o futuro. Cada elemento deve ser considerado no plano estratégico. Trata-se de componentes genéricos; eles podem se aplicar a todas as organizações. No entanto, pode ser possível que algumas identifiquem seus próprios elementos adicionais que são exclusivos de seu setor, funções, tipo de empresa e contexto.

Os capítulos seguintes considerarão alguns desses elementos-chave com mais detalhes, fornecendo uma gama de ideias práticas e modelos para trazê-los à realidade.

Mudança de cultura

Como discutimos no Capítulo 7, a cultura organizacional é frequentemente descrita como "a maneira como as coisas são feitas por aqui"; as regras não escritas que são rapidamente comunicadas aos novos membros da equipe. É mais formalmente caracterizada como os valores, atitudes, crenças, experiências e comportamentos compartilhados tanto pela empresa quanto pelas pessoas que nela trabalham. Já identificamos que ter uma cultura negativa em relação ao trabalho flexível (ou mesmo novas práticas de trabalho em geral) será uma barreira significativa para sua adoção. Também sabemos que a cultura é resistente e pode ser difícil de mudar.

Introduzir um trabalho flexível e avançar para a implementação dos seis elementos pode (dependendo da cultura atual da organização) exigir uma mudança significativa na cultura. Usar rotineiramente a tecnologia para se comunicar, oferecer formas totalmente novas de trabalho, passar a julgar as pessoas a partir de resultados e não pelo tempo trabalhado, gerenciar pessoas sem supervisão presencial; tudo isso são mudanças potencialmente significativas para muitas empresas e, crucialmente, para seus gestores de pessoal.

A quantidade de mudanças a serem feitas varia de acordo com as circunstâncias, e com quão diferente é trabalhar de forma flexível em relação ao status quo. Como uma empresa deve abordar o desafio da mudança cultural? Quando se trata de introduzir flexibilidade, há muito que podemos aprender com modelos e teorias de mudança organizacional.

As pessoas estão no centro da mudança. Embora utilizemos frequentemente o termo "mudança organizacional", por baixo disso estão as pessoas: suas atitudes, crenças e valores. Muito disso repousa sobre a influência de corações e mentes. Diversas iniciativas e programas de mudança fracassam ou não funcionam tão bem quanto precisavam. Há muitas razões pelas quais esse pode ser o caso. Pode ser o resultado de um mau planejamento, uma falha em conseguir que as pessoas comprem a necessidade de mudança, resistência dos funcionários ou uma falta de tempo ou recursos atribuídos à iniciativa. Uma coisa é certa: dizer às pessoas que elas precisam mudar e esperar que elas o façam, mesmo quando essa comunicação for feita por líderes seniores, não levará a uma mudança significativa ou sustentada. O que ajudará a impulsioná-la é uma visão clara do futuro, uma atividade sustentada e uma história convincente. A mudança precisa ser trazida à vida para aqueles que serão obrigados a fazer a jornada, com atenção sempre dada aos seus sentimentos. Para alguns, a mudança é preocupante ou até assustadora. Ela pode desencadear temores sobre a segurança no trabalho, controle ou status. Para outros, essa mesma mudança é empolgante e cheia de novas oportunidades. As necessidades de cada grupo devem ser identificadas e atendidas ao longo do caminho. A falta de foco no fator humano tem sido frequentemente identificada como uma fraqueza fundamental em muitos desses processos.

Tem-se escrito muito sobre liderar mudanças organizacionais bem-sucedidas, e uma gama de modelos diferentes que podem ser usados para orientar abordagens e atividades nesse sentido. Um deles é o modelo de mudança da Kotter. Algumas de suas recomendações são discutidas ao longo do livro, como a necessidade de identificar e depois remover barreiras à mudança (as barreiras à adoção de trabalho flexível foram discutidas no Capítulo 7).

O modelo de mudança em oito etapas da Kotter

Como o nome sugere, o modelo desenvolvido por John Kotter (2012) para liderar a mudança envolve oito etapas separadas, mas relacionadas para o sucesso. Ele é muito detalhado, portanto, consideraremos apenas alguns dos elementos aqui que serão especificamente relevantes para criar uma mudança de cultura de trabalho flexível.

O primeiro passo é criar um senso de urgência sobre a mudança. Trata-se de explicar por que ela não só é necessária, mas também porque é necessária *agora*. As informações que podem apoiar essa fase da comunicação estão detalhadas na Parte Um deste livro. É um momento crítico da jornada em que os funcionários entendem por que a mudança é urgente.

Outro passo crucial (discutido em detalhes nos Capítulos 9 e 11) é a necessidade de criar uma visão convincente para o futuro e depois comunicá-la bem. Uma visão convincente é aquela que pode ser explicada de forma simples e rápida, e que é simultaneamente poderosa e persuasiva. É o "porquê" que está levando você a implementar uma nova abordagem de flexibilidade. Isso também pode envolver a necessidade de explicar os riscos de não mudar. No contexto do trabalho flexível, poderia incluir o potencial para questões como a rotatividade de funcionários, a capacidade reduzida de recrutar talentos no futuro ou impactos negativos sobre o engajamento e o bem-estar dos trabalhadores.

Nas várias etapas do modelo, Kotter nos diz para prestarmos uma atenção especial para:

- Recompensar e celebrar as contribuições daqueles que estão envolvidos no apoio à mudança (considere, por exemplo, o reconhecimento público de modelos de trabalho flexível e campeões).
- Criar ganhos de curto prazo/rápidos. Isso poderia incluir a definição de algumas metas relacionadas ao trabalho flexível em seu plano operacional que você pode entregar rapidamente, dando um impulso à equipe de implementação, mas também sinalizando o sucesso do projeto para a organização mais ampla.
- Compartilhar histórias de sucesso regularmente (isso é discutido mais a fundo no Capítulo 11).
- Desenvolver um processo para abordar as preocupações das pessoas ou questões relacionadas com a mudança. Para um programa de mudança de trabalho flexível, isso poderia ser alcançado por meio de ferramentas e orientação e identificação de indivíduos que possam fornecer conversas e apoio mais detalhados.
- Formar uma equipe poderosa que possa orientar a iniciativa de mudança, envolvendo pessoas de toda a organização, e de todos os níveis da hierarquia. A mudança não começa apenas de cima; ela também é entregue de baixo para cima.
- Envolver uma série de partes interessadas para contribuir para o desenvolvimento da mudança. Discutiremos isso com mais profundidade no Capítulo 9, que aborda o desenvolvimento de uma política de trabalho flexível.

Existem, é claro, outras ideias sobre a implementação de mudanças organizacionais. Diferentes modelos de mudança enfatizam a importância de ações similares, incluindo comunicação eficaz, atividade contínua, criação de uma visão geral e os impactos psicológicos sobre os indivíduos envolvidos. A maioria das pesquisas sobre o assunto também observa o problema particular da resistência à mudança. Muitos funcionários agora estão acostumados a trabalhar em organizações que estão constantemente falando ou procurando implementar transformações; isso pode levar à questão da "fadiga da mudança", na qual os funcionários simplesmente se cansam de receber iniciativa após iniciativa. Outros empregados resistirão às mudanças por uma série de razões diferentes.

Como sabemos se os funcionários ou gestores estão resistindo às mudanças? Simplesmente, não haverá nenhuma diferença real na forma como as coisas sempre foram feitas. No contexto do trabalho flexível, procure especificamente esses indicadores potenciais:

- pontos de dados que indicam que uma quantidade maior do que a média de pedidos de trabalho flexível está sendo recusada, poucos funcionários estão trabalhando assim ou empregos não são anunciados como adequados para esses modelos;
- os gestores estão reclamando abertamente sobre a estratégia ou política, ou sugerindo que ela não funcionará em sua equipe ou parte da organização;
- os gestores estão identificando questões ou problemas com a estratégia ou política, mas não estão oferecendo nenhuma alternativa ou solução de trabalho em potencial;
- falta de disposição para realizar treinamentos de trabalho flexível; e
- os funcionários não estão dispostos a utilizar ou aprender a utilizar a tecnologia que permitirá algumas formas de trabalho flexível.

Qualquer um desses indicadores pode sugerir uma atividade adicional e direcionada. Dependendo dos sinais e de quão difundidos parecem estar, essa pode ser uma ação em toda a organização, ou alguns passos específicos em áreas problemáticas.

Outro escritor líder em mudança organizacional, Kurt Lewin (1947) adverte as organizações sobre assumir que alcançar o estado desejado significa que o processo de mudança foi um sucesso, pois é possível que a realização seja apenas temporária ou de curto prazo, regressando rapidamente às antigas formas de trabalho ou à cultura anteriormente dominante. No contexto do trabalho flexível, isso significa que não devemos ser complacentes se os dados iniciais sugerirem um bom progresso. A avaliação contínua de sua atividade e cultura é essencial, assim como o reforço da nova estratégia e abordagem se quisermos alcançar resultados a longo prazo.

No Capítulo 9, exploraremos mais sobre como avaliar o nível de prontidão que uma cultura tem para mudar. Quando a mudança é realizada de forma eficaz, benefícios significativos podem ser obtidos. O estudo de caso a seguir dá um exemplo de uma organização que realmente conseguiu criar uma cultura de trabalho flexível para seu pessoal.

ESTUDO DE CASO

Zurich Insurance Group

Zurich Insurance Group é um dos maiores grupos de seguros do mundo, com cerca de 55 mil funcionários atendendo clientes em mais de 170 países e fornece produtos de seguros há mais de 140 anos. Seus principais segmentos de negócios são seguros gerais (incluindo de propriedade, acidente, carro e responsabilidade civil), seguro de vida, pensões, poupança e investimentos.

No Reino Unido, Zurique vem se concentrando no trabalho flexível há vários anos. Um de seus principais motivadores foi a mudança do mundo do trabalho e da natureza das famílias. Eles reconheceram, em parte motivados pelo feedback de seu próprio pessoal, que o que os funcionários queriam de seus empregadores também estava mudando.

Inicialmente, Zurich iniciou sua jornada de trabalho flexível conduzindo-o em uma variedade de áreas diferentes em toda a organização, identificando rapidamente que havia tanto empresas quanto pessoas que se beneficiavam disso. Sua equipe lhes disse que se sentia mais equilibrada, que conseguia combinar o trabalho com as coisas que realmente queriam fazer em suas vidas, bem como cumprir outros compromissos familiares importantes. Quanto mais eles conduziam o trabalho flexível, mais ouviam o mesmo feedback. O engajamento aumentou nessas áreas e as pessoas relatavam que se sentiam mais produtivas; o trabalho flexível rapidamente se tornou um diferencial no mercado de trabalho.

Eventualmente, foi tomada a decisão de parar de executar pilotos e adotar o trabalho flexível em toda a organização.

Agora, todas as vagas são anunciadas como possíveis em tempo parcial, trabalho compartilhado ou oportunidade de trabalho em tempo integral. Isso levou a um aumento no número de candidatas a empregos femininos em todos os níveis de 32 a 40 por cento. Durante o mesmo período, as funções de gerência sênior tiveram um aumento mais pronunciado nas candidaturas de mulheres, com o aumento geral de 45 por cento.

Os atuais funcionários de Zurich também têm a opção de solicitar trabalho em tempo parcial, compartilhado ou FlexWork (a marca interna de Zurich para seu programa de trabalho flexível). Atualmente, 72 por cento dos funcionários se comprometem com o FlexWork, que se propõe a capacitar os funcionários a trabalhar onde, quando e como quiserem, a partir de um acordo individual ou em equipe.

O objetivo de Zurich é tornar seus negócios o lugar mais atraente para trabalhar para a mais ampla variedade de pessoas e oferecer trabalho flexível é parte desse objetivo mais abrangente. Não há metas formais em relação ao trabalho flexível; em vez disso, a organização optou por partir do pressuposto de que o trabalho flexível estaria disponível para qualquer pessoa que o desejasse.

Quanto à implementação prática, houve desafios ao longo do caminho; um desafio particular é como garantir que os indivíduos não fiquem isolados e que as equipes ainda funcionem bem e se reúnam regularmente. Também levou tempo para introduzir a tecnologia que permitiu que todos trabalhassem remotamente.

O feedback dos funcionários tem sido consistentemente positivo, e eles comentaram que a capacidade de trabalhar com flexibilidade tem beneficiado significativamente suas vidas.

Como o trabalho flexível se tornou incorporado em toda a organização, assim também se tornou a vontade das pessoas de serem abertas sobre sua própria flexibilidade pessoal. Não é raro, por exemplo, que os funcionários postem sobre isso em seu site interno de mídia social. Os empregados dizem que faz uma verdadeira diferença para eles ouvir e ver as pessoas (especialmente os líderes seniores) falarem sobre sua própria flexibilidade. O chefe de RH Steve Collinson diz que essa abordagem dá permissão às pessoas: se você pode ver, você pode ser.

Embora o trabalho flexível esteja disponível para todos em Zurich, sua política de trabalho flexível também está alinhada com um pacote de políticas familiares líder da indústria que inclui licença-maternidade, licença-paternidade e licença parental compartilhada, bem como licença adicional para funcionários submetidos a tratamento de FIV ou que sofram um aborto espontâneo ou nascimento prematuro. Collinson reflete que isso faz parte desse mesmo objetivo amplo: tornar Zurich o empregador mais atraente para a mais ampla gama de pessoas — tanto funcionários existentes quanto potenciais. O desenvolvimento do conjunto de políticas veio diretamente do envolvimento com os trabalhadores sobre os benefícios que eram importantes para eles.

Para Zurich, o trabalho flexível é uma questão de confiança e capacitação. Assim como esse modelo funciona de forma mais eficaz em uma cultura de boa comunicação e conversas abertas.

Eles usam a comunicação interna para incentivar a compreensão do que é e não é um trabalho flexível. Em geral, os gestores de pessoas têm apoiado as iniciativas, algo que Collinson atribui ao fato de que eles também são funcionários, e muitos deles também se beneficiam do trabalho flexível. Eles têm os mesmos desafios e compromissos que as pessoas que trabalham para eles, com o aumento da responsabilidade de gerenciar uma equipe.

PRÓXIMOS PASSOS

1. Reflita sobre onde sua organização está agora com relação aos seis elementos de uma cultura de trabalho flexível. Identifique as áreas que precisarão de mais foco em sua estratégia e plano de implementação.
2. Considere as lacunas entre onde você está agora e onde você precisará estar para ser uma organização verdadeiramente flexível. Os recursos do Capítulo 9 o ajudarão a avaliar como lidar com essas lacunas.
3. Revisite as barreiras discutidas no Capítulo 7 e identifique quais são as mais relevantes para sua cultura organizacional.
4. Identifique as ações específicas que serão necessárias no âmbito do plano de mudança de cultura. Dê especial consideração ao tipo de resistência que poderá surgir e por quê.
5. Reveja as ideias de Lewin e Kotter sobre gestão de mudanças e considere quais são importantes para seu contexto particular e como elas podem ser abordadas.

6. Desenvolva sua visão convincente para um trabalho flexível: como você pode definir o que está fazendo e por que o está fazendo de forma convincente e fácil de entender, e que seja acessível tanto para um público interno quanto externo?

PRINCIPAIS APRENDIZADOS

- Há pelo menos seis elementos principais de uma organização de trabalho verdadeiramente flexível que podem ser considerados como bases para o desenvolvimento de uma cultura flexível. Cada um desses elementos deve ser considerado e colocado em prática, além das recomendações estabelecidas em relação à estratégia de desenvolvimento e implementação.
- Algumas organizações podem identificar outros elementos que são exclusivos a elas e seu próprio contexto particular.
- Essas bases estão interligadas e se apoiam mutuamente. Cada uma delas deve ser trabalhada a fim de levar a uma mudança cultural sustentável.
- O trabalho flexível não acontecerá por acidente. Sua adoção (e o movimento em direção aos seis elementos) precisará ser apoiada por meio de uma série de iniciativas e atividades.
- Mudar a cultura significa mudar as atitudes, as crenças e os comportamentos. Isso não é necessariamente um processo rápido e exigirá um esforço consistente.
- Um plano formal de mudança de cultura pode ser necessário. As organizações devem considerar como a mudança pode ser conduzida e possibilitada a partir do uso de um modelo apropriado.
- Um bom lugar para começar a jornada de mudança cultural é desenvolver uma visão convincente e uma definição de sucesso para sua nova estratégia e abordagem de trabalho flexível.

Referências

KOTTER, J. (2012) *Leading change, Harvard business review.* Press, Boston, MA.

LEWIN, K. (1947) Concept, method and reality in social science; social equilibria and social change. *Human Relations*, vol. 1, nº 1, p. 5-41.

Zurich UK (2019) Press release. Disponível em: <perma.cc/HDK7-NVAT>.

09

Desenvolvendo uma estratégia para o trabalho flexível

Uma estratégia eficaz considerará cada um dos elementos necessários para uma cultura de trabalho flexível, conforme discutido no Capítulo 8. Pode-se tratar de algo isolado ou fazer parte de uma estratégia de pessoas, ou de RH, ou mesmo existir dentro de um plano de toda a organização. As estratégias são tipicamente de longo prazo; elas são sobre o quadro geral e o "porquê", uma visão geral para o futuro, pelo menos alguns anos à frente. Acompanhar qualquer uma será um plano operacional que aborda os passos que devem ser tomados para apoiá-la. Uma estratégia eficaz também incluirá detalhes sobre prazos, recursos e responsabilidades.

O objetivo deste capítulo é identificar os estágios necessários para o desenvolvimento de uma visão clara e de uma estratégia de trabalho flexível, assim como o que deve ser incluído no plano operacional de apoio. Eles são detalhados na forma das etapas sequenciais a seguir.

Combinado com capítulos posteriores sobre desenvolvimento de políticas e comunicação, o objetivo é fornecer um plano para a obtenção de uma cultura de trabalho flexível.

Primeira etapa: determinação da estratégia de trabalho flexível

Há uma série de considerações-chave antes de desenvolver uma abordagem estratégica, bem como algumas questões que podem ajudar na reflexão:

- Qual é o objetivo geral da organização para introduzir flexibilidade?
- *Por que* se quer fazer isso?
- O que significa trabalho flexível para essa organização específica e quais formas de flexibilidade serão mais benéficas para o contexto particular?
- Como o trabalho flexível se alinha com ou apoia objetivos organizacionais mais amplos?
- Que benefícios comerciais a organização espera obter?
- Onde está hoje a organização no que diz respeito à disponibilidade, aceitação e adoção de acordos de trabalho flexível?
- Como é o sucesso?
- Se alcançarmos nossa estratégia, o que veremos, sentiremos e ouviremos na organização no futuro?

As respostas a essas perguntas devem ajudar a organização a começar a construir um quadro de um futuro mais flexível que seja específico para ela.

Sempre que possível, tente capturar o espírito de sua estratégia flexível de trabalho em uma ou duas frases que definam suas intenções e ambições. Mais tarde, isso pode ser usado dentro do plano de comunicação interna, ajudando a disseminar essa visão aos funcionários.

Avaliação de prontidão

Para muitas organizações, a mudança para formas mais flexíveis de trabalho representará uma transformação significativa na cultura, o que, como exploramos no Capítulo 8, pode ser algo difícil de mudar. A medida em que a empresa está pronta para a mudança pode ser avaliada, e os resultados desse processo podem influenciar a abordagem geral da implementação. Se a estratégia estabelece sua visão geral para o futuro, a avaliação de prontidão resume onde você está agora. O plano operacional e as metas devem preencher essa lacuna.

A prontidão pode ser informada por dados, assim como por observações pessoais e feedback direto (ver Capítulo 10 para mais ideias sobre dados organizacionais que também podem ajudar a informar a avaliação de prontidão). Há muitas áreas que contribuem para essa análise. Aqui está uma lista de fatores a serem considerados:

- Que atitudes atuais em relação ao trabalho flexível existem na organização? É algo reconhecido abertamente, meramente tolerado ou uma exceção à norma? As pessoas sentem como se pudessem solicitar esse modelo? Os trabalhadores flexíveis sentem alguma forma de estigma?
- Você tem o apoio de um executivo ou patrocinador sênior para esse trabalho (ou você pode identificar um)?
- Sua abordagem desejada para o trabalho flexível se alinha com outras prioridades organizacionais?
- Culturalmente, sua organização recompensa o desempenho ou a presença? Até que ponto você experimenta atualmente o presenteísmo ou o licencismo?

- Quais exigências ou pressões organizacionais existentes podem dificultar a implementação de práticas de trabalho flexíveis? Elas podem ser superadas?
- Até que ponto o trabalho flexível (e qualquer política ou processo existente) é compreendido atualmente?
- Até que ponto o trabalho flexível é amplamente aceito pelos gestores e funcionários?
- Que tecnologia você possui que permite um trabalho flexível, e até que ponto ela é comumente usada ou disponível para os funcionários?
- Qual é a capacidade de seus atuais gestores de pessoal, especialmente quando se trata de adaptar seu estilo de gestão?
- Qual é o nível atual de potencial e capacidade dentro dos recursos humanos para apoiar e permitir o trabalho flexível?
- Se a organização receber um grande volume de pedidos de trabalho flexível após o lançamento de uma nova estratégia, quais impactos podem ocorrer?
- Até que ponto você entende o que os funcionários querem em relação ao trabalho flexível?
- O que os líderes seniores acreditam ou dizem sobre o trabalho flexível? (Se você não souber a resposta, parte da avaliação de prontidão pode incluir conversar com eles para descobrir.)
- Que recursos você tem para implementar essa mudança e o que você precisará? (Considere tempo, orçamento e quaisquer requisitos de habilidades ou conhecimentos especializados ou externos.)
- Até que ponto sua organização entende os benefícios potenciais do trabalho flexível?
- Quais poderiam ser os medos das pessoas em permitir formas mais flexíveis de trabalho?

- Até que ponto a mudança em sua organização é geralmente aceita?
- Que áreas da organização são mais resistentes ou precisam de mais apoio na implementação de novas formas de trabalho?
- Quais são as barreiras particulares que existem na organização que podem impedir que o trabalho flexível seja eficaz? (O Capítulo 7 pode ajudar nesse sentido.)
- Que riscos potenciais você pode identificar ao fazer essa mudança?

Após refletir sobre essas questões e concluir a avaliação de prontidão, identifique quaisquer áreas de especial preocupação ou foco: use-as para informar as etapas seguintes.

Segunda etapa: líderes seniores

Como discutido no Capítulo 8, o apoio e a capacitação de líderes são elementos-chave de uma organização flexível. Para que uma empresa realmente abrace e colha os benefícios do trabalho flexível, a liderança sênior dessa organização deve estar plenamente consciente dos benefícios comerciais e apoiar a mudança — não apenas teoricamente, mas também visivelmente. O papel do líder sênior na condução da mudança cultural não pode ser exagerado.

Mesmo quando os líderes seniores já aceitaram a lógica de trabalho flexível e a aprovaram como uma abordagem estratégica, provavelmente será necessário tempo e esforço significativos durante um período para capacitá-la e realizar todo o seu potencial na organização inteira. Os líderes seniores são o ponto de partida — são onde a mudança começa, mas não onde ela termina. Será necessária ação de cima, do meio e da base — mas, nessa posição, eles podem realizar ou quebrar uma iniciativa como o trabalho flexível.

Pode ser que o impulso para a flexibilidade tenha surgido da equipe sênior, de modo que pode não ser necessário elaborar um plano de negócios para ganhar a compra. Por outro lado, caso se trate de algo que está sendo proposto à equipe sênior, como por exemplo por meio do setor de Recursos Humanos, será necessária uma estratégia para obter um acordo. Sem dúvida, os líderes vão querer saber, quando se trata de trabalho flexível, o que ganham com isso: quais são os benefícios para a organização em mudar ou melhorar a abordagem da flexibilidade. Essas vantagens já foram expostas em capítulos anteriores; o desafio é dar-lhes vida de uma forma que fale aos líderes individualmente e a seu contexto, questões e preocupações específicas. As evidências na Parte Um do livro podem ser compartilhadas com os líderes para ajudar a construir um caso de negócios, se isso for necessário.

Os líderes seniores precisarão de contexto e provas. Eles precisarão compreender os custos e riscos, bem como ter quaisquer preocupações abordadas e dissipadas. Considere o seguinte:

- Desenvolver um caso comercial formal, estabelecendo custos, benefícios, estimativas e riscos. Incluir cada uma das etapas estabelecidas neste capítulo. Incluir prazos, responsabilidades, recursos e resultados específicos, bem como ações relacionadas a cada um dos seis elementos de trabalho flexível estabelecidos no Capítulo 8.
- Propor metas e um plano operacional esboçado.
- Identificar as preocupações particulares que os líderes seniores podem ter sobre a mudança para formas flexíveis de trabalho. Como você pode abordar essas preocupações com evidências?
- Fornecer seus próprios dados internos relevantes para o trabalho flexível, assim como projeções para o futuro (ver Capítulo 10 para ideias sobre fontes potenciais de dados).
- Incluir seus "pedidos" — o que você precisa da parte deles para garantir o sucesso.

Se os líderes seniores forem favoráveis, sempre que possível, identifique um patrocinador para a estratégia e para o plano de trabalho flexível. Isso ajudará a mostrar aos funcionários e gestores que eles têm o apoio do topo da organização, melhorando a credibilidade e concedendo permissão.

É claro que não são apenas os líderes seniores que precisam aceitar uma mudança como essa; trata-se de algo que requer um número significativo de pessoas dentro da organização para fazer parte da jornada, e isso pode levar tempo. Nem todos, incluindo os líderes seniores, aceitarão um caso comercial, não importa o quão bem pesquisado ou baseado em evidências ele seja. Algumas pessoas naturalmente preferirão suas próprias crenças e sentimentos.

Quando surge qualquer nova ideia ou inovação, ela normalmente é adotada ao longo de um período, algo que é frequentemente chamado de "curva de difusão (ou adoção) da inovação". Desenvolvido por Everett Rogers (2003), esse termo foi inicialmente usado para descrever a tecnologia, mas também pode ser aplicado a outras novas ideias. Esse processo é representado visualmente por uma curva em forma de sino a partir da qual a inovação ou ideia se move ao longo de um período variável. O primeiro grupo a aceitar ou usar uma nova inovação são os "inovadores"; eles são os tomadores de riscos, interessados em experimentar coisas novas. A seguir, estão os "adotantes iniciais", que também são rápidos a aderir à inovação; eles podem ajudar a influenciar outros e formar opiniões em torno dela. Posteriormente, está a "maioria inicial" que adota uma nova ideia ou inovação uma vez que haja evidência de seus benefícios; eles estão frequentemente preocupados com os custos. Seguindo a maioria inicial, está a "maioria tardia"; um grupo mais conservador ou cético que só tenderá a adotar uma ideia quando for pressionado a fazê-lo ou quando a maior parte das pessoas já a tiver adotado. Finalmente, há os "retardatários". Esse é o grupo mais conservador de todos e bastante relutante em mudar. Eles só adotarão uma ideia quando ela for *mainstream* — e muitas vezes quando a original não for mais novidade e outros tiverem passado para ideias ou pensamentos ainda mais novos.

Como um exemplo dessa difusão, considere o telefone celular. Os celulares estiveram disponíveis pela primeira vez no início dos anos 1980, embora fossem muito diferentes dos dispositivos que todos nós normalmente carregamos hoje. Quando foram lançados inicialmente, eram caros e usados apenas por um número relativamente pequeno de pessoas, os inovadores. Com o tempo, os telefones celulares se tornaram cada vez mais populares. A maioria inicial, a maioria tardia e depois os retardatários aderiram. As pessoas precisavam ver por que necessitavam de um telefone, acreditar que seriam capazes de usá-lo e adotá-lo na vida cotidiana. Ao longo dessa jornada, esses aparelhos também se tornaram mais baratos, menores e mais confiáveis. Mais e mais recursos foram acrescentados. Agora estamos em um ponto em que a maioria das pessoas tem algum tipo de aparelho celular, não importa quanto tempo levou para adotá-lo.

As teorias de Rogers sobre a difusão de ideias têm outra relevância para a adoção do trabalho flexível: os elementos que influenciam a velocidade da adoção. Esses incluem a própria inovação, os canais de comunicação utilizados para difundir a ideia, o tempo e o sistema social em que ela ocorre. A cada nova ideia há um ponto em que a massa crítica é atingida e a ideia se torna *mainstream* — assim como o telefone celular. O trabalho flexível ainda não chegou a esse ponto de virada: estamos apenas a meio caminho da curva de adoção e, portanto, as organizações que estão adotando a flexibilidade, algumas das quais são descritas neste livro, ainda podem ser consideradas inovadoras ou adotantes iniciais. As empresas que acreditam que o trabalho flexível (ou mesmo qualquer ideia nova relacionada ao mundo do trabalho) não é para elas são aqueles grupos que estão no fim da curva. Eles são a maioria tardia ou os retardatários. Apesar da crescente evidência de que o trabalho flexível é repleto de benefícios e altamente desejado pelos funcionários, eles se agarram aos caminhos antigos enquanto seus concorrentes colhem as recompensas da adoção anterior. Em capítulos posteriores, voltaremos a essa questão e discutiremos formas de lidar com aqueles indivíduos que são resistentes a mudanças ou novas ideias, a fim de apoiar a estratégia.

Terceira etapa: metas

Depois que a abordagem geral do trabalho flexível tiver sido determinada e acordada com os líderes seniores, o próximo passo será estabelecer algumas metas específicas para alcançá-la. Esses objetivos (e o plano operacional) também devem ser informados pelos resultados da avaliação de prontidão.

Quando se trata de estabelecer metas, muitos leitores estarão familiarizados com a sigla SMART: específico, mensurável, atingível, relevante e temporal. Essa abordagem pode ser usada como uma estrutura para assegurar que quaisquer metas estabelecidas sejam apropriadas e razoáveis, bem como fornecer um padrão para medir o progresso e o sucesso no futuro. No entanto, há uma palavra de cautela ao usar esse tipo de objetivo. A estrutura pode ser bastante rígida e pode não apoiar de fato as organizações com grande ambição ou que realmente queiram ver uma revolução. Algumas das maiores visões não eram especialmente realizáveis ou realistas em seu início (por exemplo, o objetivo dos Estados Unidos de colocar um homem na lua nos anos 1960 pode ter sido específico e mensurável, mas provavelmente não foi considerado muito realista ou realizável!) As metas também precisam ser ambiciosas e incluir algum engrandecimento a fim de aumentar a motivação.

Há algumas ideias detalhadas na Quinta etapa (preparar-se para o lançamento) que também podem formar uma de suas metas ou parte do plano operacional. Outros potenciais objetivos ou indicadores-chave de desempenho podem incluir:

- consciência da política de trabalho flexível entre todos os funcionários;
- gestores que realizaram treinamento em trabalho flexível;
- percepções do gestor sobre o trabalho flexível;
- melhor percepção dos funcionários sobre a flexibilidade em seu trabalho ou padrões de trabalho;
- aumento do número de pedidos de emprego;
- o número de vagas anunciadas como adequadas para o trabalho flexível;

- uma meta geral de funcionários que trabalham de forma flexível;
- movimentação interna de trabalhadores flexíveis;
- economia de custos por meio do setor imobiliário;
- redução do absenteísmo;
- redução da pegada de carbono do deslocamento de funcionários;
- níveis de engajamento dos funcionários;
- números de retenção/volume de negócios dos funcionários.

Uma vez estabelecidos seus principais objetivos, esses podem informar a Quarta etapa — seu plano operacional. Finalmente, considere se, como parte de sua estratégia de comunicação, você deseja compartilhar esses objetivos com seus funcionários, no interesse da transparência e do engajamento.

Quarta etapa: planejamento operacional

Seu plano operacional é simplesmente detalhar o que você vai fazer e quando vai fazê-lo, assim como quem será responsável pela entrega. Esse plano precisará incluir assuntos como desenvolvimento de políticas e comunicação, que aprofundaremos nos Capítulos 10 e 11. O plano geral não precisa ser longo ou complexo, desde que seja claro.

Além dessas áreas, há alguns outros assuntos que você pode querer incluir em seu plano:

- identificar suas próprias barreiras e mitos particulares operando dentro de seu contexto organizacional e o que você fará para enfrentá-los. Consulte os Capítulos 6 e 7 para orientá-lo nessa reflexão;
- se você precisa ou não de uma política nova ou revisada para o trabalho flexível. Caso acredite que precisa, consulte o Capítulo 10 para auxiliá-lo no desenvolvimento desse documento;

- marcos e datas-chave e quando serão alcançados para que você possa identificar se o progresso apropriado está sendo feito. Se não for possível, você poderá adaptar sua abordagem de acordo; e
- um processo para informar aos líderes seniores sobre o progresso em relação à estratégia e aos objetivos específicos.

Uma vez finalizado seu plano, você pode passar a ter sua nova estratégia ou abordagem pronta para o lançamento.

Quinta etapa: preparação para o lançamento

O Capítulo 11 fornecerá detalhes consideráveis sobre os passos que podem ser necessários antes do lançamento, a fim de preparar a organização e seus gestores, com ênfase especial na comunicação. Esta seção detalha algumas outras ideias opcionais que você pode querer considerar para apoiar seu lançamento de trabalho flexível, ou que podem formar uma de suas metas ou parte do plano operacional. Essas ideias também estão ligadas à discussão no Capítulo 8 sobre a mudança das culturas organizacionais.

Esquemas-piloto

A organização pode decidir lançar sua nova abordagem de trabalho flexível para todos ao mesmo tempo ou, alternativamente, optar por realizar primeiro um esquema-piloto.

Quando há preocupação sobre o impacto da flexibilidade na empresa, ou quando a cultura organizacional é geralmente avessa ao risco, um esquema-piloto pode ser uma boa maneira de conseguir a adesão e persuadir os céticos. Ele também pode ajudar a construir uma base de evidências específica para a organização. Embora algumas formas de trabalho flexível estejam, sem dúvida, ocorrendo em quase todas as organizações, um esquema-piloto pode ser usado para expandi-las ou tentar tipos inteiramente novos de acordos de trabalho. Exemplos poderiam incluir alguns modelos mais raramente utilizados e que foram discutidos na Parte Um, como o horário comprimido ou as quinzenas de nove dias. Os esquemas-piloto podem durar um período predeterminado, embora sejam necessários pelo menos vários meses para avaliar verdadeiramente o impacto, os custos e os benefícios. Os esquemas-piloto também poderiam se estender a outros aspectos do trabalho flexível, como o recrutamento, com um piloto para anunciar certas funções de trabalho como adequadas para o trabalho flexível.

Um esquema-piloto pode ser realizado inicialmente em pequena escala, talvez em apenas uma equipe ou departamento, e ampliado, se apropriado. Ele ajudará a avaliar a viabilidade e coletar dados úteis, a partir dos quais a organização pode aprender para o futuro. Tal esquema pode ser operado com base no fato de que é um experimento e não deve haver expectativa de continuidade, pois isso dependerá inteiramente dos resultados. Durante um piloto de quaisquer novas formas de trabalho flexível, não haverá nenhuma mudança permanente nos termos e condições de emprego dos funcionários participantes. Após a conclusão de um projeto, será útil realizar uma análise qualitativa e quantitativa dos resultados, observando os dados organizacionais sobre produtividade, ausência, compromisso e custos, bem como ter discussões e feedback de funcionários individuais sobre suas experiências de trabalho de forma diferente durante esse período.

Conversas proativas

Tipicamente, as conversas de trabalho flexível são reativas. A flexibilidade é discutida quando um funcionário levanta a questão, seja informalmente ou por meio de um pedido formal. Uma pesquisa da Timewise (2019) descobriu que poucos gestores discutem proativamente essas opções com suas equipes; apenas um em cada cinco disse que iniciou o assunto ou que ofereceu esse modelo proativamente. Apenas 19 por cento disseram que o haviam oferecido durante as fases de recrutamento e seleção. Quando uma organização realmente deseja adotar a flexibilidade, os gestores podem ser encorajados a aumentá-la de forma proativa com suas equipes, por meio de reuniões 1:1, ou com o grupo, e avaliações de desempenho. Isso pode enviar um sinal poderoso aos funcionários de que essa é uma conversa aceitável para se ter. Como ter uma conversa eficaz pode ser incluído no treinamento de trabalho flexível para gestores de linha (também discutido mais adiante no Capítulo 11).

E-mail

O Capítulo 5 discutiu os possíveis perigos para o bem-estar dos funcionários "sempre disponíveis", e o potencial em nosso mundo sempre conectado de ter uma mistura dos limites profissional e doméstico. O e-mail é parte disso; enviar e receber e-mails fora do horário de trabalho ou nos feriados é comum em muitas organizações. Há cerca de uma década, antes de todos nós termos rotineiramente dispositivos móveis contendo nossos e-mails profissionais, no modelo-padrão, o trabalho permanecia no ambiente de trabalho. Hoje em dia, além do e-mail estar constantemente disponível em nossos telefones ou tablets portáteis, há uma infinidade de outras formas de estarmos constantemente em contato. Redes sociais, grupos de bate-papo de trabalho on-line e mensagens de texto são apenas algumas das formas pelas quais podemos receber contato contínuo de colegas ou gestores. Para alguns, essa pode ser uma experiência estressante e contribuir para questões de equilíbrio entre as vidas profissional e pessoal.

Algumas pessoas acham que deveria haver uma proibição do envio de e-mails fora do "horário de expediente", e há organizações que tomam medidas proativas para desencorajar mensagens nos fins de semana e à noite. Algumas vão ainda mais longe. Na França, o "direito de desconexão" está incluído na legislação nacional; empresas com mais de cinquenta funcionários são legalmente obrigadas a negociar com representantes dos funcionários para determinar as condições de uso relacionadas às ferramentas de e-mail. Na empresa alemã Daimler, os empregados têm a opção, quando de férias, de utilizar um programa que apaga automaticamente seus e-mails, respondendo ao remetente que o destinatário está de licença e redirecionando sua consulta (Time, 2014).

Por mais bem-intencionadas que sejam algumas dessas iniciativas, elas podem apresentar um problema para o trabalho flexível, que desafia fundamentalmente a noção de "horário de trabalho" normal. Se proibirmos o e-mail (ou outras formas de comunicação baseada no trabalho) depois do horário e trabalho, isso só serve para perpetuar a ideia de que as atividades normais ocorrem neste momento, e qualquer outra coisa é "outra", o que reforça o modelo-padrão. De fato, pesquisas recentes da Universidade de Sussex descobriram que políticas que restringem o e-mail podem realmente prejudicar o bem-estar, o contrário do que geralmente pretendem, pois reduzem o controle dos funcionários sobre seu próprio horário (Russell e Woods, 2019). Como em muitos dos assuntos discutidos neste livro, não existe uma solução simples, de tamanho único para todos.

Ao adotar o trabalho flexível, é inevitável que alguns funcionários trabalhem em horários alternativos, e em alguns dos quais seus colegas não estão. É importante estabelecer uma abordagem geral para evitar o potencial de impactos negativos sobre o bem-estar e aumentar o presenteísmo ou licencismo (trabalho durante as férias ou outras formas de licença). Isso é especialmente importante para os líderes seniores, para os quais os funcionários buscarão orientação sobre o que é culturalmente aceitável. Considere a criação de guias de etiqueta por e-mail, o uso de assinaturas automáticas que expliquem que o remetente trabalha de forma flexível e não estará disponível para receber respostas imediatamente, ou encorajando os líderes a terem conversas com a equipe sobre seu próprio horário. Alternativamente, se não for necessária uma resposta, os funcionários podem optar por completar seu trabalho e enviar e-mails em um momento posterior, quando for mais provável que o destinatário esteja trabalhando. Há muitas ferramentas simples dentro do software de e-mail que permitem isso. A cultura do e-mail pode tornar-se rapidamente problemática; o trabalho flexível não deve aumentar o estresse cultural ou individual. Isso arruinará suas ambições de trabalho flexível.

Combinação de trabalho compartilhado

O trabalho compartilhado pode ser uma forma subutilizada de trabalho flexível. O que pode ser devido às dificuldades de encontrar um parceiro adequado, bem como de resolver os aspectos mais pragmáticos do compartilhamento em si. Na prática, o trabalho compartilhado muitas vezes surge quando dois indivíduos identificam uma oportunidade e elaboram um caso para tal. Pode haver benefícios reais nos acordos de trabalho compartilhado quando eles são bem estruturados. As organizações podem obter dois conjuntos de experiência, habilidades e conhecimentos, e podem ajudar a reter funcionários que de outra forma a deixariam— e, em termos de recrutamento, podem abrir novos grupos de talentos a ser contratados. Uma opção para incentivar e permitir o compartilhamento de empregos é que a organização assuma um papel mais ativo na correspondência de indivíduos que estejam interessados nessa forma de trabalho flexível e que possam ter habilidades e experiência complementares. Por exemplo, considere a criação de um simples registro de interesse, ou mesmo um espaço on-line para os funcionários se conectarem com os colegas para esses fins, com a opção de compartilhar informações sobre os tipos de funções para as quais eles estariam interessados em explorar a possibilidade de trabalho compartilhado.

Design do trabalho

O design do trabalho é definido pelo CIPD (2019) como "o processo de estabelecer as funções e responsabilidades dos funcionários e os sistemas e procedimentos que eles devem usar ou seguir".

Trata-se de uma disciplina ampla que leva em conta uma série de fatores, incluindo qualidade e finalidade do trabalho, capacidade, produtividade e até mesmo a teoria da motivação. Na realidade, muitas funções não são concebidas de forma alguma; elas evoluem com o tempo ou são influenciadas pelo funcionário que a está realizando e suas habilidades e experiência particulares. Onde os empregos são formalmente desenvolvidos, isso ocorre frequentemente dentro de áreas que se prestam à automação ou monitoramento. É, por exemplo, mais fácil conceber o trabalho à medida que ele flui através de uma linha de produção do que para um empreendimento acadêmico de pesquisa ou ensino. Para os propósitos deste livro, estamos preocupados com questões relacionadas ao design de trabalho flexível, e de horas reduzidas em particular. Deve-se tomar cuidado para que os trabalhadores flexíveis não tenham uma carga inadequada e incompatível com seus horários e padrões. Essa pode ser uma questão comum quando um funcionário que trabalhou anteriormente em tempo integral começa a encontrar alguma forma de flexibilidade de tempo, particularmente reduzindo seu horário. Com demasiada frequência, esse empregado continua a assumir uma carga semelhante à que tinha antes da mudança, e tenta encaixá-la em uma semana mais curta. Há implicações óbvias aqui, especialmente em relação ao bem-estar e ao potencial de estresse.

Para evitar que isso ocorra quando um funcionário muda de horário, o design do trabalho precisa ser considerado e emendado quando necessário. Isso pode ser tão simples quanto rever as cargas de tarefas e alterar os prazos ou reduzir os requisitos gerais. No outro extremo do espectro, e dependendo da forma de flexibilidade a ser adotada, isso pode exigir uma revisão muito mais ampla das exigências gerais do cargo. Após a aceitação de pedidos ou durante períodos de experiência, os gestores devem ser encorajados a rever as descrições de funções com o trabalhador, bem como rever quaisquer objetivos estabelecidos nos sistemas internos de gerenciamento de desempenho, e adaptá-los de acordo. Inicialmente, isso pode envolver um período de tentativa e erro, e o diálogo contínuo entre o funcionário e o gestor pode ser necessário para garantir que as demandas sejam apropriadas.

No entanto, o redesign de trabalhos após o recebimento ou aceitação de um pedido de trabalho flexível é apenas um aspecto das considerações desse campo. O design do trabalho também é relevante no momento do recrutamento. Quando surge uma necessidade de contratação, na prática, com muita frequência a exigência é baseada no que foi feito antes, seja em termos das tarefas anotadas na descrição formal do cargo ou por meio da busca de um indivíduo semelhante em habilidades e experiência. Em muitos casos, isso também significa recrutar para as mesmas horas e formatos. Se esse for o modelo-padrão, então o potencial de flexibilidade pode ser negligenciado. Somente revendo os requisitos da função e pensando no design geral do trabalho é que um emprego pode ser aberto à flexibilidade — assim como a um novo grupo de talentos. Na próxima seção, vamos abordar a necessidade de treinar gestores. Eles devem ser encorajados (e apoiados) a rever as descrições de cargos e se concentrar nos resultados exigidos, em vez de tarefas e horas trabalhadas.

A chave para o projeto do trabalho é a proatividade — não esperar que um funcionário levante uma questão da carga, mas tomar medidas ativas para assegurar que a demanda e os objetivos estejam alinhados adequadamente ao padrão de trabalho realizado pelo indivíduo. Um bom design será um processo de dois sentidos, envolvendo um diálogo construtivo entre funcionário e gestor, levando em conta as necessidades e responsabilidades de ambas as partes.

Tecnologia

Como já discutimos no Capítulo 3, a tecnologia é uma tendência-chave para o futuro do trabalho. Ela é viabilizadora do trabalho flexível, permitindo que os indivíduos façam suas tarefas à distância e as equipes se conectem e colaborem de forma assíncrona (em momentos diferentes). Também identificamos que a falta de tecnologia disponível, ou mesmo de capacidade ou vontade de usá-la, é uma barreira para um trabalho flexível eficaz. Quase toda a tecnologia que qualquer indivíduo ou equipe precisa para permitir o trabalho flexível está prontamente disponível na maioria das redes corporativas ou é barata (se não gratuita). Uma conexão wi-fi é o requisito mais fundamental para um trabalho flexível, junto a um laptop e alguma forma de acesso virtual a redes corporativas ou espaços compartilhados.

Entretanto, a disponibilidade da tecnologia não significa que ela será fácil ou prontamente adotada. Como já discutimos, as inovações levam algum tempo para ser difundidas em uma organização. O modelo de adoção de tecnologia (Davis, 1989) nos diz que ela é normalmente influenciada por dois fatores principais: sua utilidade e facilidade de uso percebidas. O primeiro está relacionado à medida que um indivíduo acredita que o uso de uma determinada tecnologia no trabalho será útil para ele; por exemplo, pode ajudá-lo a melhorar seu desempenho. O segundo está relacionado a sua crença de que a tecnologia será fácil de ser usada. Se não for, eles podem simplesmente não se incomodar. Lembre-se, mesmo que seja algo que pareça fácil ou intuitivo, nem todos sentirão o mesmo e podem precisar de apoio.

O desafio tecnológico em relação ao trabalho flexível é complicado por uma outra questão: não é apenas o trabalhador que utiliza esse modelo que precisa adotá-lo, mas potencialmente seus colegas e gestores também, a fim de facilitar uma comunicação eficaz quando os funcionários não estão no local ou trabalhando ao mesmo tempo. Se o colega ou o gestor não vê nenhum benefício para si mesmo, um dos dois principais fatores de influência na adoção da tecnologia cai, mesmo que o segundo possa ser atendido.

A tecnologia no ambiente de trabalho está em toda parte e tem o potencial de remodelar muito do nosso modo de trabalhar. Contudo, nem todos se sentem confortáveis em usá-la. Considere o seguinte:

- Qual tecnologia funcionará melhor para os trabalhadores flexíveis de sua organização? Ela está atualmente disponível em sua rede corporativa?
- Haverá algum custo associado à tecnologia adicional, e como ele será atendido?
- Como você vai garantir que essa tecnologia esteja disponível, seja apoiada e utilizada?
- Que treinamento será necessário para ajudar as pessoas a usá-la e quem o realizará?
- Que barreiras existem para o uso da tecnologia em sua organização particular?

Finalmente, a comunicação é um passo crítico dentro do plano operacional, e também precisará fazer parte da Quinta etapa — preparar-se para o lançamento. É absolutamente essencial que a estratégia geral de trabalho flexível seja totalmente comunicada, incluindo os objetivos e metas específicos estabelecidos pela organização. Isso pode ser acompanhado de uma clara declaração do "porquê": por que a organização optou por essa abordagem e quais serão os benefícios para todas as partes. A obtenção de uma comunicação eficaz será considerada em profundidade no Capítulo 11.

PRÓXIMOS PASSOS

1. Responda às perguntas apresentadas na Primeira etapa a fim de determinar a abordagem desejada de flexibilidade para sua organização.
2. Realizar uma avaliação de prontidão para identificar o quão preparada ou pronta a organização está para avançar em direção a um trabalho flexível, e a probabilidade de ser aceita ou adotada. Envolva-se com os líderes seniores nesse trabalho. Use os resultados dessa avaliação para informar seu plano operacional.
3. Reflita sobre a curva de adoção de inovações. Onde você acha que sua organização normalmente se encaixa nessa estrutura? Vocês normalmente são inovadores ou atrasados? Use essa ideia para ajudá-lo com seus planos operacionais.
4. Identifique um líder sênior que esteja disposto a agir como patrocinador ativo e visível para suas iniciativas de trabalho flexível.
5. Estabeleça algumas metas específicas ou indicadores-chave de desempenho (KPIs) que se alinhem com a abordagem estratégica acordada para que o sucesso e o progresso possam ser medidos. Para garantir que seu plano seja gerenciável, considere começar com apenas três ou quatro metas-chave.
6. Considere as ideias apresentadas na Quinta Etapa. Alguma delas é adequada para sua estratégia ou contexto organizacional?
7. Escreva seu plano operacional para sustentar sua estratégia e seus objetivos. Obtenha a aprovação formal para esse passo e o anterior, quando necessário.
8. Consulte a Quinta Etapa e decida se deseja realizar alguma dessas atividades de apoio. Se for o caso, adicione-as ao seu plano operacional.
9. Envolva-se com sua equipe de TI na questão da tecnologia. Discuta como vocês podem trabalhar juntos para garantir que os funcionários flexíveis e seus colegas tenham o que precisam para serem totalmente eficazes.
10. Como parte do plano operacional, consulte os capítulos sobre mitos (Capítulo 6) e barreiras (Capítulo 7). Identifique quais são as áreas específicas que precisam ser abordadas para o contexto organizacional particular.

PRINCIPAIS APRENDIZADOS

- A organização precisará determinar uma estratégia geral de trabalho flexível, acompanhada de objetivos práticos e realizáveis.
- Inicialmente, defina um pequeno número de objetivos para um trabalho flexível, contra os quais você pode medir o sucesso. Mantenha-as à vista e revise-as quando necessário.
- Os líderes seniores são a chave para o sucesso. A estratégia de trabalho flexível precisará ser aprovada e endossada e, sempre que possível, tenha um patrocinador ou defensor de nível sênior.
- Cada organização terá seu próprio nível de prontidão em relação ao trabalho flexível. Isso influenciará os objetivos, o plano operacional e a abordagem de implementação.
- A estratégia e as metas terão de ser traduzidas em um plano operacional. Ele incluirá os vários passos que serão dados para atingir a estratégia e os objetivos.
- Há uma série de etapas ou iniciativas complementares que podem ajudar a estratégia e fazer parte do plano. Exemplos incluem programas de equiparação de empregos, esquemas-piloto e tecnologia.
- Os empregos podem precisar ser reformulados para garantir que os funcionários que trabalham de forma flexível (especialmente os trabalhadores com horário reduzido) não fiquem sobrecarregados.

Referências

CIPD (2019) *Job design factsheet*. Disponível em: <perma.cc/63U9-ZSYR>.

DAVIS, F. D. (1989) Perceived usefulness, perceived ease of use, and user acceptance of information technology. *MIS Quarterly*, 13 (3).

ROGERS, E. (2003) *Diffusion of innovations*, 5ª ed., Free Press.

RUSSELL, E. e WOODS, S. (2019) Personality differences as predictors of action-goal relationships in work email activity. *Computers in Human Behaviour*, vol. 103, p. 67-79.

Time (2014) *Here's a radical way to end vacation email overload.* Disponível em: <perma.cc/P7SD-Y4LL>.

Timewise (2019) *Proactive approaches to discussing flexible working.* Disponível em: <perma.cc/ SLF4-6ZC2>.

10

Política e processo eficazes

Uma política eficaz e bem utilizada é um dos seis elementos de um ambiente de trabalho flexível. Em uma organização onde esse modelo foi verdadeiramente aceito, é teoricamente possível reduzir a dependência de políticas e processos formais, com gestores e funcionários habilitados a trabalhar de diversas maneiras. Há muitos exemplos de organizações que fizeram exatamente isso, mas a cultura da organização em questão precisa estar pronta para apoiar tal abordagem. Para muitas empresas, esse é um caminho para o futuro. Onde o trabalho flexível não é amplamente aceito, particularmente por gestores de pessoas, a falta de diretrizes e processos poderia deixar os funcionários individuais vulneráveis às atitudes e crenças pessoais de uma gestão sem apoio ou de estilo "comando e controle". Com base no fato de que uma política e um processo formal e documentado serão quase sempre necessários, este capítulo apresenta uma série de recomendações de boas práticas e outras considerações para abordagens políticas bem-sucedidas.

A política e os procedimentos publicados por uma organização são influentes de várias maneiras, tanto nas ações de cada funcionário quanto na cultura geral. Eles podem apoiar mudanças organizacionais mais amplas, fornecer uma clara declaração de intenções e definir parâmetros. A linguagem usada no documento escrito pode ajudar a definir o tom para o trabalho flexível; pode ser estimulante, acolhedora e amigável, ou burocrática, complexa e ofensiva — e infelizmente há muitos exemplos desses últimos que podem ser encontrados nos departamentos de RH em todos os lugares. O processo formal que é estabelecido para que os funcionários sigam ao fazer um pedido também é importante. Idealmente, deve ser algo fácil de seguir, tão breve quanto possível e não mais formal do que o absolutamente necessário. Tanto a política quanto o processo devem trabalhar juntos para facilitar uma conversa significativa entre as partes — o foco principal não deve ser o acompanhamento do processo em si, mas o diálogo efetivo. No entanto, uma política por si só não transformará uma cultura ou fará uma mudança de atitudes. É apenas uma consideração na jornada de trabalho flexível.

Para garantir que a política apoie a mudança cultural e permita uma verdadeira flexibilidade, há uma série de recomendações a serem consideradas, como este capítulo irá explorar. Acima de tudo, uma política de trabalho flexível deve ser adaptada à organização à qual ela se aplica. Não se trata de replicar as melhores práticas desenvolvidas em outros lugares, mas de projetar o melhor ajuste para cada empresa. Muito frequentemente, as diretrizes e processos são baseados em modelos-padrão ou "emprestados" de outras organizações. Essa abordagem pode marcar todas as caixas legais necessárias, mas pode muito bem levar a um documento que não atenderá às necessidades únicas do ambiente de trabalho individual. O trabalho flexível é, naturalmente, contextual.

É importante lembrar que a legislação, conforme discutido no Capítulo 1, estabelece um padrão *mínimo* de direitos em relação a pedidos de acordos de trabalho flexível. Então, é um ponto de partida; a política não declara simplesmente a lei ou o código de prática que a acompanha (e, de fato, não deve fazê-lo se a flexibilidade for realmente permitida).

Preparação para o desenvolvimento de políticas

Antes de iniciar qualquer revisão da política existente ou processo ou projeto de uma nova política, é recomendado realizar primeiro uma revisão dos dados organizacionais existentes. Isso o ajudará a entender mais sobre seu quadro atual de flexibilidade. Considere rever alguns ou todos os itens a seguir:

- Quem trabalha de forma flexível na organização agora? Quando, como e onde eles estão trabalhando?
- Quais são as formas específicas de trabalho flexível que estão sendo realizadas e que não estão em uso?
- Que proporção dos funcionários atuais tem alguma forma de flexibilidade de tempo ou local?
- Quantos pedidos são recebidos em média, mensalmente ou anualmente? Quem os está fazendo?
- A tendência geral de pedidos está caindo, diminuindo ou estável e qual poderia ser a causa de quaisquer mudanças?
- Quantos pedidos são aceitos e quantos são rejeitados? No caso desses últimos, quais são as razões e quem é responsável por elas?
- Quem é promovido agora? Eles trabalharam de forma flexível antes da promoção ou depois?

Reveja os dados, tanto no todo como divididos por sexo, a fim de identificar diferenças importantes entre o pessoal masculino e feminino. Os dados precisam ser revisados primeiro em nível de organização e depois em nível de departamento para identificar quaisquer tendências problemáticas específicas de algumas equipes ou funções. Esses dados ajudarão a identificar as áreas que a política e o processo precisam abordar — bem como quais mitos podem estar presentes dentro da organização que podem ser abordados por meio da comunicação e da conscientização. Discutiremos mais sobre esse elemento em capítulos posteriores.

Antes de colocar a caneta no papel, o segundo passo para o desenvolvimento de políticas eficazes é assegurar a contribuição apropriada de uma variedade de grupos internos. A política de RH é muitas vezes elaborada exclusivamente por equipes de RH sem a contribuição das partes interessadas, a não ser, talvez, onde haja um sindicato reconhecido com o qual se possa consultar. O desenvolvimento de uma política de trabalho flexível (e qualquer orientação e treinamento que a acompanhe) pode se beneficiar da contribuição de funcionários que trabalham de forma flexível ou que tenham experimentado o processo de candidatura, com sucesso ou não. Durante o desenvolvimento de uma nova política ou a revisão da existente, envolva-se com os funcionários e busque informações úteis. Uma área-chave para exploração é a experiência atual de trabalho flexível dos funcionários, analisando aspectos que incluem:

- Quais reações os funcionários notaram dos gestores e colegas?
- Com que rapidez e eficácia foi tratado seu pedido de trabalho flexível?
- Que barreiras enfrentaram ao trabalhar de forma flexível, sejam elas práticas ou atitudinais?
- Quão fácil foi qualquer política e processo existente de entender e seguir?
- Além disso, fale com os funcionários que tiveram seus pedidos de flexibilidade rejeitados para entender por que e como isso foi comunicado — qual foi a experiência *deles* com os processos existentes? Finalmente, e talvez o mais importante, como o processo formal fez com que as pessoas se *sentissem*? Essa é, em última

análise, a própria essência do engajamento dos funcionários. Perguntas similares podem ser feitas aos gestores de pessoal:

- Qual é a experiência deles em gerenciar pedidos de trabalho flexível?
- Que apoio eles têm e que mais sentem que precisam?
- Até que ponto eles se sentem confiantes na aplicação da estrutura legal e de qualquer política existente, e até que ponto eles a entendem bem?
- Que preocupações eles têm sobre a gestão de acordos de trabalho flexível?

Quando a organização reconhecer um sindicato ou tiver um conselho de trabalho ou comitê de pessoal formal, não deixe de consultá-los sobre a política. Além de fornecer outros pontos de vista, isso ajudará os funcionários a ver as diretrizes como algo desenvolvido de forma justa.

Política: tomada de decisões

Uma vez que todos os dados relevantes tenham sido coletados, decisões podem ser tomadas sobre a abordagem política geral. Aqui estão mais algumas recomendações a serem consideradas.

Uma declaração de apoio

Uma política se beneficiará de uma forte declaração de abertura que destaca o apoio da organização ao trabalho flexível, afirma que os pedidos serão abordados positivamente com o objetivo de alcançar um resultado mutuamente aceitável, e se compromete a fornecer recursos e apoio adequados aos funcionários flexíveis, suas equipes e seus gestores.

Pedidos do primeiro dia

Há poucos benefícios para a organização, gestor ou funcionário em adiar uma conversa sobre trabalho flexível para a 26ª semana de trabalho, conforme previsto no processo estatutário. Isso pode ser uma barreira para a solicitação de emprego e aquisição de talentos, pode causar estresse desnecessário aos funcionários e simplesmente adiar o que provavelmente será uma discussão inevitável. Todas as partes ficariam mais bem servidas se tivessem esse diálogo em um estágio inicial — idealmente no momento do recrutamento ou da oferta. Se o trabalho flexível não for viável, a empresa não vai querer desperdiçar os custos consideráveis associados ao recrutamento e treinamento caso o trabalhador queira sair por não ter acesso ao trabalho flexível posteriormente.

Prazos

A legislação relativa ao trabalho flexível prevê que os pedidos sejam tratados dentro de três meses, incluindo um recurso quando aplicável. Esse é um período desnecessariamente longo e suscetível de causar estresse aos funcionários que aguardam uma decisão importante sobre seu futuro no trabalho. Em quase todos os casos, deveria ser possível tratar os pedidos muito mais rapidamente. O estabelecimento de prazos mais curtos tanto para uma conversa inicial quanto para a decisão final concentrará as mentes na ação. Quando a política e o processo são bem elaborados e acompanhados com boa orientação, comunicação e treinamento, considerar os pedidos não precisa ser oneroso ou demorado.

Formulários de pedidos

Forneça aos funcionários um formulário simples e de fácil compreensão. Não há necessidade de perguntar seus motivos; eles devem simplesmente estabelecer o padrão que estão buscando, quando gostariam que qualquer novo acordo fosse iniciado, e ser encorajados a pensar nas implicações de seu pedido e como quaisquer desafios podem ser superados. Perguntar por razões convida a juízos de valor ou preconceitos inconscientes, e não serve a nenhum propósito material.

Abordagem sobre mau uso e má conduta

É inevitável que alguns funcionários façam mau uso do trabalho flexível quando ele estiver disponível. Não se trata do modelo em si, mas de um fato da vida organizacional, da mesma forma que uma pequena minoria de funcionários passará muito tempo no Facebook, alegará doença sem estar doente ou reclamará demais de suas despesas. Não há evidências que sugiram que os trabalhadores provavelmente usarão indevidamente os acordos de trabalho flexível com mais frequência do que o fazem com qualquer outro benefício ou oportunidade, mas é preciso tomar providências para lidar com isso caso ocorra. Fornecer aos gestores uma orientação clara sobre como abordar tais situações caso elas surjam tornará essa tarefa um pouco mais fácil.

Envolvimento dos recursos humanos

Os mitos associados ao trabalho flexível, somados a possíveis atitudes negativas que são detalhadas neste livro, significam que há uma possibilidade muito real de que os funcionários que solicitam trabalho flexível possam ter a oportunidade negada com base nas opiniões, atitudes e suposições de seu gestor, em oposição a uma tomada de decisões baseada em evidências. O RH tem um papel a desempenhar para garantir que isso não aconteça. Quando esse for considerado um possível risco para uma organização (ou áreas específicas dentro dela), pode ser pertinente prever na política que o RH assista a reuniões relevantes, especialmente no caso de recursos, para fornecer supervisão sobre como os pedidos são tratados e respondidos.

Discrição em relação aos pedidos

A estrutura legal permite que os funcionários façam um pedido de trabalho flexível em um período de 12 meses sequentes. Isso pode representar um desafio para alguns, pois é inteiramente viável que as circunstâncias da vida possam mudar de forma drástica no decorrer de um ano. Uma abordagem de boas práticas permitirá que os empregados tragam um pedido adicional caso o gestor sinta que há uma boa razão para que eles o façam. Forçar os funcionários a esperar até que um período arbitrário tenha transcorrido não beneficiará nenhuma das partes e apenas atrasará uma conversa inevitável.

Critérios de avaliação

Pode ser útil estabelecer uma série de critérios que a organização levará em conta ao considerar um pedido. Um exemplo de ferramenta a ser usada pelos gestores (Ferramenta 1.1) está incluído no Apêndice 1 deste livro. Essa seção da política não precisa ser longa ou excessivamente complexa, mas deve resumir os critérios-chave sobre os quais os gestores chegarão a uma decisão, tais como implicações de custos, impacto sobre a equipe, clientes ou entrega operacional, capacidade de recrutamento (por exemplo, em uma situação de trabalho compartilhado), potencial de realocação da carga de trabalho e desempenho organizacional. Outra opção, levando a política um passo adiante, é definir o que *não será* levado em consideração ao se tomar uma decisão. Isso poderia incluir as razões do indivíduo para solicitar trabalho flexível, estabelecimento de precedentes ou as percepções dos outros.

Promoção e vagas internas

As pessoas que trabalham de forma flexível, particularmente os trabalhadores em tempo parcial, podem se encontrar "presas" em suas funções se as oportunidades de progressão ou promoção forem anunciadas como padrão em tempo integral. Uma disposição política que prevê a consideração automática dos acordos de trabalho flexível existentes para candidatos a emprego interno bem-sucedidos pode assegurar que não haja um estigma de carreira (ou um risco de retenção) para esses modelos e incentivar as candidaturas internas. Uma avaliação da função do potencial flexível pode ser realizada da mesma forma que já foi estabelecida na orientação e na política.

Recursos

Não há direito estatutário para os empregadores de proporcionar uma etapa de recurso no caso de um pedido de trabalho flexível ser rejeitado. Entretanto, embora um recurso sem dúvida aumente a duração do processo, é uma boa prática incluí-lo nas diretrizes. Quando não há oportunidade para um recurso, não há supervisão. Se os pedidos forem rejeitados injustamente ou por capricho de um gestor individual, há o potencial de expor uma organização a reivindicações individuais, prejudicar o engajamento dos funcionários e minar qualquer objetivo de permitir flexibilidade em toda a empresa. A possibilidade de decisões a serem revisadas por níveis mais altos contribuirá de alguma forma para mitigar o potencial de parcialidade decorrente de um mau comportamento gerencial.

Períodos de experiência

Prever períodos de experiência (e até mesmo encorajá-los) é uma política essencial. Eles podem oferecer uma oportunidade valiosa tanto para os gestores quanto para os funcionários para avaliar os benefícios e os desafios de um possível acordo de trabalho flexível, e são particularmente úteis quando se trata de um modelo não realizado anteriormente. Um período de experiência pode ser de qualquer duração acordada pelos indivíduos. Um a três meses é típico, embora seja perfeitamente aceitável que seja mais longo quando é necessário mais tempo para avaliar verdadeiramente o impacto do acordo de trabalho. Um período de experiência não altera permanentemente os termos e condições de emprego e, portanto, não é vinculativo para nenhuma das partes por sua duração. Durante esse tempo, deve haver um diálogo regular entre o gestor e o funcionário sobre como as coisas estão sendo feitas, e o gestor deve manter anotações constantemente. Ao final, uma avaliação formal deve ser realizada. Quando o período de experiência tiver sido bem-sucedido, a organização poderá acordar o novo padrão de trabalho, momento em que terá efeito contratual. Caso contrário, as razões devem ser discutidas plenamente com o funcionário — que normalmente reverterá para seus acordos anteriores, ou uma alternativa combinada, seja para um novo período de experiência ou contratualmente.

Regras localizadas

Em organizações grandes ou complexas, pode ser difícil criar uma política que funcione para cada parte dela. Uma opção para enfrentar esse desafio é estabelecer princípios políticos amplos em nível organizacional e depois permitir que as equipes e departamentos locais descubram o que funciona melhor para eles operacionalmente — com orientação e apoio adequados. Deve-se tomar cuidado para que algumas equipes ou departamentos não desenvolvam suas próprias políticas e procedimentos ou se desviem dos princípios organizacionais mais amplos; isso pode ser alcançado a partir do fornecimento de apoio apropriado e supervisão de RH. Considere, por exemplo, como uma equipe pode concordar com alguns dos seguintes pontos:

- como eles informarão uns aos outros quando e onde estão trabalhando (especialmente útil para equipes que realizam alguns aspectos de seu trabalho à distância), tais como o uso de calendários compartilhados;
- as melhores maneiras de manter contato e se atualizar mutuamente sobre atividades ou tarefas;
- com que frequência e quando agendar reuniões que todos possam participar (por exemplo, algumas equipes concordam em agendar reuniões de escritório entre as dez da manhã e as quatro horas da tarde para garantir que o pessoal de horário flexível ou escalonado possa participar);
- como os esquemas de horário flexível ou escalonado funcionarão na prática para garantir níveis adequados de cobertura de escritório;

- que tecnologia utilizar para atualizações e comunicações (e se for necessário algum treinamento para ajudar as pessoas a utilizá-la); e
- acordos para espaços de escritório compartilhados.

Tal abordagem aumentará o senso de autonomia e de responsabilidade para novas formas de trabalho, tanto para os funcionários quanto para seus gestores.

Políticas familiares

Embora este livro tenha procurado fazer um caso convincente de que o trabalho flexível é para todos os funcionários e não está (ou não deveria estar) limitado aos pais trabalhadores, não há dúvida de que o trabalho flexível é de interesse e benefício potencial para esse grupo em particular. Como discutimos no Capítulo 4 sobre trabalho flexível e inclusão, há um quadro particularmente complexo em torno das normas de gênero e da disponibilidade e implicação de acordos de trabalho flexível. Para que esse modelo seja verdadeiramente possibilitado, ele precisa ser complementado por outras políticas e iniciativas, algumas das quais se relacionam especificamente aos pais trabalhadores, mas que também complementarão desafios maiores às funções de gênero e ao estigma da flexibilidade.

O trabalho flexível é uma política que não pode ficar sozinha e pode se beneficiar particularmente de ser posicionada como parte de uma série de diretrizes de bem-estar e de apoio à família. Em particular, onde as políticas de trabalho flexível são complementadas por outras que preveem o aumento da licença-paternidade, estudos têm mostrado que o envolvimento dos pais no cuidado infantil e no trabalho doméstico aumenta não apenas durante esse período de afastamento, mas por muitos anos no futuro (Nepomnyaschy e Waldfogel, 2007), o que pode ajudar a mudar algumas das normas problemáticas de gênero que se relacionam com a flexibilidade e reduzir o estigma das mães que trabalham dessa forma.

As políticas sobre licenças familiares também oferecem uma oportunidade para aumentar a conscientização sobre o trabalho flexível. Quando os funcionários tiram licença de maternidade ou paternidade, adoção, compartilhamento parental ou outras, os empregadores normalmente precisam enviar comunicações por escrito e os gestores precisam realizar reuniões com o indivíduo. Os empregadores que desejam incentivar ou normalizar o trabalho flexível podem usar essas oportunidades para incluir informações sobre as diretrizes ou processos de pedidos em um estágio inicial (como antes do início da licença-maternidade). Como vimos no Capítulo 4, os pais podem ter seus próprios desafios e barreiras culturais em termos de acesso ao trabalho flexível — a comunicação com eles por meio de outras políticas (como a licença paternidade) também pode ajudar a encorajar candidaturas e demonstrar que a organização é positiva quanto à flexibilidade.

Orientação de apoio

No entanto, ter uma política eficaz, bem desenvolvida e baseada em evidências não é suficiente, mesmo que todas as recomendações aqui estabelecidas sejam adotadas. Tanto os gestores quanto os funcionários também precisarão de orientação para apoiar a implementação efetiva e a prática diária. Isso é particularmente importante quando o trabalho flexível é uma mudança significativa para a cultura de uma organização.

A orientação dos funcionários deve incluir o que se espera deles para o padrão de trabalho que estão realizando. Se o esquema de trabalho flexível acordado incluir um elemento domiciliar ou remoto, isso deve incluir informações sobre como eles devem manter-se em contato ou estar disponíveis para colegas, relatar doenças enquanto trabalham em casa, segurança e proteção de bens relacionados ao trabalho, e dados e regras relacionadas ao reembolso de despesas. Os empregados também devem ser orientados a verificar com seu provedor de hipotecas, locador ou companhia de seguros quaisquer implicações das permissões necessárias relacionadas ao trabalho em casa. Geralmente, a maioria das organizações insistirá que os funcionários não estão assumindo responsabilidades de cuidado ao mesmo tempo em que trabalham; em particular, os pais não devem estar cuidando dos filhos enquanto trabalham suas horas contratuais. Os funcionários também podem precisar de apoio prático para manter um bom equilíbrio entre trabalho e vida pessoal quando estão em home office, como discutido no Capítulo 5 — com essa forma de trabalho flexível há potencial para "excesso" de trabalho na vida e atividades não relacionadas a ele. Isso pode ser alinhado com ou incorporado em outras iniciativas de bem-estar em torno do apoio ao equilíbrio positivo entre os lados profissional e familiar.

Na maioria das organizações, o gestor de linha imediato é o responsável pelo tratamento de pedidos de trabalho flexível, incluindo a resolução sobre se um pedido é ou não aceito. Logo, os gestores precisarão de informações e orientações adicionais e práticas para garantir uma aplicação eficaz e consistente da política — e uma boa tomada de decisão. A falta de consistência levará inevitavelmente a percepções de injustiça e impactos negativos nas relações de trabalho. Os recursos humanos podem fornecer um apoio valioso (e até mesmo um desafio) a essa parte do processo.

A orientação para os gestores de pessoas deve incluir o seguinte:

- Uma visão geral da política e dos requisitos do processo, bem como de suas responsabilidades específicas em relação à gestão de pedidos.
- Informações sobre como administrar conversas sobre trabalho flexível durante o recrutamento.
- Orientação sobre a gestão de um período de experiência.
- Uma ferramenta para ajudar os gestores a avaliar o potencial de flexibilidade de um trabalho.
- Questões práticas que surgem de algumas formas de flexibilidade, por exemplo, como calcular o direito a férias ou os requisitos de segurança para trabalhadores remotos.

Informações sobre a escala de cargas de trabalho e objetivos adequados para os padrões de trabalho revisados. Isso é importante para assegurar que os trabalhadores flexíveis (particularmente os que estão a tempo parcial) não sejam obrigados a manter o mesmo nível de produção que um colega a tempo integral ou que tenha uma carga de trabalho desproporcionalmente grande.

Um simples documento de "perguntas mais frequentes" (FAQ) que aborde as questões mais comuns sobre o trabalho flexível. Esse pode ser um bom lugar para abordar alguns dos mitos em torno do trabalho flexível discutidos anteriormente. Em particular, é possível tratar aqui das apreensões sobre a criação de precedentes, adequação e gerenciamento de preocupações a respeito do mau uso de políticas.

Essa orientação prática deve estar disponível sob demanda no ponto de necessidade, e ser simples de entender e agir. Ela não precisa ser outro documento extenso para que gestores e funcionários possam ler. Pode incluir podcasts, fluxogramas, vídeos e guias simples de uma página "como fazer" e pode ser complementada com histórias de sucesso da vida real de trabalhadores flexíveis dentro da organização. Uma das peças mais importantes da documentação de apoio é uma ferramenta simples para apoiar os gestores a identificar se uma função tem potencial para o trabalho flexível. Um modelo de guia que pode ser alterado para se adequar a propósitos organizacionais e fornecido aos gestores de pessoas está incluído no Kit de ferramentas de trabalho flexível, no Apêndice 1, junto a outros exemplos.

Esse fornecimento de informações ajudará um gestor a compreender suas responsabilidades e como cumpri-las. Entretanto, para apoiar uma mudança cultural mais ampla em direção a um trabalho flexível e sua aceitação em toda uma organização, os gestores precisarão de algo mais: a visão geral sobre trabalho flexível e por que se trata de uma questão empresarial e não de um benefício individual do funcionário. Isso pode ser combinado com treinamento na adaptação de suas habilidades de gestão do dia a dia para administrar os trabalhadores flexíveis. Exploraremos isso melhor no Capítulo 11.

Lembre-se de que, mesmo com uma política e processo eficazes aplicados de forma consistente, não necessariamente os funcionários os farão prevalecer. Quando a cultura organizacional não suporta efetivamente o trabalho flexível, os trabalhadores podem não sentir à vontade de fazer um pedido sem impactos negativos na carreira ou estigma. Dessa forma, um documento de diretrizes, não importa quão bem escrito esteja, acabará juntando poeira e ficará sem uso e com benefícios não realizados.

PRÓXIMOS PASSOS

Após ler este capítulo, faça uma revisão de sua atual política de trabalho flexível e dos processos associados.

1. Reveja sua política atual em relação às recomendações de boas práticas e identifique lacunas e áreas a serem melhoradas.
2. Verifique que orientação você oferece atualmente e identifique onde mais apoio é necessário ou pode ser fornecido. Você pode usar o Kit de ferramentas de trabalho flexível no fim deste livro para ajudá-lo a desenvolver seus documentos de orientação.
3. Procure dados relevantes sobre seus atuais trabalhadores flexíveis e solicitações, e reveja isso para identificar padrões ou questões-chave.
4. Procure o feedback de trabalhadores e funcionários flexíveis que tenham experimentado seus processos internos e use-o para informar suas decisões relativas a treinamento, política e comunicação.
5. Procure feedback de gestores em vários níveis da organização sobre suas experiências de trabalho flexível, para melhor informar como eles podem ser apoiados à medida que se avança em direção a essa cultura.
6. Faça uma revisão de suas políticas familiares, incluindo maternidade, adoção, paternidade e licença parental compartilhada. Como um conjunto, cada uma dessas diretrizes oferece apoio apropriado para pais que trabalham, promove trabalho flexível e se liga aos seus objetivos organizacionais mais amplos? Muitas vezes, as políticas de RH são escritas com a legislação ou processo em mente e não são planejadas para refletir ou aprofundar metas e objetivos mais amplos.

7. Identifique quaisquer outras políticas relevantes para o trabalho flexível. Por exemplo, você tem políticas ou procedimentos relacionados à aposentadoria, menopausa, igualdade e diversidade, recrutamento, viagens sustentáveis, bem-estar ou cuidadores? Cruze essas diretrizes com as de trabalho flexível para assegurar um alinhamento efetivo e que cada uma delas seja mutuamente apoiada. Garanta que o trabalho flexível seja referenciado e sinalizado dentro de cada uma delas. Considere se é apropriado ou necessário introduzir políticas para esses tópicos.
8. Coloque sua política em seu site externo. Seja claro e transparente sobre sua oferta flexível.

PRINCIPAIS APRENDIZADOS

- O tom de sua política, sua acessibilidade, o nível de formalidade e a medida em que ela é comunicada e apoiada, tudo isso envia um sinal à organização sobre suas atitudes em relação ao trabalho flexível.
- As políticas precisarão ser acompanhadas por orientações fáceis de entender sobre como implementá-las. Ela por si só não é suficiente.
- Tanto os gestores quanto os funcionários precisarão de orientação sobre trabalho flexível bem-sucedido.
- As políticas não têm que simplesmente refletir a legislação; a lei deve ser considerada como um padrão mínimo. O trabalho flexível efetivo será realizado quando as políticas forem além de seu cumprimento.
- Políticas de trabalho flexíveis precisam se alinhar com as de outras pessoas, incluindo aquelas relacionadas a licenças familiares, cuidadores, férias anuais e códigos de conduta.
- Antes da elaboração de novas diretrizes, as organizações podem se beneficiar da realização de algumas pesquisas sobre a experiência de seus funcionários e gestores em fazer pedidos de trabalho flexível ou aplicar a política atual.
- A política também pode ser complementada com orientação da equipe local ou do departamento sobre como o trabalho flexível funciona para eles; embora, deva-se tomar cuidado para que esses não se desviem ou minem a abordagem de toda a organização.

- As políticas devem ser mantidas sob revisão regular para garantir que apoiem os objetivos gerais da organização relacionados à flexibilidade. Garanta que elas sejam revistas periodicamente, levando em conta as informações de seus dados internos de trabalho flexível.

Referência

NEPOMNYASCHY, L. e WALDFOGEL, J. (2007) Paternity leave and fathers' involvement with their young children. *Community, Work and Family Journal*, vol. 10, p. 427-53. Disponível em: <perma.cc/EC95-V8K6>.

11

Apoio à implementação

Seguindo a concepção da estratégia geral de trabalho flexível, a identificação de objetivos e o desenvolvimento de políticas, este capítulo dará continuidade aos passos identificados no Capítulo 9 e considerará as ações de apoio que uma organização precisará tomar para assegurar uma implementação efetiva. Cada uma das áreas discutidas neste capítulo deve fazer parte do plano operacional, que quando promulgado apoiará os seis elementos de um ambiente de trabalho verdadeiramente flexível. O capítulo também considerará a comunicação, a conscientização, o engajamento de outros funcionários e a medição do progresso e do sucesso. A questão do desenvolvimento de diretrizes, entretanto, é tão significativa que possui um capítulo dedicado somente para ela; as informações sobre o desenvolvimento de políticas e processos associados e a orientação estão contidas no Capítulo 10.

Comunicação

O primeiro passo discutido no Capítulo 9 foi o desenvolvimento de uma estratégia acordada e de uma abordagem geral. Uma vez determinada, as etapas seguintes e críticas são a comunicação e a promoção, incluindo a ajuda às pessoas (gestores e funcionários) com a implementação.

Será necessário haver uma comunicação inicial (especialmente se houver uma mudança geral ou significativa na abordagem ou política) seguida de uma atividade de promoção e de conscientização de forma contínua. A comunicação recorrente dos benefícios em particular ajudará a incorporar a política e funcionará para acabar com o estigma da flexibilidade e com as percepções negativas dos trabalhadores flexíveis. Há várias atividades a serem consideradas nessa fase do processo, cada uma das quais complementará a outra. Não há uma única melhor abordagem para comunicar e incentivar esses modelos; será necessário um esforço contínuo por meio de múltiplos canais, adaptados para o contexto organizacional específico.

Comunicação: o básico

O melhor lugar para começar a comunicação é com passos simples e rápidos. Garanta que o trabalho flexível, e a abordagem escolhida pela organização, seja referenciado:

- em seu manual do funcionário, se você tiver um;
- em qualquer material de indução ou programas para iniciantes;
- em sua intranet de funcionários;
- em seu site externo (particularmente em suas páginas de recrutamento);
- em cursos de treinamento em desenvolvimento gerencial;
- em seus modelos de anúncios de emprego — forneça um parágrafo-padrão ou uma frase simples sobre sua abordagem (um exemplo é fornecido como Ferramenta 1.6 no apêndice);

- por meio de qualquer material ou programa de bem-estar interno; e
- em outras políticas de RH relevantes, incluindo licença-maternidade, licença para adoção, licença parental compartilhada ou licença para assistência a filhos, bem como comunicações-padrão aos funcionários que utilizam essas políticas (tais como cartas confirmando datas de licença ou documentos de orientação de funcionários).

Uma vez que essas áreas tenham sido abordadas, será possível recorrer a atividades mais focadas. Aqui estão algumas ideias que você pode querer considerar, incluindo em seu plano de comunicação.

Explicando os benefícios

A comunicação eficaz precisa incluir não apenas os detalhes da política e processos associados, mas os benefícios mais amplos do trabalho flexível e sua relevância estratégica para a organização, especialmente quando o trabalho flexível se alinha a outros objetivos. A ampla divulgação do caso empresarial é vista como crítica para a introdução de diretrizes de trabalho flexível (Lyonette e Baldauf, 2019).

Quando o caso comercial fala de questões de inclusão, bem-estar, sustentabilidade e talento, o trabalho flexível é reestruturado e o estigma reduzido. Portanto, é essencial que em toda a sua comunicação, ele seja claramente promovido como algo que é potencialmente para todos na organização, assim como as razões para tal.

Ao estabelecer a flexibilidade no contexto mais amplo do futuro do trabalho, aquisição de talentos, sustentabilidade e bem-estar, o trabalho flexível pode ser reestruturado como uma ideia que é para e apoia os negócios — não apenas os funcionários. Sempre que possível, garanta que essas comunicações sejam claramente apoiadas pelos líderes seniores. Exemplos podem incluir a emissão de lançamento a partir deles, incluindo um vídeo dos líderes seniores em qualquer lançamento de eventos de treinamento, explicando por que a organização apoia a flexibilidade ou a participação em qualquer evento relevante. Os Capítulos 2, 4 e 5 devem ajudá-lo com as informações importantes a fim de comunicar os benefícios, e você pode se concentrar naqueles mais relevantes para sua própria organização em particular e seus objetivos. Essas vantagens podem ser incluídas em seu plano de lançamento, que será discutido a seguir.

Lançamento

Um lançamento efetivo de uma abordagem nova ou revisada é fundamental para o sucesso; é uma boa notícia para a organização e seu pessoal e a comunicação deve refletir isso.

Há muitas maneiras de lançar sua nova abordagem. Considere incluir algumas das seguintes:

- Uma comunicação formal de um líder sênior explicando a nova estratégia ou política, delineando claramente por que a organização decidiu adotar essa abordagem, e incluindo os benefícios como discutido anteriormente. Isso pode precisar ser repetido em cada um dos canais de comunicação de sua empresa para garantir que ela chegue a todos os funcionários.
- Um evento de lançamento. Dependendo de seus recursos e do perfil que você deseja dar à nova estratégia ou abordagem, considere a realização de um evento dedicado. Isso pode ser usado para articular a abordagem geral e seus benefícios esperados para a organização. Sempre que possível, esse evento deve ser liderado ou assistido por líderes seniores para demonstrar claramente o compromisso organizacional.
- Criar um espaço on-line onde funcionários e gestores possam acessar sua orientação, política e kits de ferramentas, tais como os incluídos no Kit de ferramentas de trabalho flexível no apêndice.
- Estabelecer uma forma de as pessoas fazerem perguntas de acompanhamento para obter mais informações ou para discutir situações ou implicações pessoais.

- Uma marca interna, nome ou logotipo para sua abordagem flexível. Você pode simplesmente optar por se referir à sua estratégia ou política como "trabalho flexível". Entretanto, ter uma marca interna pode ajudar a aumentar sua visibilidade, reconhecimento e melhorar o engajamento. Um exemplo do uso de uma marca interna é demonstrado pelo estudo de caso no Capítulo 8.

Por mais que você decida se comunicar durante a fase de lançamento, lembre-se que também precisará repetir as comunicações regularmente a fim de manter a conscientização em toda a organização.

Gerenciando expectativas

Há uma outra área em relação à comunicação que é importante quando se trata de criar uma experiência positiva dos funcionários relacionada aos pedidos de trabalho flexível: a gestão eficaz das expectativas. Mesmo dentro de uma organização aberta a essa proposta e que tomou muitas medidas para habilitá-la, sem dúvida haverá pedidos de trabalho flexível que não podem ser acomodados. Isso é especialmente verdadeiro em organizações complexas com muitos tipos de funções; não será possível criar consistência de resultados mesmo quando houver consistência no processo e na aplicação de políticas. Há muitas razões pelas quais esse pode ser o caso: pode ser porque as horas que os indivíduos desejam trabalhar não sejam possíveis operacionalmente; porque não é possível recrutar (como em relação a um pedido de trabalho compartilhado); ou porque o impacto sobre os clientes ou usuários do serviço será muito grande. Embora isso possa ser aceitável de um ponto de vista legal (uma vez que potencialmente equivalem a razões estatutárias para recusar um pedido), rejeitar solicitações pode ter um impacto no moral e no engajamento, e talvez mais simplesmente causar sentimentos inerentes de injustiça.

Em vez de esperar por pedidos e depois lidar com eles caso a caso, as organizações podem tomar uma posição proativa. Primeiramente, uma política pode estabelecer não apenas as razões estatutárias que podem ser invocadas ao considerar um pedido, mas as considerações mais amplas que serão levadas em conta, relevantes para o contexto organizacional. Também é inteiramente possível incluir, possivelmente em notas de orientação ou informações sobre os sites da intranet dos funcionários, o que ela pode ou não ser tipicamente capaz de acomodar. Por exemplo, uma escola poderia afirmar que, embora considere todas os pedidos de forma justa e razoável por seus próprios méritos, muitas vezes não será capaz de acomodar professores que queiram trabalhar de dez da manhã às duas da tarde, horário flexível ou home office, pois isso não coincidiria com as aulas, mas que eles terão como objetivo apoiar as ações de emprego sempre que possível. Da mesma forma, as escolas também poderiam declarar que considerariam o horário parcial escolar somente para o pessoal administrativo. Declarações como essas podem contribuir de alguma forma para evitar solicitações que dificilmente serão aceitas, evitando assim desapontamentos e incentivando o pessoal a fazer um pedido mais apropriado. Lembre-se que mesmo com essa explicação qualquer pedido de trabalho flexível recebido ainda deve ser ouvido e respondido; o objetivo dela é ajudar os funcionários e evitar desapontamentos, não contornar o processo legal.

Engajando tradicionalistas e céticos

No Capítulo 7, exploramos as barreiras potenciais ao trabalho flexível e dois grupos foram identificados como sendo particularmente resistentes a acordos de trabalho flexível (e talvez a mudanças em geral). Esses são os tradicionalistas e os céticos (RSA, 2013). Essas pessoas também podem acreditar em alguns ou mesmo na maioria dos mitos expostos no Capítulo 6. Qualquer plano para introduzir o trabalho flexível pode ser minado por elas, especialmente quando estão em posições de gestão, com a responsabilidade de considerar pedidos de trabalho flexível. Como tal, pode ser útil considerar uma abordagem específica para trabalhar e se comunicar com esses indivíduos.

Tradicionalistas e céticos podem existir em qualquer lugar de uma organização, mas dado o quanto as equipes há muito estabelecidas influenciarão umas às outras, bem como espelharão as crenças e atitudes de seu líder, tais crenças podem muito bem surgir em equipes ou departamentos inteiros. Seus dados podem ajudá-lo a identificar esses grupos; serão as equipes que não têm nenhum trabalhador flexível ou que concordam apenas com suas formas mais básicas, como o tempo parcial. Eles podem rotineiramente rejeitar pedidos de trabalho flexível, ou simplesmente não receber nenhum, pois existe uma forte cultura de "não pedir". Os profissionais de RH muitas vezes também terão uma visão exata de onde essas atitudes surgem. Com o tempo, esses grupos podem ser influenciados por uma mudança na direção estratégica, mas podem igualmente adotar um mindset de "não funciona em nossa área" e ignorar as comunicações ou diretrizes em toda a organização. Esse é um desafio particular, e mesmo que o caso da evidência seja convincente, não é fácil mudar essas mentalidades com dados. As opções para lidar com esse grupo incluem o seguinte:

- Forneça dados. Sozinhos, é improvável que os dados mudem opiniões e crenças, mas usar a base de evidências para um trabalho flexível (combinado com algumas das outras ideias aqui sugeridas) pode ser parte do plano para lidar com esse grupo.
- O que eles ganham com isso? Os benefícios da flexibilidade são amplos e diversos, e há uma chance razoável de que pelo menos um deles ressoe com aquele grupo ou indivíduo em particular. Por exemplo, será que eles estão encontrando dificuldades para recrutar as pessoas certas? Eles precisam economizar custos? Eles têm problemas de bem-estar dentro de sua equipe que levam a altas ausências do trabalho? Seus funcionários estão com falta de engajamento? Eles têm alta rotatividade de pessoal? Identifique uma questão específica que lhes preocupa e colabore com eles para enquadrar o trabalho flexível como uma solução potencial.
- Reduza o fator medo. Para alguns, a mudança gera medo. Medo de algo novo e talvez não compreendido, bem como de quaisquer implicações potenciais para eles ou sua equipe. Considere o

que pode ser sua maior preocupação. Por exemplo, será que não serão capazes de administrar a equipe e isso então refletirá sobre eles? Será que estão preocupados em utilizar a tecnologia para se comunicar com trabalhadores flexíveis ou que receberão muitos pedidos para lidar? Procure enfrentar proativamente esses medos por meio de sua comunicação e treinamento de gestor.

- Compartilhe histórias de outras organizações. Apresentar e dividir histórias de sucesso de outras organizações, especialmente aquelas que passaram por desafios semelhantes, pode ser extremamente positivo. Mostrar como outros se beneficiaram de abordagens flexíveis, e como fizeram com que funcionassem para eles, pode ajudar os céticos e os tradicionalistas a verem como pode ser para eles também. Se necessário, facilite as conversas com outros, internos e externos, para sustentar essa abordagem.
- Envolva-se com sua equipe de TI para discutir a tecnologia para permitir o trabalho flexível; avalie se é necessária alguma tecnologia adicional, se haverá implicações de trabalhadores flexíveis adicionais (particularmente remotos) e discuta opções para o treinamento de pessoas (incluindo trabalhadores não flexíveis) na tecnologia relevante.

Agora vamos nos voltar para algumas outras ideias que podem ajudar a manter a dinâmica e ajudar a abordagem geral da comunicação e da conscientização, tanto na fase inicial de lançamento quanto em uma base contínua.

Promoção

Uma vez que as comunicações iniciais tenham sido feitas, será necessário recorrer às atividades de promoção em andamento. Há várias maneiras de promover sua estratégia flexível; aqui estão algumas ideias que você pode tentar.

Defensores do trabalho flexível

Para que o trabalho flexível possa ser implementado com sucesso, ele não pode permanecer secreto ou ser meramente tolerado; ele precisa ser defendido e celebrado. Uma rede de "defensores do trabalho flexível" pode desempenhar um papel fundamental na conscientização e abertura de conversas sobre flexibilidade, bem como atuar como mitos e modelos de sucesso. Em algumas organizações, os funcionários podem se sentir mais à vontade para se aproximar de um defensor da informação do que de um representante de recursos humanos.

Os defensores do trabalho flexível podem ser qualquer pessoa na organização, embora, sempre que possível, eles mesmos devam ter experiência de trabalhar dessa forma ou gerenciar trabalhadores desse tipo. Para serem eficazes, eles precisarão de treinamento e apoio. Essa preparação deve abordar as áreas acima descritas para os gestores de pessoal e, idealmente, incluirá uma visão geral da legislação relevante, da política e do processo interno e das orientações disponíveis. Eles precisam estar equipados para responder às perguntas típicas, cientes das barreiras potenciais e de como elas podem ser superadas e ser capazes de compartilhar dicas para tornar o trabalho flexível bem-sucedido.

Encontre seus defensores e aproveite o entusiasmo deles. Proporcione a eles uma oportunidade de se reunirem regularmente para que possam compartilhar experiências e ideias. Ao rever sua abordagem de trabalho flexível no futuro, os defensores também podem fornecer uma fonte útil de informação sobre atitudes e crenças. Tenha como objetivo ter pelo menos um por departamento e tornar seus nomes conhecidos pelos funcionários (por exemplo, inclua-os em sua intranet se você tiver uma) para que eles possam ser abordados diretamente para suporte de informação.

Grupo de rede de trabalho flexível

Uma maneira de continuar a conversa sobre flexibilidade é criar uma rede interna para trabalhadores flexíveis. O objetivo é dar aos funcionários um espaço no qual eles possam discutir o tema e compartilhar ideias sobre como fazer funcionar para eles, mas também debater sobre desafios e barreiras e apoiar uns aos outros para superá-los. Tal rede ainda pode ser ligada à equipe defensora do trabalho flexível ou mesmo organizada por ela.

Muitas organizações já possuem uma variedade de redes de pessoal, e normalmente não precisam de recursos ou esforços significativos para criá-las e mantê-las em funcionamento. O ideal é que um grupo tenha um espaço no qual possa se reunir que seja relativamente privado, um orçamento pequeno e algum apoio com comunicações internas. A fim de gerar interesse e presença, ele poderia de vez em quando chamar palestrantes ou convidados internos para falar sobre tópicos relevantes (um líder sênior seria especialmente benéfico). Uma vez estabelecido, o grupo pode ser amplamente auto-organizado. O ideal seria que esse não fosse dirigido pela organização ou mesmo pelos RH, mas por e para o benefício de seus membros.

Compartilhando histórias de sucesso

A maioria das organizações terá alguns funcionários que estão atualmente trabalhando de forma flexível; embora, dependendo da cultura daquela organização específica, eles podem ou não ser fáceis de encontrar. Sempre que possível, compartilhe as histórias daqueles que conseguem fazer com que a flexibilidade funcione para eles. Considere perguntar-lhes o seguinte:

- Como, quando e onde eles trabalham?
- Que formas particulares de trabalho flexível estão realizando?
- Como tornam isso efetivo?
- O que isso significa para eles e que dicas de sucesso podem compartilhar com os outros?
- Que barreiras encontraram e como as superaram?

Use essas histórias para dar vida ao trabalho flexível para o resto dos funcionários. Há muitas maneiras de compartilhar relatos pessoais: criar uma área dedicada em sua intranet, desenvolver um livreto simples (físico ou virtual) ou ter um evento em que as pessoas possam participar para ouvir as palestras. Para tornar esse aspecto de seu plano de comunicação significativo, sempre que possível inclua pessoas de uma variedade de funções e em toda a hierarquia organizacional. Idealmente, inclua também histórias de altos gestores ou líderes. Isso ajudará a normalizar o trabalho flexível em todos os níveis da organização e a refutar alguns dos mitos de trabalho flexível discutidos no Capítulo 6. Se possível, tenha algumas histórias de sucesso prontas para lançamento, e adicione-lhes em uma base contínua.

Treinamento de gestão

De acordo com o CIPD (2019), fornecer treinamento aos gestores de pessoal sobre os benefícios do trabalho flexível, bem como sobre como gerenciar trabalhadores flexíveis, é a maneira mais eficaz de aumentar tanto a qualidade quanto a quantidade de funcionários nesse modelo. Os gestores têm a chave para o trabalho flexível — eles podem ser viabilizadores ou uma barreira, e deve-se prestar atenção ao seu papel no processo. Portanto, esse é outro passo importante no plano operacional e na atividade de comunicação.

O ponto de vista do CIPD é ainda sustentado pela Working Families, que realiza uma pesquisa anual sobre práticas de trabalho flexíveis em todo seu grupo de membros. Sua pesquisa de 2019 descobriu que a barreira mais frequentemente citada para a flexibilidade era a falta de habilidades de gestor de linha. Enquanto 70 por cento dos entrevistados oferecem treinamento para esses funcionários sobre gerenciamento de trabalho flexível, apenas 45 por cento tornam esse treinamento obrigatório. Considerando que seus membros já estão comprometidos em apoiar o trabalho flexível, podemos presumir que o número para outras organizações é muito menor. O treinamento de gestores é vital para a adoção bem-sucedida do trabalho flexível, bem como o desafio de garantir a consistência da aplicação das políticas. Mesmo quando o trabalho flexível é apoiado por líderes seniores, a relutância ou má aplicação em relação a ele afetará seriamente sua capacidade de prosperar.

Muitos gestores estão compreensivelmente nervosos com relação a acordos de trabalho flexível; eles podem não estar esclarecidos sobre seu papel na aplicação da política, ter preocupações sobre o gerenciamento de trabalhadores flexíveis ou sobre como abordar questões como alocação de carga de trabalho, gerenciamento de desempenho ou mesmo a utilização da tecnologia de apoio. Podem não estar cientes dos benefícios, considerar que as barreiras são intransponíveis ou acreditar em alguns dos mitos discutidos anteriormente neste livro. O desenvolvimento de treinamento relevante (idealmente específico para a organização e seu próprio contexto particular) pode ajudar a abordar essas questões e equipar os gestores de pessoal com as ferramentas que eles precisam. A atitude do gestor é fundamental para alcançar os benefícios potenciais, para eles, sua equipe e a organização em geral.

O treinamento do gestor deve incluir uma explicação dos benefícios mais amplos do trabalho flexível, conforme exposto anteriormente. Embora talvez óbvio, porém às vezes negligenciado, o treinamento também pode ser um momento útil para lembrá-los que como funcionários da organização as oportunidades de trabalho flexível (e seus benefícios associados) também se aplicam a eles! Deve-se abranger, idealmente, o seguinte:

1. A estrutura legal relacionada ao trabalho flexível e a abordagem de política organizacional, que é melhorada a partir do mínimo legal.
2. Uma visão geral do processo e as responsabilidades específicas dos gestores dentro dele, incluindo suas responsabilidades na tomada de decisões.
3. Como avaliar uma função para o potencial de flexibilidade.
4. Um resumo das diferentes formas de trabalho flexível (ver Capítulo 1), seus benefícios e sua adequação.
5. Informações sobre questões práticas que possam surgir, tais como períodos de experiência, pedidos de trabalho flexível durante o

recrutamento, recebimento e tratamento de múltiplas solicitações e gestão de rejeições.

6. Mitos de trabalho flexível — sempre que possível, abordar as preocupações e mitos de frente, incluindo o fornecimento de provas e estatísticas relevantes. Use os dados da Parte Um para ajudá-lo.
7. Onde eles podem obter ajuda adicional, informação e apoio — tais como RH e documentos de orientação.

Uma área essencial de ser explorada por meio do treinamento são as exigências específicas relacionadas à gestão de trabalhadores flexíveis. Muitos gestores dependem de formas de gerenciamento diário de pessoas que podem não ser apropriadas ou tão eficazes nesses casos, tais como a comunicação casual quando veem um membro da equipe, em vez de uma abordagem planejada e estruturada. Quando os gestores têm membros da equipe trabalhando em horários ou locais diferentes dos deles, o contato casual frente à frente pode naturalmente ser reduzido. Da mesma forma, quando os gestores têm confiado na presença como um indicador de desempenho, podem precisar pensar de forma diferente sobre como avaliam os resultados e objetivos. É provável que precisem ajustar seu estilo de gestão, particularmente em torno de questões como comunicação, manter contato, reuniões 1:1, avaliação de desempenho e garantir o bem-estar dos funcionários.

Talvez igualmente importante seja apoiar os gestores para avaliar uma função para o potencial flexível. É muito fácil acreditar que uma determinada função não pode ser assumida com flexibilidade, mas uma análise detalhada (geralmente por meio de uma estrutura) pode levar a uma conclusão diferente. Um exemplo de tal estrutura está incluído no Kit de ferramentas presente neste livro. A avaliação das funções deve ser feita de forma consistente e imparcial para assegurar que os tomadores de decisão não incluam fatores inadequados no processo de tomada de decisão, ou se baseiem em estereótipos sobre trabalhadores flexíveis.

Quanto mais apoio e orientação os gestores puderem receber em cada uma dessas áreas, mais provável será que eles sejam capazes de administrar o trabalho flexível e seus trabalhadores, e compreender sua importância geral mais ampla. O treinamento é recomendado no lançamento de qualquer nova estratégia ou políticas, mas também em uma base contínua, a fim de apoiar novos gestores. Ele pode ser incluído como parte da aprendizagem de gestão e liderança existente e atividades de desenvolvimento. Sempre que possível, tenha treinamento disponível a partir do ponto de necessidade, então considere incluir alguma forma de aprendizagem on-line ou informações de apoio para complementar o presencial.

Diga a seus gestores que a revolução do trabalho flexível está chegando!

ESTUDO DE CASO

Work Anywhere: departamento de TI do setor público

Em 2018, o departamento de TI de uma grande organização do setor público lançou o "Work Anywhere" para cerca de cem de seus funcionários de TI. Esses trabalhadores foram identificados desempenhando funções que poderiam se beneficiar da flexibilidade de localização, incluindo o trabalho remoto. Os tipos de funções incluíam gestores de projeto e analistas de negócios, muitos dos quais já eram móveis em todo o patrimônio organizacional, misturando seu tempo entre o prédio que abrigava a maioria dos funcionários de TI e os escritórios dos clientes internos. Vários já tinham um elemento do trabalho remoto, e poucos precisavam de um espaço permanente de escritório. Quando o ambiente foi reformado, a equipe de liderança de TI aproveitou a oportunidade para melhorar a utilização do espaço e introduzir novas formas de trabalho adequadas a uma função de TI moderna.

Os funcionários que foram designados para trabalhar em qualquer lugar não teriam mais um espaço permanente de mesa, mas utilizariam um ambiente de hot desk bem equipado e flexível, criado com a colaboração em mente. Os empregados tinham o poder de decidir onde suas atividades poderiam ser melhor realizadas com base em sua programação diária. Isso poderia significar trabalhar com a equipe de TI mais ampla no espaço do hot desk, em outro edifício com seus clientes internos ou de casa.

A ideia de mudar para o trabalho flexível de localização foi introduzida aos funcionários em um estágio inicial do processo, algo que os líderes de TI acreditam ter sido fundamental para seu sucesso. Em vez de comunicar uma abordagem já acordada, os trabalhadores foram consultados sobre seu desenvolvimento. Uma pequena equipe criou um conjunto de diretrizes comunitárias que cobria questões como a etiqueta do hot desk e formas de trabalho local para a equipe. Isso ajudou a administrar as expectativas e a dissipar quaisquer preocupações potenciais sobre como a nova abordagem funcionaria na prática. A equipe de liderança também se comprometeu a receber feedback dos trabalhadores do Work Anywhere por um ano, ao longo do programa, para descobrir o que estava funcionando — e o que não estava — e fazer melhorias, se necessário. Foi realizada uma pesquisa, pedindo aos funcionários que compartilhassem o que achavam que funcionava e o que podia ser aprimorado.

Na concepção, havia uma série de barreiras potenciais para a implementação efetiva das novas formas de trabalho, que foram identificadas pelos funcionários e gestores. Muitas delas eram de natureza prática e incluíam questões como o armazenamento pessoal, a tecnologia apropriada e a gestão eficaz do desempenho. Essas preocupações foram ouvidas e os funcionários receberam as ferramentas necessárias para permitir tanto o trabalho remoto quanto o hot desking. De acordo com a equipe de liderança, muitas dessas apreensões iniciais não surgiram quando o esquema foi implementado — eram mais percepções do que realidade, não inesperadas ao realizar mudanças significativas.

Também identificado como útil para o processo de implementação foi ganhar a adesão dos gestores de pessoal. Uma série de comunicações e orientações específicas, bem como sessões de briefing, incluindo dicas para o gerenciamento eficaz de trabalhadores remotos, foram fornecidas a esse grupo. A organização viu múltiplos benefícios na introdução do trabalho em qualquer lugar. Além de melhor utilização do espaço de escritório e redução de custos associados, ajudou a atrair novos talentos externos, para muitos dos quais as práticas de trabalho flexíveis eram uma expectativa para um novo empregador, além de liderar melhorias no engajamento dos funcionários.

Medindo o progresso e o sucesso

Quando você se propõe a fazer esforços significativos para melhorar sua abordagem de trabalho flexível, é importante entender se esses esforços estão fazendo uma diferença real em seu ambiente profissional. No Capítulo 10, discutimos a importância da coleta de dados antes do desenvolvimento de políticas e procedimentos. Tais informações também devem ser coletadas de forma contínua a fim de avaliar o progresso em relação aos objetivos, bem como identificar quaisquer áreas problemáticas dentro da organização que precisem ser abordadas ou onde seja necessário um trabalho mais focalizado. Esses dados também podem informar futuros esforços de comunicação e de conscientização.

Realize análises regulares sobre os seguintes aspectos:

- número total de pedidos de trabalho flexível feitos por funcionários;
- tipo de flexibilidade solicitada;
- aceitações e recusas de pedidos;
- motivos de rejeição;
- promoção e movimentos internos — a proporção dos quais eram trabalhadores flexíveis existentes; e
- análise de tendências gerais (pedidos crescentes, decrescentes ou estáveis).
- Esses devem ser analisados pela área de negócios ou departamento a fim de identificar se existem áreas ou subculturas organizacionais problemáticas, bem como por sexo.

Analise também os dados de candidatura de emprego, particularmente quando as funções são anunciadas como adequadas para o trabalho flexível. Considere o seguinte:

- Onde algumas funções são anunciadas como adequadas para o trabalho flexível, compare com funções similares que não são.
- Onde a organização está promovendo o trabalho flexível durante o processo de recrutamento, reveja o número de candidaturas antes e depois da adoção dessa abordagem.

- Identifique, sempre que possível, o número total de candidatos que indicam estar interessados no trabalho flexível durante o processo de recrutamento e seleção e o grau de sucesso desses candidatos em sua candidatura. Compare isso com os dados de candidatura/oferta em que os candidatos não solicitam trabalho flexível.

Esses dados quantitativos fornecerão uma gama de insights úteis que podem ser complementados por outras formas de feedback qualitativo dos funcionários. As opções para a coleta de feedback incluem pesquisas (específicas para flexibilidade ou como parte de uma pesquisa mais ampla de funcionários), grupos de foco ou reuniões 1:1 com trabalhadores flexíveis, seus gestores e grupos de funcionários, tais como sindicatos quando eles existem. Seis meses é um prazo razoável para permitir que essas iniciativas comecem a surtir efeito e um momento adequado para iniciar essa análise.

Considere fazer algumas destas perguntas aos funcionários, ou quem sabe todas elas:

- Até que ponto eles estão cientes da abordagem da organização em relação ao trabalho flexível?
- Eles fizeram uso do trabalho flexível e, se sim, qual foi a experiência deles em fazê-lo?
- Eles já encontraram alguma barreira para pedir ou executar um trabalho flexível?
- Até que ponto eles acham que poderiam pedir flexibilidade de trabalho em sua função atual?
- Qual é o apoio de seu gestor imediato ao trabalho flexível?
- O que está funcionando bem com as iniciativas de trabalho flexível?
- O que poderia ser melhorado?

Combinados, esses dois conjuntos de dados qualitativos e quantitativos devem fornecer informações suficientes para avaliar o progresso, bem como delinear planos para o que ainda é preciso fazer a fim de garantir a incorporação efetiva de disposições de trabalho flexíveis após a atividade inicial de implementação.

Além de analisar os dados sobre a aceitação flexível do trabalho e o gerenciamento de pedidos, considere a possibilidade de medir o sucesso geral das novas abordagens por meio de outras métricas. Indicadores relevantes podem incluir:

- rotatividade/retenção de funcionários;
- recrutamento (custos relativos ao recrutamento e taxas de candidatura);
- taxas de produtividade;
- engajamento dos funcionários/resultados da pesquisa; e
- taxas de ausência (incluindo as relacionadas especificamente à ausência por motivos de saúde mental).

PRÓXIMOS PASSOS

1. Reveja os itens definidos na lista do início deste capítulo e aborde cada um deles.
2. Determine sua proposta para o lançamento inicial de sua nova abordagem ou estratégia.
3. Decida se você deseja criar um grupo de trabalho flexível ou um esquema de defensores, ou talvez ambos. Se você decidir criar um esquema de defensores, determine como eles podem ser recrutados, treinados e apoiados.
4. Estabeleça seu processo para medir o progresso e o sucesso, e determine uma data para sua primeira avaliação.

5. Chegue a um acordo quanto ao treinamento de gestores de pessoal. Isso pode exigir um orçamento para desenvolver seu próprio programa ou utilizar facilitadores externos. Esse passo é absolutamente essencial. O ideal é que o treinamento seja frente a frente, pois esse é um assunto que se presta bem à discussão e abre espaço para perguntas. Considere o seguinte: quem você vai treinar? O que você incluirá? Você mesmo realizará esse treinamento ou precisará contratar especialistas para lhe ajudar?
6. Estabeleça um processo de avaliação regular dos dados de candidatura de trabalho flexível, de preferência a cada seis meses.
7. Identifique pessoas que já estão trabalhando de forma flexível e que podem estar dispostas a compartilhar suas histórias. Dependendo das atitudes atuais em relação ao trabalho flexível em sua organização, essas podem ou não ser fáceis de encontrar. Uma vez identificadas, colete e compartilhe suas experiências e aprendizados por meio de uma variedade de canais de comunicação para garantir que eles estejam disponíveis para todos os grupos.
8. Esboce seu plano de comunicação e lançamento e alinhe isso com os líderes seniores.

PRINCIPAIS APRENDIZADOS

- A comunicação da abordagem da organização ao trabalho flexível precisará ocorrer de forma contínua e utilizando múltiplos canais para garantir que todos recebam as informações necessárias.
- A comunicação direcionada e o treinamento de gestores são passos essenciais na implementação do trabalho flexível e sua importância não deve ser subestimada. O treinamento precisará estar disponível de forma contínua e a partir do momento em que for necessário.
- As organizações precisam garantir que todos os funcionários (não apenas os trabalhadores flexíveis) tenham a tecnologia necessária para permitir um trabalho flexível — e saibam como utilizá-la.
- A implementação de iniciativas de trabalho flexível pode ser apoiada a partir de uma série de mecanismos, incluindo defensores de trabalho flexível ou grupos de trabalho em rede, assim como compartilhar histórias de sucesso e explicar os benefícios.
- Deve ser introduzido um processo para medir o sucesso e o progresso de iniciativas de trabalho flexível, usando uma mistura de dados qualitativos e quantitativos.

Referências

LYONETTE, C. e BALDAUF, B. (2019) *Family friendly working policies and practices: motivations, influences and impacts for employers*. Government Equalities Office. Disponível em: <perma.cc/5S8P-3T4T>.

RSA (2013) *The flex factor: realising the value of flexible working*. Disponível em: <perma.cc/V4SA-MLMT>.

Working Families (2019) *Working Families announces the UK's Most family-friendly workplaces in 2019*. Disponível em: <perma.cc/U5HX-UW8R>.

12

Conclusões

Este livro buscou elaborar um caso convincente de que agora é hora de uma *revolução do trabalho flexível*. O caso da evidência do trabalho flexível está agora firmemente estabelecido. Desde pesquisas acadêmicas até pesquisas na indústria, o crescente conjunto de fatos mostra que o trabalho flexível é a forma que as pessoas querem e que essa revolução beneficiará não apenas os funcionários, mas também as organizações para as quais eles trabalham e até mesmo, de maneira mais ampla, para a sociedade.

É hora de repensar as formas tradicionais de trabalho, muitas das quais foram criadas para uma era anterior, e passar de uma abordagem de *compliance* com a lei para uma de cultura —em que todos têm a capacidade de trabalhar com seu potencial, quer sejam ou não capazes ou desejem trabalhar no modelo-padrão de trabalho.

Este livro não pretende, no entanto, sugerir que o trabalho flexível é uma solução de bala de prata. Ele pode apresentar desafios muito reais; não apenas aqueles relacionados à implementação prática, mas os que são fundamentais para as próprias formas a partir das quais as organizações operam e como os funcionários e gestores realizam seu trabalho cotidiano. O trabalho flexível tem o potencial de resolver alguns de nossos grandes problemas no ambiente profissional, mas não é uma panaceia e requer uma implementação cuidadosa para garantir que os benefícios sejam realizados e que as consequências negativas sejam evitadas ou minimizadas. A implementação bem-sucedida de práticas de trabalho flexível reconhecerá os desafios que esse modelo traz consigo e fornecerá soluções focadas nos negócios para eles.

A adoção de novas formas de organização do trabalho representa um desafio fundamental para a forma como as coisas são normalmente feitas em uma organização. Para alguns, isso irá gerar uma resposta de ameaça — um tipo muito particular de barreira à flexibilidade (e talvez à maioria das mudanças organizacionais). Embora seja uma simplificação excessiva sugerir que todas as mudanças sejam problemáticas, como seres humanos estamos condicionados a preferir o status quo, mesmo quando novas ideias são acompanhadas por uma base de provas convincentes. Gostamos do que conhecemos e nossos preconceitos cognitivos são muito bons em encontrar explicações convincentes que apoiem nossos pontos de vista existentes. Quando estamos acostumados a um modo particular de ser e de fazer as coisas, pode ser difícil conceber que haja outro, talvez melhor. Isso pode levar a uma rejeição direta não apenas dos pedidos de trabalho flexível numa base individual, mas também a sua rejeição como conceito.

O trabalho flexível exige mais da própria organização e de seus gestores de pessoal. Ele redesenha o contato psicológico entre as partes e é representativo dos funcionários que procuram um novo acordo a partir do trabalho e de suas vidas profissionais. Trata-se de parte de uma visão muito mais ampla sobre um futuro do trabalho em mudança ao qual todos os empregadores precisarão responder ou enfrentar riscos consideráveis.

Neste momento, o trabalho flexível está disponível, mas com demasiada frequência apenas para poucos sortudos. Às vezes, essa disponibilidade está ligada às perspectivas do gestor de linha individual, aos tipos de trabalho específicos ou simplesmente a quão bem valorizado o funcionário solicitante é. Às vezes, é porque um empregador particular e esclarecido decidiu dar um passo para o futuro. O trabalho flexível ainda não está difundido no mercado, e existem grandes diferenças não apenas em termos de disponibilidade, mas também de quem o utiliza e por quê. Como já vimos, ainda há um problema de reputação e a questão do estigma da flexibilidade é muito real.

No entanto, as organizações que adotaram a flexibilidade são positivas quanto aos benefícios que ela proporcionou. O trabalho flexível tem o potencial de abordar muitos dos desafios que as organizações enfrentam atualmente: como atrair e reter os melhores talentos, enfrentar a diferença salarial entre os sexos, apoiar a diversidade e a inclusão, fazer negócios sustentáveis, motivar e engajar. Há alguns que iriam ainda mais longe no argumento do trabalho flexível, identificando seu potencial para nos dar a oportunidade de encarar alguns de nossos problemas mais urgentes na sociedade, tais como desigualdade, inclusão e sustentabilidade — partindo do princípio, é claro, que seja usado da maneira correta (Chung e van der Lippe, 2018).

Apesar disso, os funcionários que buscam ou trabalham com flexibilidade têm medo de perguntar e se sentem estigmatizados, marginalizados, subvalorizados, presos ou simplesmente excluídos do mercado de trabalho. Alguns deles estão fazendo outras escolhas. Alguns simplesmente saem e encontram um empregador mais flexível e com visão de futuro. Outros escolherão o autoemprego ou carreiras de portfólio — e será a organização inflexível que perderá.

Embora existam empresas fazendo grandes coisas em torno da flexibilidade, o progresso geral é decididamente lento. Pode realmente ocorrer uma revolução se simplesmente esperarmos que a maioria tardia apanhe os inovadores e despertem para os benefícios que a flexibilidade traz? Além do crescente corpo de pesquisa sobre o tema, existem também instituições de caridade e organizações dedicadas a promover formas mais flexíveis de trabalho. Mesmo assim, a jornada ainda pode ser inaceitavelmente lenta. Há medidas que o governo britânico pode tomar para apoiar e incentivar o trabalho flexível, mas há poucos sinais de que eles pretendem fazê-lo. A agenda de trabalho flexível poderia avançar por meio da remoção da exigência de 26 semanas de serviço para fazer uma solicitação; mudanças na legislação complementar (tais como mudanças na disposição de licença parental compartilhada);exigências de relatórios obrigatórios (por exemplo, relatórios sobre trabalhadores flexíveis ou empregos flexíveis anunciados); a introdução de um direito legal para os funcionários de pedirem mudanças temporárias no horário de trabalho ou trabalhadores em tempo parcial de aumentarem seu horário (Fagan et al, 2006); incentivos financeiros para as empresas reduzirem a pegada de carbono das viagens de ida e volta dos funcionários; ou a introdução do trabalho flexível por padrão — a suposição de que qualquer emprego deve estar disponível em uma base flexível, a menos que haja uma razão comercial legítima para que não possa ser realizado dessa forma. Grandes problemas podem exigir soluções radicais, lideradas não apenas por indivíduos, mas também pelos governos a partir da legislação. A Finlândia nos dá um exemplo de tal passo. No início de 2020, eles introduziram uma legislação que dá à maioria dos funcionários o direito de decidir quando e onde trabalharão durante cinquenta por cento de sua semana de trabalho (Fórum Econômico Mundial, 2020).

Os profissionais de recursos humanos também têm um papel importante a desempenhar: devem estar à altura do desafio do trabalho flexível. É função dos RH aconselhar os gestores sobre a lei e a aplicação de políticas e processos, mas um profissional eficaz fará muito mais do que isso. Ele incentivará sua organização a estar pronta para o futuro do trabalho, fornecendo insights, trazendo ideias externas, compartilhando boas práticas e oferecendo um desafio construtivo. O RH tem muitas responsabilidades e elas variam de organização para organização, mas normalmente sempre incluem talento, engajamento dos funcionários, bem-estar e inclusão. Isso significa, portanto, que elas também incluem o trabalho flexível.

PRINCIPAIS APRENDIZADOS

- **A flexibilidade é um espectro:** há algumas organizações que realmente adotaram uma cultura flexível e anseiam por esse futuro. Elas são as inovadoras e as adotantes iniciais. A maioria tardia e os retardatários apenas assistem. Quando a flexibilidade é adotada e aprovada, também existe um espectro dentro das organizações, desde a função ocasional de meio período até a flexibilidade para todos, e tudo o que está entre eles. Também em um espectro está a aceitação geral da flexibilidade; algumas pessoas veem os benefícios e outras veem os problemas.
- **A flexibilidade não é uma panaceia:** a prova dos benefícios do trabalho flexível é estabelecida e continua a ser construída. Pesquisas após pesquisas indicam que isso não é bom apenas para os negócios, mas o que os funcionários buscam. Isso pode nos ajudar a resolver problemas empresariais complexos, desde o bem-estar até a igualdade de gênero. Mas traz consigo desafios e problemas também, e esses devem ser contabilizados em qualquer estratégia e plano operacional de apoio.
- **Os gestores são muito importantes:** em muitos aspectos, os gestores têm a chave para a adoção e o sucesso do trabalho flexível. Em um nível prático, eles decidem o resultado dos pedidos, mas também possuem a chave para a aceitação dentro das equipes, dão acesso à tecnologia, ou estão preparados (ou não) para gerenciar de forma diferente. Independentemente das estratégias ou da aprovação do líder sênior, é com a gerência de primeira linha e média que o trabalho flexível prosperará e sobreviverá — ou se desvanecerá.
- **A flexibilidade é parte do futuro do trabalho:** globalização, aumento da disponibilidade e capacidade da tecnologia, mudanças demográficas na força de trabalho, e uma maior necessidade e foco na sustentabilidade — essas são algumas das principais tendências que influenciam o trabalho hoje e no futuro. O trabalho flexível não só é permitido por essas tendências como é parte da resposta para enfrentá-las.

- **Questões políticas:** a política é importante, tanto em termos do que diz quanto da forma como o diz. A linguagem e o tom de voz, as decisões tomadas em relação à redação, sua comunicação e posicionamento contribuirão para o que os funcionários acreditam sobre o trabalho flexível, e como os gestores e colegas o abordam. A política não apenas estabelece a abordagem organizacional que fornece clareza aos funcionários, mas faz parte da permissão para pedir e fazer.
- **Não há uma melhor maneira de oferecer flexibilidade:** cada organização precisa entender o que flexibilidade significa para ela, identificar suas próprias metas e objetivos particulares e então adaptar sua abordagem de acordo. Ela será influenciada pelo setor, pelos tipos de funções, pela tecnologia disponível e pelo próprio trabalho. Não há melhor prática, apenas melhor ajuste. Tudo é contextual.
- **Implementar flexibilidade é uma jornada:** a introdução da flexibilidade de trabalho, para muitas organizações, representará uma mudança considerável na cultura e nas formas de trabalho. Nem todos vão querer trabalhar com flexibilidade, nem todos vão acreditar nisso, independentemente das evidências disponíveis, e é provável que haja resistência obstinada, em alguns casos. A adoção plena do trabalho flexível e a realização de benefícios levará tempo, persistência e uma infinidade de abordagens.
- **A lei não é suficiente:** a estrutura legal é um padrão mínimo. Seguindo-a, você garantirá o cumprimento da lei. Ela não mudará atitudes, perceberá todos os benefícios potenciais ou mudará a cultura. Para isso, você precisará ir além do que é legalmente exigido.
- **O trabalho flexível não é algo "bom de se ter":** há algumas pessoas que verão o trabalho flexível como um benefício para os funcionários, uma atividade de RH fofa ou algo a ser tolerado. O trabalho flexível não é apenas uma dessas coisas; trata-se de uma questão séria que traz benefícios sólidos aos indivíduos, organizações e sociedade.
- **O trabalho flexível requer múltiplas intervenções:** tecnologia, design do trabalho, treinamento, comunicação, defensores, política e orientação. Permitir o trabalho flexível exige que se considere cada uma dessas áreas e potencialmente outras, dependendo da organização específica. Nenhuma dessas áreas por si mesmas pode afetar uma mudança de cultura.

Pensamentos finais

Nenhuma empresa pode se dar ao luxo de ignorar o futuro do trabalho, e nenhuma função de recursos humanos também pode. Nenhuma empresa pode se dar ao luxo de ignorar as tendências que são relevantes para seus funcionários, clientes e partes interessadas; fazê-lo convida ao dano ou mesmo à extinção. As organizações inteligentes já estão apostando nos benefícios que a flexibilidade pode trazer para o negócio, seus gestores e seus funcionários.

A hora do trabalho flexível é agora.

As provas estão disponíveis. As ferramentas e a tecnologia também estão disponíveis.

Chegou a hora de acabar com os mitos e deixar de lado o estigma.

Chegou a hora de ir além da narrativa amigável à família.

É hora de desafiar atitudes e estereótipos ultrapassados e romper as barreiras.

É hora de uma revolução do trabalho flexível.

Você está pronto?

Referências

CHUNG, H. e VAN DER LIPPE, T. (2018) Flexible working, work-life balance and gender equality: Introduction. *Social Indicators Research*. Disponível em: <perma.cc/78H2-YT94>.

FAGAN, C.; HEGEWISCH, A.; e PILLINGER, J. (2006) *Out of time: why Britain needs a new approach to working-time flexibility*. Trades Union Congress. Disponível em: <perma.cc/B87P-XQRV>.

World Economic Forum (2020) Finland is taking a radical new approach to flexible working. Disponível em: <perma.cc/NLH7-KKZZ>.

13

Kit de ferramentas de trabalho flexível

Um objetivo-chave para este livro foi fornecer um guia muito prático para ajudar o leitor na criação, implementação e avaliação de uma estratégia de trabalho flexível para sua própria organização e seu contexto particular. Como discutido no Capítulo 9, uma política de trabalho flexível não é suficiente, assim como não o é uma diretriz da liderança sênior. Tanto os funcionários quanto os gestores precisarão de apoio para implementar o trabalho flexível e garantir que ele funcione para todos os envolvidos. Documentos de orientação eficazes e claros são uma forma de complementar a política, abordar mitos e permitir a ação. Este capítulo final e os seguintes apêndices foram feitos para fornecer ferramentas e modelos úteis que possam apoiar a implementação de estratégias de trabalho flexível. A gama de documentos e modelos (alguns dos quais adequados tanto para gestores quanto para funcionários) pode ser copiada ou adaptada para as necessidades específicas da organização. Por favor, adapte esses documentos de acordo com a sua linguagem, seus canais de comunicação e sua abordagem política específica.

Escrito para ajudar os gestores, funcionários e profissionais de RH, esses documentos podem apoiar o treinamento e desenvolvimento de gestores, ajudar na elaboração de políticas e outras documentações-chave, bem como fornecer informações pragmáticas sobre o tema. Essas ferramentas e modelos são projetados para serem disponibilizados sob demanda e no momento da necessidade e podem formar a base de um kit útil de ferramentas de trabalho flexível. Os leitores também podem desenvolver outros recursos que se relacionem com suas questões e desafios organizacionais específicos. Esses documentos podem fornecer um guia claro para a abordagem geral da organização e o que se espera dos próprios funcionários, gestores e trabalhadores flexíveis. Ao considerar o que mais incluir, consulte os capítulos sobre mitos (Capítulo 6) e barreiras (Capítulo 7) para identificar se algum pode surgir ou ser particularmente problemático em sua organização e acrescentar os recursos necessários. Por exemplo, se a adoção de tecnologia for um problema, já que as pessoas em sua organização estão relutantes em aderir a novidades, considere a criação de um guia do usuário para programas de reuniões on-line como o Skype ou guias de "como usar" para calendários compartilhados ou espaços de colaboração, como Slack ou uma rede social interna. Reflita também sobre as questões que podem surgir de gestores e funcionários e adicione-as ao documento de amostra de perguntas frequentes. Finalmente, considere como esse guia e kit de ferramentas pode ser lançado efetivamente para apoiar sua estratégia e seu plano operacional.

Ao longo da explicação sobre as ferramentas haverá uma referência à Política de Trabalho Flexível. Isso se refere às diretrizes e procedimentos de sua própria organização.

PRÓXIMOS PASSOS

1. Reveja as ferramentas apresentadas nos apêndices 1 e 2 e reflita sobre quais delas serão úteis para sua organização. Considere também se há outros recursos que você possa precisar desenvolver.
2. Se você já fornece orientação ao gestor, faça uma análise de lacunas para identificar o que está faltando em seu kit de ferramentas e resolva-as.
3. Adapte as ferramentas identificadas para seus próprios propósitos, levando em conta seu contexto organizacional único e inclua a marca de sua organização.
4. Considere como essas ferramentas podem ser lançadas aos gestores e funcionários, e em particular como elas podem ser disponibilizadas sob demanda no momento em que forem necessárias. Revise o Capítulo 11 para ideias sobre comunicação eficaz.

EPÍLOGO

Trabalho flexível pós-covid-19

Quando este livro estava sendo escrito, poucas pessoas tinham ouvido falar sobre a covid-19. Em 2019, cerca de sete por cento da população do Reino Unido trabalhava em casa (ONS, 2020a), mas em abril de 2020 isso aumentou para 48 por cento como resultado de um decreto governamental (ONS, 2020b). Em todo o mundo ocorreram situações similares; os governos ordenaram o fechamento dos comércios e empresas a fim de enfrentar uma pandemia global.

O resultado foi uma experiência flexível e de home office em grande escala, levando rapidamente a sugestões de que o mundo do trabalho seria mudado para sempre. Entretanto, devemos ter cuidado para não confundir trabalho em casa com trabalho flexível; o home office (flexibilidade de localização) é apenas uma forma de trabalho flexível. É claro, enquanto as pessoas trabalhavam em casa, muitas delas também estavam trabalhando em certos horários ou com flexibilidade de tempo.

Muitas vezes, como resultado das responsabilidades de cuidados ou da tentativa de combinar isso com as crianças em casa, muitos pais trabalhadores não desempenhavam o modelo-padrão tradicional, mas faziam dias e horários diferentes a fim de realizar malabarismos com demandas conflitantes.

Por essa razão, devemos ser cautelosos na medida em que usamos as circunstâncias da pandemia para sugerir que agora somos todos trabalhadores flexíveis. Primeiramente, essa experiência de trabalho em casa não se aplica àqueles trabalhadores tão fundamentais para manter a sociedade funcionando durante esse tempo, tais como enfermeiros e pessoal de atendimento domiciliar, transporte, serviços de emergência, serviços públicos e trabalhadores de lojas. Havia também muitos funcionários que não trabalhavam, pois suas indústrias e profissões eram simplesmente obrigadas a fechar. Para aqueles que trabalhavam, a situação em que continuavam era diferente de qualquer forma de flexibilidade ou de home office em um momento sem crise. A adoção do trabalho flexível é normalmente um processo estratégico, planejado e organizado; isso não acontece em questão de dias sem (em alguns casos) todas as ferramentas e tecnologias necessárias. Também não costuma envolver o trabalho por meio de um *lockdown*, o cuidado simultâneo de crianças e a educação em casa e o estresse e a ansiedade que inevitavelmente ocorrerão durante uma crise como a que todos nós vivemos durante 2020.

Entretanto, apesar disso, há indícios iniciais de que muitos funcionários adotaram o trabalho em casa. Uma análise precoce da mídia social sugeriu que os trabalhadores eram positivos sobre sua experiência de home office (Carroll et al, 2020). Uma pesquisa da Universidade John Moores de Liverpool realizada em maio de 2020 descobriu que quase dois terços dos funcionários disseram que querem trabalhar mais em casa no futuro, com mais de um quarto deles querendo fazê-lo mais de uma vez por semana (Tucker et al, 2020). Uma pesquisa semelhante identificou que, embora os trabalhadores tivessem experiências negativas e positivas de trabalho em casa durante a covid-19, muitos desses aspectos positivos influenciaram suas atitudes e preferências em relação ao trabalho flexível no futuro (Chung et al, 2020).

Entretanto, e como este livro irá explorar, sempre houve uma demanda por trabalho flexível, mas essa demanda não se equiparou no passado a um aumento da provisão, mesmo quando as evidências sugerem fortemente que pode trazer benefícios tanto organizacionais quanto individuais. Também consideraremos os mitos associados ao trabalho flexível e as barreiras à adoção e ao seu sucesso; alguns deles foram influenciados ou desafiados até certo ponto pelo trabalho doméstico em massa, mas não todos. Muitas questões permanecerão quando voltarmos aos locais de trabalho após a covid-19.

As implicações completas do trabalho devido à covid-19 ainda não são conhecidas, e somente o tempo dirá realmente se as antigas formas de trabalho foram fundamentalmente interrompidas, ou se a atração gravitacional do ambiente familiar do escritório se mostrará muito forte. Qualquer que seja a estratégia que as organizações decidam adotar para o pós-covid-19, os funcionários que não tiveram acesso ao trabalho flexível no passado, agora experimentaram um gostinho do que é possível e de como isso pode beneficiá-los. Onde as organizações não podem ou não vão atender à demanda, resta saber igualmente se isso influenciará as decisões futuras dos funcionários sobre para quem eles escolhem trabalhar. Para aquelas organizações que optarem por adotar um futuro mais flexível, este livro fornecerá o kit de ferramentas para permitir sua implementação.

Referências

CARROLL, F.; MOSTAFA, M.; e THORNE, S. (2020) Working from home: Twitter reveals why we're embracing it. *The Conversation*. Disponível em: <perma.cc/RJ43-SZR4>.

CHUNG, H.; SEO, H.; FORBES, S.; e BIRKETT, H. (2020) *Working from home during the Covid-19 lockdown: changing preferences and the future of work*. Universidade de Birmingham/Universidade de Kent.

OFFICE FOR NATIONAL STATISTICS (2020a). Disponível em: <perma.cc/SHJ5-XTJ6>.

OFFICE FOR NATIONAL STATISTICS (2020b). Disponível em: <perma.cc/WXD4-XX23>.

TUCKER, M.; WILSON, H.; e DALE, G. (2020) *The coronacoaster effect: exploring employee experiences of homeworking during coronavirus* [inédito].

APÊNDICE 1

Exemplos de ferramentas para gestores

FERRAMENTA 1.1: AVALIANDO UMA FUNÇÃO PARA O POTENCIAL DE FLEXIBILIDADE

Se uma função é adequada para o trabalho flexível dependerá de vários fatores. Esses podem incluir os deveres e responsabilidades do próprio trabalho, requisitos operacionais, impacto das mudanças sobre os colegas ou clientes, a quantidade de colaboração necessária com outras pessoas (e o grau em que ela precisa ocorrer em tempo real), disponibilidade de tecnologia capacitadora, ou a necessidade de que o trabalho seja concluído em um lugar ou momento específico.

A flexibilidade geralmente pode ocorrer em relação a **quando** o trabalho é feito, **onde** o trabalho é feito e **como** e **que** trabalho é feito. Reflita sobre o trabalho realizado pelo indivíduo que pede flexibilidade — você pode achar útil ter uma cópia da descrição de seu trabalho.

Quando o trabalho é feito

Algumas funções exigem que o trabalho seja realizado em um determinado momento, como a abertura de uma loja no horário estabelecido. Outros trabalhos podem ser realizados a qualquer momento — exemplos podem incluir a análise de dados, o desenvolvimento de um plano de projeto ou a elaboração de pesquisas. Considere as tarefas na descrição do trabalho e reflita:

- O trabalho pode ser realizado a qualquer momento (dentro do razoável)? Ou
- O trabalho só pode ser realizado em um momento específico?

Onde o trabalho é feito

Algumas funções exigem que o trabalho seja realizado em um determinado local, como limpeza ou prestação de cuidados pessoais. Outras formas de trabalho serão mais flexíveis e podem ser feitas a partir de qualquer local onde existam ferramentas e tecnologias relevantes. Considere as tarefas na descrição do trabalho e reflita:

- O trabalho pode ser realizado em qualquer lugar (dentro do razoável)? Ou
- O trabalho só pode ser realizado em um lugar específico?

Como e que trabalho é feito

Reflita sobre a natureza das atividades da função. Elas envolvem o contato com outros, ou envolvem pensamento, reflexão e trabalho independente? As tarefas são rotineiras ou transacionais? A função exige uma supervisão atenta?

As tarefas que envolvem trabalhar e colaborar com outros ainda podem ter outras classificações:

- Atividades síncronas — trabalho realizado com outras pessoas ao mesmo tempo (por exemplo, participar de uma reunião com colegas, fazer uma apresentação).
- Atividades assíncronas — trabalho que requer trabalhar com outros, mas não necessariamente ao mesmo tempo. Um exemplo seria vários colegas trabalhando juntos para produzir um relatório, mas cada um deles pode escrever suas partes separadamente e compartilhar suas ideias por e-mail ou a partir de um espaço on-line compartilhado.

Considere as tarefas de colaboração realizadas pelo funcionário:

- Quantas delas são síncronas?
- Quantas delas são assíncronas?

Alguns trabalhos podem envolver um elemento de cada um desses fatores separados. Por exemplo, pode incluir tarefas que exijam trabalho em um determinado momento, mas outras que não. Uma função também pode exigir alguns elementos de colaboração síncrona e alguns aspectos de colaboração que podem ser feitos de forma assíncrona.

Reflita sobre os deveres e responsabilidades da função. Com base na descrição das funções e atividades diárias do funcionário, considere o seguinte:

- Que porcentagem das tarefas deve ser realizada em um determinado local? Que porcentagem pode ocorrer em outro lugar?
- Que porcentagem de tarefas deve ser realizada em um determinado momento? Que porcentagem de tarefas pode ocorrer em um horário diferente do "padrão" de trabalho?
- Qual é a natureza do trabalho que está sendo realizado? Quanto dele requer colaboração síncrona ou assíncrona? Quanto requer trabalho independente ou supervisão? Quanto é rotineiro ou padronizado?
- Os diferentes tipos de tarefas podem ser organizados de tal forma que possam ser realizados em conjunto? (Por exemplo, todas as tarefas de pensamento e reflexão podem ser realizadas no mesmo dia?)

Se as respostas não forem facilmente identificáveis, considere perguntar ao funcionário (onde ele está no cargo) para anotar o trabalho que ele realiza a cada dia, como categorizado antes, durante um período apropriado (pelo menos algumas semanas) para permitir que você analise isso mais completamente. Peça-lhe que anote suas tarefas diárias, assim como quando, onde e como elas acontecem.

Após esta coleta de dados, reveja as informações para identificar que padrões surgiram e que forma de trabalho flexível mais se adequaria à natureza do trabalho a ser realizado (você pode consultar o Capítulo 1 para lembrá-lo das diferentes formas). Por exemplo:

- tarefas de colaboração síncrona podem ser adequadas para o horário flexível (já que os funcionários precisarão trabalhar juntos e ao mesmo tempo), enquanto as tarefas de colaboração assíncrona podem ser adequadas para a maioria das formas de flexibilidade;

- tarefas independentes do local que podem ser feitas a qualquer hora do dia ou da semana podem ser particularmente adequadas para o trabalho remoto ou em casa (já que não precisarão ser realizadas em um horário ou local específico); e
- tarefas de rotina ou trabalho independente podem ser adequadas para trabalho remoto ou em casa ou em tempo parcial/horas escalonadas (pois podem precisar apenas de alguma interação com outros membros da equipe).

Considere também alguns dos seguintes aspectos antes de tomar uma decisão:

- Que mudanças poderiam ser feitas ou testadas? Como o trabalho poderia ser organizado de forma diferente para permitir que seja realizado em momentos diferentes ou em locais diferentes?
- Se o trabalho requer colaboração, isso precisa ser feito cara a cara ou outras formas, tais como engajamento virtual ou on-line, também poderiam funcionar?
- A carga de trabalho é realisticamente realizável no padrão proposto?
- Onde o trabalho requer altos níveis de concentração, isso poderia ser feito em diferentes momentos ou em diferentes lugares?
- Que tarefas podem ser divididas entre diferentes indivíduos (como por meio de uma situação potencial de trabalho compartilhado) ou a partir de diferentes dias ou horas da semana?

Considere também:

- Quais são os benefícios potenciais para o indivíduo ou organização da forma particular de trabalho flexível solicitada?

- Quais são as desvantagens potenciais para o indivíduo ou para a organização do trabalho flexível — e como elas podem ser superadas?
- Quais ferramentas (ou acesso à tecnologia/sistemas) seriam necessárias para suportar o tipo de trabalho flexível solicitado?
- Há algum custo para a organização do padrão de trabalho proposto? Isso poderia incluir custos de recrutamento (como um parceiro de trabalho compartilhado) ou a compra de equipamento de TI adicional.
- Quais são os impactos potenciais sobre o trabalho do resto da equipe?

O seguinte não deve ser levado em consideração ao determinar se uma função é adequada para o trabalho flexível:

- o motivo pelo qual o indivíduo está fazendo o pedido (a menos que esteja relacionado a uma deficiência);
- a senioridade da pessoa que faz o pedido;
- se aceitar um pedido encorajará outros funcionários a fazer pedidos de trabalho flexível;
- como o trabalho tem sido realizado no passado;
- as atitudes dos outros membros da equipe em relação ao trabalho flexível; e
- suas preferências pessoais sobre onde e como as pessoas trabalham.

Exemplos de avaliações de funções

Uma função que requer tanto a escrita quanto a realização de cursos de treinamento provavelmente terá uma combinação de atividades de pensamento e colaboração. As atividades de colaboração (por exemplo, a realização de cursos) geralmente precisarão ser feitas cara a cara e em um horário e local específicos. O elemento de reflexão do trabalho (o desenvolvimento dos materiais de treinamento) poderá ser feito a qualquer momento ou local. Isso poderia se prestar a uma divisão entre trabalho em casa e trabalho no escritório, ou horas flexíveis em dias em que não há entrega de treinamento.

Uma função que requer grandes quantidades de administração de rotina pode ter prazos (como o preenchimento de relatórios em determinados horários do mês), mas as tarefas não precisam ser concluídas em horários definidos do dia e não requerem colaboração com os membros da equipe, apenas acesso aos sistemas, permitindo assim flexibilidade com horas diárias ou semanais, ou localização.

Uma função que envolve fornecer aos estudantes universitários apoio presencial exigirá grandes quantidades de atividades de colaboração síncrona em determinadas épocas do ano. Quando os estudantes não estão presentes, o trabalho pode mudar para tarefas mais focadas no pensamento ou transacionais (tais como planejamento ou escrever relatórios), permitindo diferentes horas ou padrões de trabalho em diferentes épocas do ano.

Quando uma função envolve servir os clientes em um café, o trabalho normalmente exigirá colaboração síncrona, e o trabalho só pode ser feito em um horário e local específico. Tais funções não serão adequadas para algumas formas de trabalho flexível, como o trabalho remoto ou o horário flexível. No entanto, pode ser adequado para o trabalho compartilhado, trabalho em tempo parcial ou autoescalação.

Quando os impactos potenciais do trabalho flexível não estiverem claros a partir da análise inicial realizada, lembre-se de que é possível acordar um período de experiência de formas alternativas de trabalho, sem fazer uma mudança contratual ou obrigação. Um período de experiência devidamente conduzido deve fornecer provas de que o acordo de trabalho flexível em questão foi bem-sucedido ou não.

FERRAMENTA 1.2: COMO GERENCIAR UM PEDIDO DE TRABALHO FLEXÍVEL

Os funcionários podem requisitar trabalho flexível (a qualquer momento quando tiverem pelo menos 26 semanas na organização) e podem fazer um pedido por qualquer motivo. O trabalho flexível pode assumir muitas formas, mas geralmente inclui tempo parcial, home office, horários ou locais diferentes, horário comprimido ou tempo parcial escolar. (Veja a Política de trabalho flexível para mais informações.)

Os gestores devem considerar cada pedido de maneira formal e razoável. Ao receber um pedido, você pode decidir que concorda imediatamente; se esse for o caso, então informe ao funcionário. Além disso, informe ao RH se o novo padrão for uma mudança nos termos e condições de emprego. Caso contrário, você deve:

- Marcar uma reunião com o funcionário que fez o pedido para discuti-lo com ele. Tente fazer isso o mais rápido possível.
- Considere o seguinte: Quais são os benefícios potenciais do pedido de trabalho flexível? Qual poderia ser o impacto das mudanças propostas sobre os colegas, clientes ou a organização como um todo? É possível mitigar qualquer impacto negativo? Como o pedido pode ser acomodado? O que será necessário colocar em prática para apoiar o pedido em particular?
- Use a Ferramenta 1.1 para ajudá-lo a avaliar o potencial de flexibilidade em relação à função de trabalho.
- Considere se é apropriado realizar um teste dos acordos de trabalho propostos por um curto período (normalmente alguns meses) para identificar se eles podem funcionar tanto para você como para o funcionário. Se você fizer isso, certifique-se de fazer um acompanhamento do empregado e manter anotações relevantes durante todo o período de experiência. Ao final do

período de experiência, tome uma decisão sobre o pedido com base em suas provas.

- Explore alternativas aos padrões de trabalho propostos pelo funcionário, se o pedido inicial não puder ser atendido.
- Identifique quaisquer implicações orçamentárias do pedido ou como o trabalho será coberto, se necessário. Onde houver implicações orçamentárias (por exemplo, a compra de equipamentos) verifique quaisquer processos de aprovação interna que possam ser necessários.
- Se um pedido for aprovado, estabeleça expectativas claras sobre como os acordos de trabalho funcionarão na prática. Discuta com o funcionário como ele gostaria que seus novos acordos de trabalho fossem comunicados a seus colegas ou clientes.
- Notifique o RH sobre quaisquer mudanças nos horários ou padrões de trabalho. Garanta que essas informações sejam confirmadas ao funcionário, por escrito, quando necessário.
- Certifique-se de manter registros de suas discussões ou fazer uma nota para o arquivo pessoal do funcionário.

Caso um pedido de trabalho flexível não possa ser atendido, certifique-se de avisar ao funcionário por escrito, explicando claramente por que seu pedido foi rejeitado (e estabelecendo o direito de recurso). A Política de trabalho flexível fornece mais detalhes sobre isso.

FERRAMENTA 1.3: COMO GERENCIAR UM PERÍODO DE EXPERIÊNCIA

Como parte de um pedido de trabalho flexível, os funcionários podem solicitar (e os gestores também podem propor) um período de experiência de quaisquer novos acordos de trabalho solicitados. Como o nome sugere, o objetivo de um período de experiência é que ambas as partes determinem se os acordos de trabalho flexível propostos funcionarão na prática. Esse tempo pode ser particularmente útil quando o padrão não tiver sido realizado anteriormente ou quando o impacto potencial for desconhecido. Durante um período de experiência, quaisquer mudanças nos horários ou locais de trabalho são consideradas temporárias e, portanto, não contratuais.

Antes do período de experiência

- Tanto você quanto o funcionário devem concordar e documentar a natureza dos acordos de trabalho propostos e a duração do período de experiência.
- Um período de experiência pode ser tão longo quanto necessário para avaliar genuinamente o impacto do padrão de trabalho. Isso pode ser tão pouco quanto um mês ou em algumas funções pode ser apropriado testar durante um período muito mais longo.

Durante o período de experiência

- Você e o funcionário devem ter um diálogo regular sobre como está funcionando o período de experiência. Caso sejam identificados quaisquer impactos negativos, estes devem ser discutidos o mais rápido possível — não espere pelo fim do período de experiência. Pode ser possível fazer emendas aos acordos nesse momento para mitigar quaisquer impactos ou problemas.

- Mantenha registros do impacto dos acordos de trabalho, seja positivo ou negativo, bem como de suas discussões em andamento com o funcionário.

Ao fim do período de experiência

- Você deve se reunir com o funcionário para concluir formalmente o período de experiência. A reunião deve incluir uma discussão sobre como o período de experiência tem funcionado na prática.
- Partindo do princípio que o funcionário deseja continuar com o padrão de trabalho flexível, você precisará decidir se seu pedido agora é aceito.
- Se você concluiu que o período de experiência não foi um sucesso e, portanto, o pedido não pode ser aceito, explique isso ao funcionário e confirme suas razões por escrito. (Ele pode recorrer de sua decisão e isso está detalhado na política.) Quando apropriado, você pode sugerir um acordo flexível alternativo; por exemplo, se sentir que as horas trabalhadas no período de experiência não foram proveitosas, mas talvez outras opções pudessem ser. Essas também podem ser objeto de um novo período de experiência, se ambos concordarem.
- Quando um pedido for aceito, favor notificar o RH se houver alguma mudança contratual resultante dos novos acordos de trabalho. Essas mudanças serão alterações permanentes nos termos e condições de trabalho do funcionário.

FERRAMENTA 1.4: COMO GERENCIAR UMA REJEIÇÃO DE PEDIDO DE TRABALHO FLEXÍVEL

Os gestores devem considerar qualquer pedido de trabalho flexível de forma justa e razoável e de acordo com os prazos estabelecidos na Política de trabalho flexível. Todo o processo deve ser concluído dentro de três meses a partir do recebimento do pedido (incluindo o recurso). Quando não estiver claro se um determinado pedido é viável, um gestor pode acordar um período de experiência com o membro da equipe (ver Ferramenta 1.3 para mais informações sobre o gerenciamento de períodos de experiência). Durante essa fase, não há mudança permanente nos termos e condições.

Quando um pedido não puder ser acordado, seja no momento da solicitação ou no fim de um período de experiência, é preciso assegurar que haja comunicação apropriada com o funcionário em questão. O ideal é que a decisão seja comunicada cara a cara, e devem ser apresentadas razões completas para que o pedido não possa ser aceito. Essa reunião deve, então, ser acompanhada por escrito (e o indivíduo deve ser notificado de seu direito de recorrer da decisão). O RH também deve ser notificado e cópias de quaisquer notas relevantes devem ser enviadas para o arquivo pessoal do funcionário.

Se o pedido estiver sendo rejeitado após um período de experiência, explique claramente os resultados e por que você acredita que eles não sustentam que os acordos temporários tornem-se permanentes.

Quando um período de experiência não tiver sido aplicado, considere sua realização antes de rejeitar o pedido. Se você achar que um período de experiência não pode ser realizado, por favor, certifique-se de que isso também seja explicado ao funcionário.

Finalmente, antes de rejeitar imediatamente um pedido de trabalho flexível, considere se há algum padrão de trabalho flexível alternativo que possa ser aceitável nas circunstâncias — você está livre para discutir qualquer sugestão alternativa com o funcionário que faz o pedido.

Lembre-se de que um pedido de trabalho flexível só pode ser recusado por uma das seguintes razões (o motivo aplicável deve ser declarado ao indivíduo):

- ônus dos custos adicionais;
- efeito prejudicial sobre a capacidade de atender à demanda do cliente;
- incapacidade de reorganizar o trabalho entre o pessoal existente ou de recrutar pessoal adicional;
- impacto prejudicial sobre a qualidade ou o desempenho;
- insuficiência de trabalho durante os períodos em que o funcionário se propõe a trabalhar; e
- mudanças estruturais planejadas.

O trabalho flexível também pode ser um ajuste razoável para membros da equipe com uma deficiência. O assessoramento deve ser feito pelo RH antes de rejeitar o pedido de um funcionário com uma deficiência que esteja buscando um ajuste razoável.

FERRAMENTA 1.5: COMO GERENCIAR ACORDOS DE TRABALHO COMPARTILHADO

Trabalho compartilhado é um acordo pelo qual dois ou mais funcionários compartilham um emprego em tempo integral. As responsabilidades e deveres do trabalho são igualmente compartilhadas ou divididas, e as horas, salário e benefícios do trabalho em tempo integral são repartidos em proporção às horas de cada participante. Portanto, eles são, de fato, trabalhadores a tempo parcial que terão seu próprio contrato individual.

Um trabalho pode ser compartilhado em termos de horas (ou seja, dividindo o número total de horas que precisam ser trabalhadas com ambos os compartilhadores fazendo o mesmo tipo de trabalho) ou em termos de tarefas (identificando os diferentes elementos do trabalho e alocando tarefas separadas para cada um).

O trabalho compartilhado pode ajudar as organizações a reter ou atrair funcionários experientes, ampliando o grupo de talentos a partir do qual podem ser recrutados, bem como minimizando a interrupção durante os períodos de férias (já que a outra parte normalmente fornecerá cobertura).

Os gestores devem

- Ter a mente aberta se forem questionados sobre o trabalho compartilhado. Fazer uma análise objetiva de como uma função poderia ser compartilhada antes de tomar uma decisão sobre se a função é adequada para tal.
- Permitir que os compartilhadores de trabalho tenham a propriedade sobre como é feita a divisão, e encorajá-los a documentar seus acordos. Talvez seja necessário fornecer aconselhamento e apoio durante essa etapa, ou aprovar quaisquer acordos finais feitos.

- Acordar antecipadamente como os períodos de férias ou ausência por doença serão tratados (por exemplo, os parceiros de trabalho compartilhado são obrigados a dar cobertura uns aos outros e, em caso afirmativo, quais processos são necessários?)
- Garantir que haja um acordo escrito de trabalho compartilhado documentando os acordos para o compartilhamento de funções.
- Concordar como será gerenciada a transferência de trabalho de um funcionário para o outro — por exemplo, haverá alguma sobreposição de horas? Chegue a um acordo sobre os métodos de comunicação adequados.
- Ajudar os compartilhadores de trabalho a construir um forte relacionamento entre eles. Se não houver sobreposição formal de horas, tente encontrar outras formas de se encontrar e se comunicar de tempos em tempos.
- Tratar os compartilhadores de trabalho separadamente em relação à avaliação de desempenho, feedback e reconhecimento.
- Lembrar-se de que a divisão de tarefas pode ser potencialmente adequada para uma grande variedade de funções, incluindo cargos seniores. A Ferramenta 1.1 pode ajudar a determinar se uma função é adequada para um cargo compartilhado.

FERRAMENTA 1.6: EXEMPLO DE TEXTO PARA ANÚNCIOS DE EMPREGO

Ao incluir flexibilidade nos anúncios de emprego, as organizações podem optar por ter uma declaração-padrão utilizada em todos os anúncios, bem como incluir uma declaração específica para cada emprego. Aqui estão alguns modelos que você pode adaptar para sua organização.

Declaração-padrão

Incentivamos e apoiamos todas as formas de trabalho flexível, e muitos de nossos funcionários atuais trabalham desse modo. Estamos abertos a discutir esse tipo de oportunidades com nossos candidatos. Embora não possamos garantir que poderemos aceitar todos os pedidos, nos comprometemos a considerá-los plenamente, e garantimos que a pergunta sobre flexibilidade não terá impacto em sua candidatura. Por favor, informe-nos se você quiser discutir oportunidades flexíveis.

Declaração específica do trabalho

Para esta vaga em particular, podemos considerar os seguintes tipos de trabalho flexível: (inserir formas potenciais de trabalho flexível). Favor especificar em sua candidatura que você gostaria de trabalhar em uma base flexível e destacar seu padrão preferido.

FERRAMENTA 1.7: EXEMPLO DE CLÁUSULA POLÍTICA DO "PRIMEIRO DIA"

Quando o empregador deseja permitir pedidos de trabalho flexível a partir do primeiro dia de trabalho (ao contrário do período de qualificação legal de 26 semanas), a seguinte cláusula política pode ser usada:

Todos os funcionários têm o direito legal de fazer um pedido formal de trabalho flexível quando tiverem trabalhado continuamente por pelo menos 26 semanas. No entanto, é nossa política considerar pedidos de trabalho flexível de todos os funcionários por qualquer motivo, independentemente do tempo de serviço. Assim como também serão considerados os pedidos dos candidatos a emprego durante o processo de recrutamento e seleção.

FERRAMENTA 1.8: DICAS PARA GERENCIAR TRABALHADORES FLEXÍVEIS

Quando você tem membros da equipe que estão trabalhando em locais diferentes ou em horários diferentes para você, isso pode exigir que você adote um estilo de gestão diferente. Embora não seja necessariamente mais difícil administrar alguém que trabalha de forma flexível, ambos podem se beneficiar do fato de adotarem uma abordagem mais estruturada.

Aqui estão algumas recomendações que você pode querer considerar:

- Estabeleça metas, ações e objetivos claros para o trabalhador flexível — assim como você faria para qualquer membro de sua equipe — e seja claro sobre como você medirá seu progresso. Se você não vê alguém com a mesma frequência com que vê um trabalhador tradicional, talvez não possa confiar na observação regular do desempenho.
- Use a tecnologia para manter contato com os indivíduos e para uma comunicação maior em equipe. Considere o uso de ferramentas como Skype, Instant Messenger, Lync ou Slack. Isso é especialmente importante para os trabalhadores remotos.
- Caso você tenha vários trabalhadores flexíveis em sua equipe, considere o uso de calendários compartilhados para que todos saibam onde cada membro da equipe está trabalhando e quando.
- Certifique-se de que reuniões 1:1 sejam agendadas regularmente, pois talvez você não possa contar com conversas do dia a dia. Lembre-se de que essas reuniões podem precisar ser mais longas do que as 1:1 típicas se você não se encontrar face a face regularmente.
- Reuniões ou eventos serão ainda mais importantes do que o normal para ajudar na formação de equipes e relacionamentos eficazes. Assegure-se de que as reuniões de equipe aconteçam

regularmente — elas podem ser uma mistura de reuniões tradicionais presenciais e virtuais. Certifique-se de que as informações sejam transmitidas em cascata prontamente e, quando as reuniões presenciais ocorrerem, que sempre haja tempo para discutir o que tem acontecido desde a reunião anterior.

- Se você tiver trabalhadores remotos ou de casa em sua equipe, certifique-se de contatá-los regularmente para garantir que eles estejam bem e descubra se eles precisam de alguma coisa de você. Além disso, controle regularmente o bem-estar deles, pois talvez você não possa confiar na observação de alguém no ambiente de trabalho.
- Considere se você precisa elaborar ou comunicar regras locais ou requisitos de equipe relacionados a diferentes formas de organização do trabalho. Por exemplo, se você tiver membros da equipe que frequentemente realizam trabalho remoto ad hoc, pode pedir aos funcionários que compartilhem suas localizações em seu calendário ou confirmar se eles precisam verificar com você antes de trabalhar de casa.
- Se você tiver trabalhadores remotos ou de casa, certifique-se de que, quando eles chegarem a um local de escritório principal, haja espaço para que eles trabalhem efetivamente. Pode ser apropriado estabelecer acordos locais sobre com que frequência você gostaria que alguém entrasse no escritório ou no local principal, pois isso ajudará a apoiar o trabalho em equipe e a construção de relacionamentos.
- Se apenas uma ou duas pessoas de sua equipe estiverem trabalhando de forma flexível, certifique-se de não as esquecer! Garanta que elas recebam qualquer informação relevante que possa ser compartilhada face a face ou em horário de trabalho padrão com o resto da equipe.
- Se surgir qualquer preocupação de desempenho em relação aos trabalhadores flexíveis, levante-as imediatamente — não espere por uma avaliação formal de desempenho.

FERRAMENTA 1.9: DOCUMENTO FAQ

Um dos membros da minha equipe pediu o mesmo acordo de trabalho flexível que outros já têm. Tenho que dizer que sim?

Não. Você é obrigado a considerar o pedido de forma razoável e justa, com base nas circunstâncias atuais. Não há necessidade de aprovar um pedido por que outros já têm um padrão de trabalho semelhante. Se você disser não, não deixe de explicar suas razões ao funcionário em questão.

Um candidato a um emprego me perguntou sobre oportunidades de trabalho flexível em uma entrevista de emprego. Como devo responder?

Pergunte ao candidato que tipo de trabalho flexível ele está procurando. Embora você não precise seguir um processo formal, é uma boa ideia considerar se você pode oferecer alguma flexibilidade, pois isso pode abrir novos grupos de candidatos talentosos para sua vaga. Você pode usar a Ferramenta de avaliação da flexibilidade (1.1) para ajudar a orientar seu pensamento. Se você não achar que pode oferecer flexibilidade, é uma boa prática fornecer um motivo ao candidato.

Eu tenho um membro da equipe que tem uma deficiência e pediu para trabalhar em casa algumas vezes, pois ele acredita que isso o ajudará a administrar sua condição. Tenho que dizer que sim?

De acordo com a lei britânica, o trabalho flexível pode equivaler a um "ajuste razoável" nos termos da Lei de Igualdade. Ajustes razoáveis são mudanças feitas pelos empregadores para apoiar funcionários que têm deficiências. Você pode explorar o pedido com o funcionário da mesma forma que faria para qualquer um, mas tenha em mente que o não cumprimento desse pedido pode equivaler a um não cumprimento de suas obrigações legais. Você ainda pode usar um período de experiência para avaliar se funcionará na prática. Se um ajuste é razoável, dependerá das circunstâncias específicas do caso — você deve receber aconselhamento do RH ou da saúde ocupacional.

Tive uma candidatura interna para um cargo na minha equipe de um trabalhador flexível. Se eu nomeasse o indivíduo, seu acordo de trabalho flexível seria aplicável?

Não necessariamente. Normalmente, quando alguém se candidata a uma função, se candidata com base no horário e nos dias de trabalho anunciados. No entanto, você pode achar útil discutir com ele qual é seu padrão de trabalho atual, se ele está procurando este ou outro modelo, e então avaliar como isso se encaixa em sua vaga. Você pode usar a Ferramenta 1.1 para apoiá-lo nesse processo.

Se eu concordar com um pedido de trabalho flexível, terei que concordar com outros pedidos similares no futuro?

Não. Seu papel como gestor é considerar quaisquer pedidos de trabalho flexível que você receba, de acordo com a Política de trabalho flexível. Você pode considerar cada pedido por seus próprios méritos no momento em que ele é recebido, levando em conta as circunstâncias que se aplicam. Se você disser sim a um pedido, isso não significa que você tem que dizer sim a qualquer pedido futuro, mesmo que sejam os mesmos ou similares, desde que você o considere de forma justa e razoável.

Um membro da equipe me perguntou se eles podem trabalhar de forma flexível a curto prazo e depois voltar ao seu horário normal de trabalho. Isso é permitido pela política?

Você não precisa necessariamente pedir a eles que façam um pedido formal se você puder concordar com isso. A flexibilidade informal dessa natureza pode fazer parte da gestão contínua de sua equipe. Certifique-se de notificar o RH se houver algum impacto sobre o salário ou outros benefícios do funcionário. É uma boa ideia acordar uma data na qual os acordos terminarão, ou quando serão revistos, e manter uma nota sobre isso. Certifique-se de que se o funcionário solicitar uma prorrogação, isso também seja documentado. Se o funcionário quiser continuar as horas alteradas a longo prazo, considere pedir-lhe que faça um pedido formal.

Devo levar em conta a razão pela qual alguém quer trabalhar de forma flexível ao tomar uma decisão sobre a aceitação de um pedido?

De modo geral, não. Uma decisão deve ser tomada com base na função e nos requisitos operacionais. A única exceção é se o funcionário tiver uma deficiência e a flexibilidade solicitada pode ser um ajuste razoável.

Um membro da minha equipe fez um pedido há seis meses para trabalhar de forma flexível. Na ocasião, não conseguimos chegar a um acordo, mas agora ele fez um segundo pedido. Preciso seguir o processo formal novamente?

Normalmente, apenas um pedido pode ser feito em qualquer período sequente de 12 meses. Portanto, esse funcionário será elegível para fazer outro pedido em mais seis meses. Contudo, se acreditar que existem circunstâncias excepcionais, você pode exercer a discrição gerencial e permitir que ele faça outro pedido. Seria uma boa prática perguntar por que um segundo pedido está sendo feito antes de tomar sua decisão.

Vai ser muito difícil avaliar se um determinado acordo de trabalho flexível solicitado funcionará ou não na prática. O que devo fazer?

Você deve considerar a possibilidade de tentar um período de experiência. Durante um período de experiência, não há mudanças formais nos termos e condições de emprego. A duração pode ser acordada entre você e o funcionário; o mais importante é que ele seja longo o suficiente para que ambos tenham tempo para avaliar o sucesso do acordo. Alguns meses é típico. Se o acordo não for bem-sucedido no fim do período de experiência, o indivíduo voltará aos seus acordos contratuais de trabalho anteriores. Se o período de experiência for um sucesso, os acordos de trabalho podem ser confirmados formalmente.

Um funcionário solicitou trabalho flexível, mas não tem 26 semanas de serviço. Como devo responder?

Não há nenhuma exigência para que você considere um pedido se o funcionário não tiver a exigência de serviço. Entretanto, é provável que, se você decidir não discutir o pedido, ele seja feito novamente no futuro. Seria uma boa prática saber mais sobre seu pedido e por que o fazem agora antes de decidir sobre um curso de ação. Se você achar que é apropriado, poderá exercer sua discrição administrativa e considerar a solicitação. Se decidir não o fazer, certifique-se de informar ao funcionário.

Um membro da minha equipe quer trabalhar em casa durante um ou dois dias por semana. Isso precisa ser considerado como um pedido formal de trabalho flexível?

Quando um funcionário simplesmente quer trabalhar de casa ocasionalmente por qualquer motivo, esse pode ser um acordo informal entre os dois. No entanto, se esse for um acordo permanente e regular, normalmente deve passar pelo processo formal. Se você concordar com esse pedido, certifique-se de que o funcionário esteja ciente de quaisquer regras e políticas relacionadas ao trabalho feito de casa.

Recebi dois pedidos de trabalho flexível ao mesmo tempo. Como lido com isso?

Os pedidos devem ser considerados na ordem em que foram recebidos. Se o primeiro pedido for aprovado, isso pode mudar o contexto em termos do segundo pedido. Não há nenhuma exigência para que você tome uma decisão com base no pedido mais merecedor; basta considerar cada um por seus próprios méritos em ordem. Você pode optar por discutir as diversas solicitações com os indivíduos envolvidos e ver se há alguma solução de compromisso que permita a todos ter algum elemento de flexibilidade e ainda atender a todos os requisitos operacionais. Você pode propor alternativas, se assim desejar.

E se eu concordar com um pedido de trabalho flexível e no futuro descobrir que ele está tendo um impacto negativo sobre a organização? Serei capaz de fazer alguma mudança?

Uma vez acordado um pedido, trata-se de uma mudança permanente nos termos e condições de emprego. Isso significa que você não tem o direito de exigir que o funcionário retorne aos seus acordos de trabalho anteriores. Entretanto, como com qualquer funcionário que não trabalhe de forma flexível, nada impede que você tenha um diálogo aberto com qualquer pessoa para identificar se podem ser feitas mudanças nos padrões de trabalho para acomodar as necessidades da empresa. Se você tiver alguma preocupação sobre uma organização de trabalho flexível e se ela funcionará na prática, considere primeiro ter um período de experiência. Esperamos que isso impeça que essa situação surja.

Não posso concordar com um pedido que tenha sido feito por razões operacionais — mas acho que uma alternativa pode ser possível. Posso sugerir isso ou devo considerar apenas o pedido específico?

Você pode fazer sugestões alternativas como parte de seu diálogo com o funcionário — isso seria preferível a recusar um pedido de imediato.

E se alguém estiver executando trabalho flexível e seu desempenho cair?

Não há evidências que sugiram que os trabalhadores flexíveis tenham um desempenho inferior ao de qualquer outra pessoa. Porém, se isso se tornar um problema, você pode resolvê-lo por meio de processos normais de gestão de desempenho, da mesma forma que resolveria qualquer outro problema com um funcionário sem um acordo de trabalho flexível. Você pode obter conselhos do RH sobre a gestão de questões de desempenho.

Recebi um pedido, mas não será possível aceitá-lo operacionalmente sem um impacto significativo sobre a organização. Como devo lidar com isso?

Não há nenhuma obrigação de concordar com um pedido que causará um impacto negativo na organização. Esse é um dos fundamentos legais para o qual você pode recusar um pedido. Se você não puder concordar com o pedido, então avise ao funcionário e assegure-se de que ele esteja ciente de seus motivos. Confirme-os por escrito posteriormente e não deixe de anotar as discussões para o arquivo do funcionário.

Quem deve ouvir um recurso contra uma decisão de rejeição de um pedido de trabalho flexível?

Normalmente um recurso deve ser ouvido por um gestor independente e mais experiente do que a pessoa que tomou a decisão original. Essa pessoa não deve ter sido envolvida na decisão inicial de rejeitar o pedido.

APÊNDICE 2
Exemplos de ferramentas para funcionários

FERRAMENTA 2.1: COMO FAZER UM PEDIDO BEM-SUCEDIDO DE TRABALHO FLEXÍVEL

Se você gostaria de fazer um pedido formal para um acordo de trabalho flexível, aqui estão algumas áreas a considerar e dicas para ajudá-lo a estruturar o pedido:

1. Sua solicitação deve estabelecer claramente o padrão de trabalho que você está pedindo, e a data a partir da qual você gostaria que ele fosse efetivado. Indique na carta que você está fazendo um pedido formal de trabalho flexível.
2. O pedido deve ser enviado ao seu gestor de linha imediato. Talvez você queira considerar avisá-lo com antecedência que você está planejando fazer um pedido;
3. Se há mais de um padrão de trabalho flexível que poderia funcionar para você, você pode incluir isso em seu pedido. Por exemplo, se você gostaria de trabalhar em horário comprimido, mas também consideraria trabalhar em meio período se o primeiro não pudesse ser acordado, inclua essa informação para que seu gestor de linha possa considerar isso também.
4. Você não precisa dizer por que quer trabalhar de forma flexível. O direito de solicitar trabalho flexível está disponível para qualquer funcionário por qualquer motivo. Se você sentir que é relevante e quiser incluir um motivo, você pode fazê-lo. Por exemplo, se você gostaria de trabalhar de forma flexível porque tem uma deficiência, pode ser útil explicar como o padrão flexível pode apoiá-lo no gerenciamento de sua condição.
5. Considere sugerir um período de experiência, se você estiver disposto a ter um. Isso pode beneficiar tanto você quanto seu gestor, especialmente se o acordo de trabalho flexível proposto

não tiver sido tentado antes. A duração de um período de experiência pode ser acordada entre você e seu gestor — só precisa ser longo o suficiente para avaliar adequadamente se os novos acordos serão eficazes. Quando um período de experiência for acordado, certifique-se de ter um diálogo regular com seu gestor e mantenha suas próprias anotações sobre suas percepções do período de experiência.

6. Um pedido de trabalho flexível deve incluir uma consideração completa das implicações potenciais do pedido e como quaisquer desafios podem ser superados. Forneça o máximo de informações possíveis para dissipar quaisquer preocupações potenciais sobre o acordo proposto. Por exemplo, como manter contato com os colegas, assegurar uma comunicação eficaz e garantir que não haja impacto sobre os outros como resultado dos novos padrões de trabalho? Quando houver benefícios para a organização decorrentes da proposta (por exemplo, redução de custos), inclua-os também no pedido.

FERRAMENTA 2.2: DICAS PARA UM TRABALHO FLEXÍVEL BEM-SUCEDIDO

Se você trabalha de forma flexível, as seguintes dicas podem ajudá-lo a tornar o trabalho flexível um sucesso, bem como a gerenciar eficientemente o equilíbrio entre as vidas profissional e pessoal:

1. Comunique claramente seu padrão de trabalho a seus colegas e clientes. Bloqueie o tempo fora de seu calendário e use uma assinatura automática ou mensagem fora do escritório para se comunicar quando estiver disponível.
2. Se seu padrão de trabalho incluir momentos fora do horário de expediente frequentemente considerado "normal", cogite incluir uma nota nesse sentido em sua assinatura automática com um lembrete de que uma resposta não é esperada até o horário de trabalho do próprio destinatário.
3. Se sua disposição de trabalho flexível inclui um elemento de home office, é importante estabelecer limites efetivos para evitar que o trabalho se interponha em sua vida doméstica. Crie um espaço separado para trabalhar se puder, e tenha como objetivo ter um horário de início e término definido. Garanta que você faça uma pausa durante o dia.
4. Se você realizar seu trabalho em um horário diferente ou de um local diferente de seus colegas, seja proativo e fale com eles sobre as melhores maneiras de manter contato e permanecer conectados. Informe às pessoas sobre a melhor forma de contatá-lo quando você não estiver fisicamente no escritório.
5. De tempos em tempos, faça uma avaliação com seu gestor sobre seus acordos de trabalho para assegurar que eles ainda sejam

eficazes para ambos, e que os benefícios da flexibilidade estejam sendo realizados em sua totalidade.

6. Certifique-se de ter toda a tecnologia relevante à sua disposição para que você possa desempenhar sua função com eficácia, particularmente se o padrão de trabalho incluir um elemento de trabalho em casa. Discuta isso com o departamento de TI, quando apropriado, e procure treinamento adicional, se necessário.
7. Se você tiver dias sem trabalho, planeje como as tarefas devem ser tratadas em sua ausência e, em particular, sobre o que deve acontecer no caso de uma decisão precisar ser tomada ou de surgir um problema sério. Comunique isso internamente para as pessoas que precisam saber.
8. Certifique-se de estar familiarizado com quaisquer políticas organizacionais sobre saúde e segurança, proteção de dados e uso/acesso de TI para garantir que qualquer trabalho remoto ou em casa esteja de acordo com os requisitos relevantes.
9. Se parte de seu padrão de trabalho envolver trabalho remoto ou em casa, tome providências para participar remotamente das reuniões e assegure-se de que você tenha toda a tecnologia necessária disponível para fazê-lo. Talvez você também precise ajudar seus colegas a usá-la!
10. Nunca se sinta culpado por ser um trabalhador flexível! Trabalhar de forma flexível não o torna menos comprometido com sua função. Ser aberto sobre o assunto pode ajudar a mudar a cultura e encorajar os outros. Se você sente que pode, seja um modelo e compartilhe como você faz da flexibilidade um sucesso.

AGRADECIMENTOS

Este livro não poderia ter sido escrito sem o apoio constante de meu parceiro Tim. Muito obrigada pelas correções de gramática e de pontuação.

Sou particularmente grata às organizações e aos acadêmicos cujas pesquisas, experiências e dados são discutidos ao longo deste livro. Obrigada por seus *insights*, sem os quais ele não teria sido possível.

Agradeço também à equipe da Kogan Page por me dar a oportunidade de escrever sobre este assunto.